ANSELM BILGRI

Vom Glück der Muße

Wie wir wieder leben lernen

Unter Mitarbeit von
Nikolaus Birkl,
Georg Reider und
Gerd Henghuber

Piper München Zürich

Mehr über unsere Autoren und Bücher:
www.piper.de

Die Kapitel »Unternehmensführung: Handeln durch
Innehalten« und »Akzeptanz durch Achtsamkeit
in Partnerschaft und Familie« wurden von Dr. Nikolaus
Birkl bearbeitet.

Die Kapitel »Muße und Religion«, »Muße und Achtsamkeit« und »Muße und Arbeit« von Dr. Georg Reider.

Das Kapitel »Muße und Stress« sowie alle Erfahrungs-
berichte von Gerd Henghuber.

MIX
Papier aus verantwor-
tungsvollen Quellen
FSC www.fsc.org **FSC® C014496**

ISBN 978-3-492-05674-8
2. Auflage 2014
© Piper Verlag GmbH, München 2014
Gesetzt aus der Scala und ScalaSans
Satz: Tobias Wantzen, Bremen
Druck und Bindung: GGP Media GmbH, Pößneck
Printed in Germany

Inhalt

Audiodateien der Übungen im Internet

 Sie finden alle Übungen dieses Buches auch
als Audiodatei auf unserer Internetseite unter:
www.piper.de/achtsamkeit

Einleitung

Muße – das klingt altmodisch und verstaubt in unseren modernen Ohren. Angesagt dagegen sind Tempo, Effektivität und rascher Erfolg. Da bleibt keine Zeit, um zwischendurch Atem zu holen. Das kann man – hoffentlich – nach Beendigung des Berufslebens, im sogenannten dritten Lebensabschnitt. Und doch werden die Menschen allmählich immer mehr, die eine Sehnsucht danach entwickeln, innezuhalten und über ihr Leben und Arbeiten nachzudenken. Denen es plötzlich wichtig wird, sich zu fragen: Kann das alles sein? Was ist der Sinn meines Lebens? Wenn wir den Soziologen Glauben schenken können, wird es eine ganze Generation sein, die sogenannte Gen Y, die nicht mehr nur im Beruf ihre Lebensaufgabe sieht. Die nach 1985 Geborenen suchen ihre persönliche Freiheit nicht mehr nur im wirtschaftlichen Aufstieg, sondern in der Balance von Leben und Arbeiten. Freizeit, Familie und Freunde sind ihnen mindestens genauso wichtig wie Karriere und ein gefülltes Bankkonto. Dafür sind sie sogar bereit, ihre Arbeitszeit zu beschränken und damit finanzielle Einbußen hinzunehmen. Y, der Buchstabe wird englisch wie das Fragewort *why* ausgesprochen: »Warum?«, wird zur charakteristischen Haltung dieser Generation, die alle bisherigen, die Ökonomie feiernden

Werte hinterfragt. Muße, ein alter Begriff, der auch die moderne Freizeit miteinschließt, wird zu einem neuen Wert, der nur wiederentdeckt werden muss.

Schon unsere Mitgeschöpfe, die Tiere, verbringen viel Zeit in Ruhe. Wiederkäuer müssen dies tun, andere Tiere auch. Den Winterschlaf kann man wohl nicht unter die »Muße« rechnen, auch wenn der Schlaf eine der intensivsten Zeiten der Regeneration darstellt. Vielleicht zählt dazu das quasi absichtslose Spiel. Man braucht nur Gemsenkinder beim Umhertollen auf den Schneefeldern zu beobachten. Dies hat darüber hinaus auch einen Überlebenssinn, das Einüben von Körperbeherrschung, sozusagen tierischer Turnunterricht. Der Sport des modernen urbanen Menschen hat eine ähnliche Funktion. Das Rumliegen und Dösen kommt in der Fauna durchaus auch vor. Bei den Primaten sicherlich, bei anderen Tierarten wahrscheinlich mit Denken verbunden, meint Wulf Schiefenhövel vom Max-Planck-Institut für Ornithologie in Andechs.

Der Mensch hat diesen natürlichen Rhythmus von Anspannung und Entspannung im Lauf der Zeit zwar kultiviert und ritualisiert, aber im Zuge der Technologisierung und Industrialisierung weitgehend das rechte Gespür dafür verloren. In jüngster Zeit wird vermehrt das sogenannte Burn-out-Syndrom thematisiert. Obwohl sich die Medizin nicht ganz im Klaren ist, ob dieses Krankheitsbild als solches überhaupt schlüssig zu beschreiben ist, scheint es sich doch um eine Art Depression aufgrund eines Gefühls der Überforderung zu handeln. Manchmal kann es auch die Unterforderung sein, die dazu führt. Perfektionismus im Verbund mit der Beschleunigung des Arbeitstempos und einer Fehlerkultur, die immer einen Schuldigen sucht, können die Ursachen bilden für dieses Phänomen. Der Wirtschaft, die durch ihren Kostendruck am Anfang der Ursachenkette steht, entstehen durch den Ausfall von Arbeitskräften dann enorme Kosten. Man könnte verkürzt sagen: Das ökonomische Wachstum frisst seine Kinder. Schon vor einiger Zeit wurde daher im typischen Sprachjargon der Betriebswirte die »Work-Life-Balance« als neue Forderung proklamiert. Ein ausgewogenes Verhältnis von Arbeit und Leben. Wir glauben, dass diese Balance durch die Wiedergewinnung der Muße erreicht werden kann.

Wir, das sind meine Mitautoren, Nikolaus Birkl und Georg Reider, und ich. Seit mehreren Jahren bieten wir »Tage des Innehaltens« für Führungskräfte an, die wir in Tagungshäusern mit historischer und spiritueller Ausstrahlung durchführen. Daraus erwuchs die Idee, unser Bemühen in die Form einer »Akademie der Muße« zu gießen. Der Erfolg unseres Konzepts beruht wohl vor allem auf der Verschiedenheit unserer Ansätze, die auch in diesem Buch widergespiegelt wird. Dr. Nikolaus Birkl ist von Beruf Rechtsanwalt, es hat ihn immer interessiert, »wie Menschen ticken«. Deshalb absolvierte er Zusatzausbildungen in Psychologie und Systemtheorie. Heute ist er neben seiner Anwaltstätigkeit als Coach und systemischer Organisationsberater unterwegs. Ich bewundere darüber hinaus seine Disziplin beim Meditieren, das er in einer leicht angepassten Form des Zen praktiziert und wozu er die Teilnehmer unserer Kurse äußerst behutsam und gewinnend anleitet. Bei den Meditationskursen, die der Benediktiner Willigis Jäger auf dem Benediktushof im unterfränkischen Holzkirchen anbietet, hatte er den damaligen Franziskaner Dr. Georg Reider kennengelernt. Er gehörte zum Führungspersonal seines Ordens in Südtirol und Österreich und baute ein spirituelles Zentrum in seiner Heimat auf. Dort ist er heute als Seminarleiter für eine zeitgemäße und weltzugewandte Spiritualität tätig. Auch er qualifizierte sich durch eine psychotherapeutische Ausbildung in Psychosynthese. Dieser im deutschsprachigen Raum nicht sehr bekannte Therapieansatz wurde vom italienischen Arzt und Psychiater Roberto Assagioli in der ersten Hälfte des 20. Jahrhunderts entwickelt.

Ich selber habe mich schon in meiner Zeit als Benediktinermönch und Wirtschaftsleiter des Klosters Andechs in Oberbayern mit Führungsmodellen aus der Tradition der europäischen Kultur beschäftigt. Ganz besonders hat mich die Ordensregel Benedikts von Nursia inspiriert. Sie ist das älteste »Organisations- und Führungshandbuch« des Abendlandes. Das Jahr ihrer Entstehung 529 n. Chr. gilt als das Ende der Antike und Beginn des christlichen Mittelalters. Ihr Motto »ora et labora« steht am Anfang der Hochschätzung von Arbeit und Wirtschaften gegenüber dem Ideal der Muße in der griechischen und römischen Antike. Hier schließt sich der Kreis: Es gilt, den Wert, das Glück der Muße wiederzuentdecken, ohne unser hohes Arbeitsethos zu desavouieren. Denn die Balance ging im Laufe der Jahrhunderte verloren. Die Waagschale der Arbeit hat sich zu sehr zuungunsten der Muße nach unten geneigt. Und diese Unausgewogenheit hat die Tendenz, die Menschen krank zu machen an Leib und Seele.

Deshalb dieses Buch: Nikolaus Birkl bietet systemische Lösungsansätze für eine Zurückgewinnung der Muße in den verschiedenen Systemen und Beziehungen der Menschen, Georg Reider hat einen mehr psychologischen und spirituellen Ansatz, der die Weite und Tiefe des Selbst, den inneren Reichtum der Seele erfahren lässt. Ich selber kann mein Interesse für Geschichte und Philosophie nicht verleugnen. Ich glaube, dass unsere kulturelle Tradition viele Hilfen für das moderne Leben bereithält. Wir müssen diese Schätze nur heben. Ergänzt werden die Beiträge durch Interviews und Berichte, die Gerd Henghuber, Journalist und PR-Berater, erstellt hat. Es war uns wichtig zu zeigen, wie Menschen in verschiedenen Positionen ihren Weg der Muße finden und praktizieren. Dabei wird deutlich: Es gibt nicht das eine Patentrezept. Jeder muss für sich definieren, was für ihn Muße bedeutet. Eines ist allen Ansätzen gemeinsam: Es muss eine Zeit *»procul negotiis«* (fern von Geschäften) sein, wie es Horaz in einem Gedicht kurz und prägnant ausdrückt. Eine Zeit, die nicht ökonomisch verzweckt sein darf. Um das erreichen zu können, gibt es zu jedem Kapitel im Buch auch Hilfen, die »Übungen der Achtsamkeit«, für die man sich ein kleines Zeitfenster der Muße freischaufeln muss. Eine Haltung der Muße zu erlangen geht nicht auf einen Schlag, sozusagen von heute auf morgen. Dies braucht Übung; Muße macht Mühe, wenn man sie konsequent als Teil des eigenen Lebens installieren will.

Wir mussten dabei das Rad nicht neu erfinden. Viele Autoren von der Antike bis zur Gegenwart haben sich mit diesem Thema schon beschäftigt. Direkte Anleihen werden durch Hinweise in Text oder Fußnoten kenntlich gemacht, die der Lesbarkeit halber am Ende des Buches aufgeführt werden. Die jedem der drei Autoren wichtigsten Vordenker und Ideengeber sind nochmals in einer kleinen kommentierten Literaturliste eigens zusammengestellt. Ihnen gilt unser Dank und Respekt. Ebenso wollen wir uns beim Piper Verlag bedanken für die hervorragende Betreuung, speziell bei unserem Verleger Marcel Hartges sowie bei Kristin Rotter, Ulrich Wank und Artur Bogdanowicz.

Den Philosophen des Altertums war eine Frage am wichtigsten: Wie kann ich ein glückliches Leben führen? Aus den verschiedenen Ansätzen entwickelten sich die verschiedenen Schulen, in denen die Antworten praktisch umgesetzt wurden, darunter der Garten des Epikur und die Akademie von Platon. Auch heute wollen die Menschen ein glückliches, gelingendes, ausgewogenes Leben führen. Warum gelingt es so selten? Was tun Menschen alles, um nicht glücklich zu werden? Oder anders gefragt: Was können wir tun, um das Leben gelingen zu lassen? Ein Weg dazu ist die Wiedergewinnung der Muße. Daher der ambitionierte Titel: *Vom Glück der Muße.*

München, Pfingsten 2014
Anselm Bilgri

1 Muße im Wandel der Geschichte

Auf welche Weise gaben sich die Menschen in früheren Zeiten der Muße hin? Und worin unterscheidet sich ihr Verständnis der Muße von unserer heutigen Auffassung? Der berühmte Humanethologe Irenäus Eibl-Eibesfeldt wies schon vor vielen Jahren darauf hin, dass Menschen in traditionellen Gesellschaften »mußeintensiv« gewesen seien, also nicht, wie unser modernes Klischee meint, permanent im Kampf ums Dasein steckten. Das blieb späteren Phasen der kulturellen und industriellen Revolution vorbehalten.

Wenn wir nun zu den Anfängen der Menschheitsgeschichte zurückgehen, dann besitzen die Höhlenmalereien des Cro-Magnon-Menschen neben einer religiösen sicher auch eine künstlerische Bedeutung. Auf jeden Fall aber beweisen sie, dass eine ganze Gruppe von Menschen sich mit einem nicht dem unmittelbaren Lebensunterhalt dienenden Zweck beschäftigen konnte. Die Beobachtung der Umwelt, die zu den anatomisch genauen Abbildungen von Tieren befähigte, brauchte eine Zeit, die später im historischen Altertum als Zeit der Muße definiert wurde.

Im alten Ägypten schätzte man die Muße als Lebenshaltung der Oberschicht. Die straffe Staatsorganisation und die Arbeitsteilung in einzelne Berufe ermöglichten vielen

Menschen eine völlig neuartige Zeitgestaltung. Sie waren nicht mehr den Großteil des Tages damit beschäftigt, ihren Lebensunterhalt zu sichern, sondern verfügten über viel freie Zeit. Insbesondere die Oberschicht wurde durch eine große Dienerschaft von der Alltagsarbeit entlastet. In der Regel war in den vornehmen Gesellschaftsschichten das Familienoberhaupt ein wichtiger Beamter des Pharao. Diese Tätigkeit ließ neben den zahlreichen Feiertagen und Festveranstaltungen noch freie Zeit, in der die Familie an Vergnügungen und Zerstreuung denken konnte. Die Ägypter liebten es etwa, im Papyrusdickicht des Nils auf Entenjagd zu gehen, sich sportlich zu betätigen, Musik zu spielen, zu singen und zu tanzen. Unterschiedliche Geschicklichkeitsspiele waren bei Kindern weit verbreitet, ansonsten waren insbesondere bei Männern Brettspiele zur Unterhaltung beliebt, von denen es mindestens vier verschiedene Arten gab.[1]

Aus dem mesopotamischen Kulturbereich stammt bekanntlich die Siebentagewoche, ein wesentlicher Bestandteil unserer heutigen Zeiteinteilung. Über das Judentum mit seiner strengen Beobachtung des wöchentlichen Ruhetags, des Sabbats, gelangte diese segensreiche Erfindung dann in das Christentum und von da in die moderne Welt.

Schon die alten Griechen blickten voller Bewunderung auf Ägypten mit seiner Tradition und auf Indien, durch Reiseberichte hatten sie von den dortigen Gymnosophen (»nackten Weisen«) erfahren. In Indien hatte sich sehr früh durch den Hinduismus ein spiritueller Weg eröffnet, der die Meditation als wichtiges Mittel praktizierte und propagierte, um zum Selbst und zur Mitte zu gelangen. Das meditative Sprechen von Texten, körperliche Übungen, Atem- und Versenkungstechniken, asketisches Training durch weitgehenden Verzicht auf die Befriedigung körperlicher und geistiger Bedürfnisse; all das wurde lange vor dem Auftreten des christlichen Mönchtums in der vielfältigen spirituellen Welt Indiens gelebt. Die Praktizierenden werden als Gurus bezeichnet, die Praxis als Yoga. Auch hierfür braucht es Menschen, Räume und Zeiten, die frei dafür und nicht durch Erwerbstätigkeit besetzt sind.

Der Buddhismus gilt als Spezialform des Hinduismus. Siddhartha Gautama wollte als Mönch ganz frei werden von den Leidenschaften, die er als hinduistischer Prinz erfahren hatte. Nach neuesten Forschungen lebte er wie die großen griechischen Philosophen im 4. Jahrhundert v. Chr. Er erlebte nach jahrelanger Meditation ein »Erwachen« und wurde dadurch zum Buddha, das eigentlich nichts anderes als »Erwachter« bedeutet. Der Buddhismus ist von seinem Ursprung her eine Mönchsreligion, nur in der Gemeinschaft des Klosters kann er in Reinform gelebt werden. Die gewöhnlichen Gläubigen haben durch ihre Unterstützung der Klöster die Möglichkeit, ihr Karma zu beeinflussen und zu einer höheren Stufe der Wiedergeburt zu gelangen.

Als eine der wesentlichen Übungen des Buddhismus gilt die Achtsamkeitspraxis: Achtsamkeit (auch Bewusstheit, Vergegenwärtigung) ist die Übung, ganz im Hier und Jetzt zu verweilen, alles Gegenwärtige bewusst und nicht wertend wahrzunehmen. Diese Hinwendung zum Augenblick erfordert volle Wachheit, ganze Präsenz und eine nicht nachlassende Aufmerksamkeit für alle im Moment auftauchenden körperlichen und geistigen Phänomene. Dazu braucht es Zeiten der Muße, die sich vor allem in verschiedenen Formen der Meditation manifestiert. In einigen buddhistischen Gesellschaften ist es üblich, dass jeder junge Mensch eine Zeit lang im Kloster lebt und so die Bedeutung der Meditation und des Einhaltens von Mußezeiten erlernt.

China, das Land der Mitte, wurde neben dem Buddhismus und dem Konfuzianismus auch durch den Daoismus maßgeblich geprägt. Diese *Drei Lehren* haben auch über China hinaus wesentlichen Einfluss auf die Religionen und Geisteswelten der Menschen ausgeübt. Es ist zwar bis heute strittig, ob es sich dabei um Religionen oder Philosophien handelt, aber diese Unterscheidung ist wohl eine Methode des westlichen Denkens, das die Drei Lehren gar nicht in ihrer Eigentlichkeit zu beschreiben vermag. Was wir »Muße« nennen, wird dort wohl eher mit dem Begriff »Achtsamkeit« bezeichnet. Achtsamer Umgang mit sich selbst, den Mitmenschen, der belebten und unbelebten Umwelt bedarf jedoch stets einer Zeit des Innehaltens und des Sichbewusst-Werdens.

Zum ersten Mal in das helle Licht der Geschichte tritt die Muße aber in der Kultur des alten Griechenlands. Die Griechen haben dafür ein Wort, das es zu einer überraschenden Karriere als Lehnwort im Deutschen gebracht hat. Muße heißt dort *scholä* und hat außerdem die Bedeutung Rast, Müßiggang und – Schule. Das Verbum *scholazo* macht es noch deutlicher, es bietet folgende Übersetzungsmöglichkeiten: Zeit haben, Muße haben, sich Zeit nehmen, sich einer Sache widmen, und von da weitet sich die Bedeutung zu »studieren« und sogar »Unterricht erteilen«.

Wir modernen Menschen würden Schulunterricht und Muße nicht mehr in einen Bedeutungshorizont stellen, weder Schüler und Studierende noch deren Lehrer und Professoren. Doch noch im 19. und zu Beginn des 20. Jahrhunderts hätten es zumindest die Studenten der ersten Semester im Sinne des klassischen Altertums gesehen: Man pflegte damals die ersten zwei Studienhalbjahre zu »verbummeln«, sich in verschiedene Fächer einzuschreiben, überall ein bisschen hineinzuschnuppern, im geselligen Zusammensein mit den neu gewonnenen Kommilitonen die akademische Freiheit zu genießen, ehe man das Studium ernsthaft als Pflicht annahm und sich danach als Philister, das heißt als Spießbürger, seiner beruflichen Karriere widmete.

Aristoteles, der Systematiker unter den alten Philosophen, meinte, die Muße sei der Angelpunkt, um den sich alles drehe. Außerdem stellte er fest, wir seien eigentlich nur deshalb unmüßig, das heißt, wir arbeiten, um Muße zu haben. Dies erinnert an unsere moderne Frage: Lebst du, um zu arbeiten, oder arbeitest du, um zu leben? Er führt in seiner *Politik*, den Schriften zur Staatstheorie, einen interessanten Gedanken an: Es sei Aufgabe des Gesetzgebers, Ziel der Erziehung und Wille einer guten Herrschaft und des Staates, die Bedingungen für den Raum der Kontemplation, die nur in Muße geschehen könne, zu schaffen. Entsprechend sorge der Tyrann dafür, dass niemand Muße hat. Achtet die Erziehung nicht auf die Schaffung von Muße, so führt sie zu Knechtschaft. Sie muss aber begleitet werden von den Tugenden der Gerechtigkeit, der Mäßigung und der Weisheitsliebe (Philosophie), soll sie nicht in Übermut umschlagen. Im Umkehrschluss würde das bedeuten: Überall, wo Muße nicht möglich ist, herrscht Tyrannei, wird die Freiheit des Individuums und der Gesellschaft beschnitten.

Dies zu bedenken könnte gerade in unserer freiheitsliebenden, liberalen Zeit ein guter Ansporn sein, sich darum zu kümmern, dass wir die Muße nicht allzu leichtfertig der Tyrannei des von der Ökonomie bestimmten Mainstreams opfern. Für die Alten waren das Lernen und Lehren also eine Zeit der Muße: Sie war frei von dem Zwang, sich um den materiellen Lebensunterhalt zu kümmern. Damit war natürlich auch der soziale Unterschied markiert. Der

Sklave, für alle Arbeiten in Haus und Hof zuständig, hatte wenig Muße, während der freie Bürger, vor allem wenn er adlig und wohlhabend war, voller Stolz darauf verwies, über ausreichend freie Zeit für die Muße zu verfügen. Arbeit, zumal körperliche, galt ihm als Zeichen der Unfreiheit.

Der Römer Seneca, zugleich Politiker und Philosoph, Erzieher des Kaisers Nero und schwerreich, hat einen kleinen Dialog verfasst mit dem Titel »Über die Muße«, in dem er seinem Verwandten Annaeus Serenus empfiehlt, sich aus dem öffentlichen Leben in die Muße zurückzuziehen und die Schriften hervorragender Männer zu studieren. In ihren Schriften forscht man über die Natur des Menschen, die Struktur der Welt und den Sitz der Götter. Zur Natur des Menschen gehört seiner Meinung nach nicht nur die äußere Tätigkeit, sondern auch die denkende Betrachtung, die Kontemplation. Für diese denkende Betrachtung, oder wie der Grieche Platon sagt, für die Schau der Dinge (griechisch: *theoria*), ist Muße die Grundbedingung. Das ist Sache der Philosophen. Sie sind in Freiheit und Muße aufgewachsen – Geschäfte und Dienstleistungen sind Sache der Handwerker (griechisch: *banausoi*). Daher kommt unser etwas negativ konnotiertes Herabschauen auf die Banausen, sie haben vor lauter Tätigsein keine Zeit für die Muße.

Der Geschichtsschreiber Sallust schildert zu Beginn seines berühmten Werkes über die Verschwörung des Catilina sehr anschaulich, wie das Verhältnis der Römer zu Erwerbsarbeit, politischer Karriere und Muße ausgesehen hat. Sallust war in jungen Jahren Anhänger Cäsars gewesen. Er scheint im Ausnützen seiner Machtpositionen nicht zimperlich gewesen zu sein. Nach der Ermordung seines Gönners beendete Sallust seine Laufbahn in Politik und Militär und begann, sich der Geschichtsschreibung zu widmen. Er schönt seine Motive, bringt aber die herrschenden Ansichten der römischen Gesellschaft damit umso deutlicher zum Ausdruck:

»Ich begab mich als ganz junger Mann zu Beginn, wie sehr viele, mit Eifer in die Politik, und dort stieß ich auf vieles, was mir zuwider war. Denn hier herrschten nicht Anstand, Zurückhaltung und Leistungsbereitschaft, sondern Unverschämtheit, Bestechlichkeit und Habgier. Auch wenn mein Geist, der schlechte Eigenschaften nicht gewohnt war, diese Verhaltensweisen verabscheute, wurde mein schwaches Alter, von Ehrgeiz verdorben, dennoch zwischen diesen Lastern festgehalten. Und obwohl ich mich im Charakter von den anderen unterschied, wurde ich nichtsdestoweniger durch denselben Ehrgeiz, der auch sie umtrieb, ein Opfer von Neid und übler Nachrede.

Sobald sich nun mein Geist von den vielen Notlagen und Gefahren erholen konnte und ich beschlossen hatte, mein Leben künftig fern von der Politik zu verbringen, hatte ich nicht die Absicht, die wertvolle Muße mit Trägheit und Nichtstun zu vergeuden oder aber mir meine Zeit durch sklavische Betätigungen wie Landwirtschaft oder Jagd zu vertreiben, sondern ich kehrte zu dem Unterfangen und zu der Beschäftigung zurück, von der mich mein verwerflicher Ehrgeiz abgehalten hatte, und beschloss, die Geschichte des römischen Volkes ... darzustellen.«[2]

Für Sallust bedeutet Muße also, sich von den negativen Seiten des öffentlichen Lebens abzuwenden. Er schildert dieses als bestimmt von Korruption und Gier. Die Muße wird wertvoll, wenn sie mit Studien erfüllte Zeit ist, frei von knechtischer Arbeit, in die er neben der Landwirtschaft eigenartigerweise auch die Jagd einbezieht. Er kehrt zurück zu seiner eigentlichen Bestimmung – in seinem Fall die

Geschichtsschreibung. Ein moderner Schriftsteller oder Geschichtswissenschaftler würde wohl den Kopf schütteln, wenn er seine Arbeit bei der Recherche und am Schreibtisch als Freizeitbeschäftigung geschildert bekäme. Für den antiken Menschen war dies die höchste Form der Muße – allerdings musste er damit auch nicht seinen Lebensunterhalt verdienen.

Cicero, von dem die meisten Schriften der römischen Literatur überliefert sind und der deshalb wohl von vielen geplagten Lateinschülern insgeheim verflucht worden ist, war der große Vermittler griechischer Philosophie bei seinen Landsleuten. Er hat viele Fachbegriffe ins Lateinische übersetzt. Mit den Griechen und wohl allen antiken Kulturen hatten die Römer die Pflege der Muße als Ausdruck des gesellschaftlichen Standesdenkens gemein – trotz ihrer Hochschätzung des Militärs und der rationalen Rechtsprechung.

Ciceros Landgut Tusculanum in der Nähe der Stadt Tusculum beim heutigen Frascati wurde geradezu zum Inbegriff dessen, was die Römer unter Muße verstanden. Die Gespräche und Diskussionen, die er mit seinen Freunden dort führte, veröffentlichte er in einem eigenen Buch, den *Tusculanae disputationes.* Das übergreifende Thema des in Dialogform verfassten Buches besteht in der Bewältigung des Schmerzes. Ein Lehrer und seine Schüler sprechen über den Tod, das Ertragen von körperlichem und seelischem Schmerz, die Beherrschung der Affekte und Leidenschaften durch die Vernunft und schließlich über das Generalthema der Philosophie der Alten: Wie kann ich ein glückliches Leben führen? Cicero gibt die Antwort: Ein sinnvolles Leben gelingt nur durch Beachtung der Tugenden.

In einem anderen seiner Bücher, *De oratore,* »Über den Redner«, prägt er gleich zu Beginn das geflügelte Wort *otium cum dignitate* (Muße mit Würde). Er zitiert sich in anderen Schriften mehrmals selbst mit diesem Ausdruck. Dabei kann dieser durchaus verschiedene Bedeutungen annehmen, etwa »ehrenvoller Ruhestand nach verdienstvoller Amtsführung« und auch »ehrenvolle Zurückgezogenheit«. Beide Bedeutungen haben auch heute noch ihre Relevanz. Wer kennt nicht den Gruß der Rentner, die mit den erhobenen Händen wedeln als Hinweis auf den vollen Terminkalender der weiterhin gestressten Ruheständler? Es fällt vielen ehemals Berufstätigen schwer, in der Zeit der Pensionierung ein ausgeglichenes, ruhigeres Leben zu führen. Man ist derart vom Hetzen von Termin zu Termin während der Lebensarbeitszeit geprägt, dass es schwerfällt, davon loszulassen. Auch die Angst vor einer vermeintlich drohenden Bedeutungslosigkeit trägt dazu bei. Am Arbeitsplatz wurde man gebraucht, man hatte vielleicht seine Statussymbole wie Dienstauto, Büro und Sekretärin.

All das fällt mit dem Erreichen der Altersgrenze weg. Viele glauben, ins Leere zu fallen. Dann füllt man diese vermeintlich drohende Leere mit unzähligen Freizeitterminen. Das hat sehr viel damit zu tun, ob man seine Wichtigkeit, seine Würde *(dignitas)*, aus sich selbst und seinem eigenen Selbstwertgefühl bezieht oder aus den Dingen, die im Berufsleben die nötige Unterstützung oder auch nur die Dekoration gegeben haben. Der Sozialpsychologe Erich Fromm hat das schon in den Siebzigerjahren des 20. Jahrhunderts in seinem Buch *Haben oder Sein* thematisiert. Woraus beziehe ich mein Selbstwertgefühl? Aus dem, was ich bin, oder aus dem, was ich habe? Aus meinem Inneren oder aus den Äußerlichkeiten, die ich mir als Attribute zugelegt habe?

Ciceros »ehrenvolle Zurückgezogenheit« stellt eigentlich einen Widerspruch zu seiner eigenen philosophischen

Grundüberzeugung dar. Er war Stoiker, und deren Ethik war erfüllt von einem strengen Pflichtbewusstsein: Jeder Bürger hat nach seinen Möglichkeiten seinen Beitrag zur gesellschaftlichen und staatlichen Organisation zu leisten. Für Cicero selbst hieß das, die Ämterlaufbahn der römischen Republik einzuschlagen. Er hatte es bis zum Konsul gebracht, einem der beiden höchsten Beamten des Gemeinwesens, in unserem Sprachgebrauch würden wir wohl sagen: Er war Regierender Bürgermeister. Seine große Leistung, von der er nicht müde wurde, sie auch immer wieder ins Bewusstsein zu rufen, war die Niederschlagung der Verschwörung des Catilina, der, um seine immensen Schulden loszuwerden und ein Verfahren wegen der Auspressung von Provinzbewohnern zu vermeiden, einen Staatsstreich plante. Cicero hielt seine berühmten Reden gegen Catilina im Senat und führte so dessen Vertreibung aus Rom und schließlich seinen Tod herbei. Also ein bewegtes Politikerleben. In den späteren Jahren war allerdings sein Stern gesunken. Enttäuscht zog er sich immer wieder auf seine Landgüter zurück, um seine philosophischen Schriften zu verfassen. Damit huldigte er eigentlich dem Ideal Epikurs, des Gründers der »gegnerischen« Richtung der miteinander konkurrierenden Philosophenschulen.

Einer der epikureischen Grundsätze lautete: »Lebe im Verborgenen!« Epikur fand ja nicht im Vermeiden der Affekte das glückliche Leben, sondern ganz im Gegenteil im Kultivieren der Lust. Damit meinte er aber nicht den Hedonismus, also das freie, ungezügelte Ausleben der Begierden, sondern das Vermeiden von Leiden. Einer der wichtigsten Wege zu einem glücklichen Leben war für ihn und seine Schüler die Zurückgezogenheit in seinem Garten, wo er mit seinem Freundeskreis seine philosophischen Ansichten diskutierte und eine Art Wohngemeinschaft bildete. Dazu gehörten, ganz ungewöhnlich für die Antike, auch Sklaven und Frauen. Dort und nicht im Streben nach Ehren und Ämtern im Staatswesen fanden Epikur und seine Anhänger die Erfüllung ihres Strebens. Immer wieder zitierte Cicero, obwohl Anhänger der Stoa, auch seinen Gewährsmann Epikur. Dessen Garten, mitten in Athen gelegen, scheint nachgerade ein Vorgänger des ciceronianischen Tusculums gewesen zu sein, wo man im trauten Kreis von Freunden und Schülern im Gespräch bei Wein und Gesang hohe Philosophie betreiben konnte, also all das, worunter der antike Mensch die Pflege der Muße verstand.

Eine untergegangene Form dieser mußevollen Gesprächs- und Trinkkultur bildete das *symposion,* das die Römer als *convivium* bezeichneten. Dabei lag man in Gesellschaft von einem guten Dutzend Freunden auf einer Kline, einem Ruhebett, auf den linken Arm gestützt. Die Liegen waren an den vier Außenwänden so angeordnet, dass die Sklaven die Feiernden gut bedienen konnten und jeder von allen gesehen und gehört werden konnte. Dem eigentlichen *symposion* ging das Mahl voraus. Zu Anfang erfolgte eine Libation, ein Trankopfer von Wein zu Ehren des Agathos Daimon, einer Schutzgottheit des Guten, das von Freudengesängen für den Gott begleitet wurde. Die Libation wurde aus einer besonderen Schale, die von den Gästen reihum weitergereicht wurde, vollzogen.

Zu kultivierten Festen gehörten auch Gedichte und Lieder sowie Rätselspiele, man suchte einander an Witz und Schlagfertigkeit zu übertreffen. Daneben übte man sich in Geschicklichkeitsspielen wie dem namentlich auf Sizilien populären *kottabos,* bei dem der Spieler in liegender Haltung mit dem Finger Weintropfen in eine Tasse schnipste, die an einem Stock oder Haken hing. Je später der Abend, desto ausgelassener wurde die Stimmung. Flötenspielerinnen, Tänzerinnen und Hetären, also gebildete Kurtisanen, waren die einzigen Frauen, die zugelassen wurden. Der Liebesgott Eros konnte durchaus sein Zepter schwingen.

Neben Cicero nimmt noch ein anderer Stoiker immer wieder Bezug auf den »Philosophen des Gartens«, wie Epikur auch bezeichnet wurde. Es handelt sich um den schon eingangs erwähnten Seneca. Neben seiner kleinen Schrift, die ausschließlich von der Muße handelt, nimmt er in verschiedenen seiner Werke auf die Muße Bezug. Von ihm sind 124 Briefe an seinen Freund und Schüler Lucilius erhalten, die eine Einführung in seine Philosophie darstellen. An vielen Stellen ermahnt er diesen, von seinem Streben nach Karriere und der Sorge um seinen Besitz abzulassen und sich vor allem um das zu kümmern, was einem Römer seines Standes gemäß sei, nämlich Zeit für die Muße zu haben. Am deutlichsten im 68. Brief, der gleich mit den Worten anhebt:

»Verbirg dich in der Muße, aber verbirg auch deine Muße vor anderen.« Der Weise braucht nichts, um sich damit vor anderen zu brüsten, auch nicht sein Freisein für die Muße. Seneca charakterisiert dieses Freisein vom Wirken nach außen folgendermaßen: Es ist die den wahren Weisen nährende Muße, nämlich Verfügung über die eigene Zeit und Ruhe, die von keinen Tätigkeiten für die Öffentlichkeit gestört ist. Sie ist heilig, denn »ein Gott hat diese Muße erschaffen«. Näherhin ist »Muße ohne wissenschaftliche Beschäftigung der Tod und das Begräbnis eines Lebendigen«.

Nicht nur die Philosophen und Redner preisen die Muße, auch die Dichter nehmen sich ihrer an. Das Zitat bei Seneca, wo er die Muße als Geschöpf eines Gottes bezeichnet, findet sich bei Vergil, dem »Staatsdichter« der Ära des Kaisers Augustus, in seinen Hirtengedichten. Ähnlich denkt und dichtet Horaz, sein Zeitgenosse. Im zweiten Gedicht der *Epoden* gibt er seiner Begeisterung für das Landleben durch die seither berühmten Worte *»beatus ille, qui procul negotiis«* Ausdruck: »Glücklich der Mann, der fern von Geschäften, wie einst das Menschengeschlecht, die väterliche Scholle mit seinen Ochsen pflügt, frei von Schuldenlast; weder wird er als Soldat vom wilden Signal aufgescheucht noch vom grollenden Meer verängstigt, er meidet das Forum und die stolzen Paläste der Mächtigen.«

Hier sind alle Merkmale der römischen Auffassung dessen, was ein Leben in Muße behindert, aufgelistet: Wer so leben kann, braucht sich nicht um sein Vermögen zu kümmern und zu sorgen, der verzichtet auf die militärische Karriere, vermeidet die anstrengenden und ablenkenden Reisen, hält sich fern von Politik und Machtstreben. Allerdings wird, wie auch heute noch, das bäuerliche Leben sehr idealistisch dargestellt. Das ruhige und beschauliche Pflügen der Felder mit dem gemächlich dahintrottenden Ochsengespann war schon damals keinem vergönnt, am wenigsten den Feldsklaven, die oft genug gequält und profitträchtig ausgebeutet wurden. Dennoch scheint das Leben auf dem Lande »fern von der Stadt und den Geschäften« zu allen Zeiten ein schönes Bild für die Sehnsucht der Menschen nach Ruhe und Beschaulichkeit darzustellen.

Fern von der Metropole Rom und ihrem geschäftigen Treiben musste auch der Dritte des poetischen Dreigestirns des augusteischen »Goldenen Zeitalters« seinen Lebensabend verbringen. Ovid war von Kaiser Augustus nach Tomis am Schwarzen Meer verbannt worden. Die Gründe sind bis heute nicht genau bekannt. Man vermutet, dass dem sittenstrengen Kaiser die *Liebeskunst,* ein Gedichtband Ovids, nicht in sein Programm moralischer Erneuerung alter Römertugenden passte. Obendrein scheint der Dichter auch unabsichtlich in eine sittliche oder politische Affäre der Enkelin des Augustus verwickelt gewesen zu sein. Auf jeden Fall schickte man Ovid an die Ostgrenze des Reichs. Unfreiwillig musste er dort die ihm aufgezwungene Muße ertragen.

Er machte das Beste daraus, verfasste Klagelieder über die Härte seines Schicksals als Exilant und schickte seine Sammlung der »Briefe vom Schwarzen Meer« in das Rom des Augustus-Nachfolgers Tiberius, der ihn trotzdem nicht zurückberief. Ovid schrieb sich das Exil trotz allen aus Langeweile herrührenden Kummers, der ein bisschen nach Wehleidigkeit klingt, schön. So heißt es im ersten Brief: »Muße nährt den Leib, auch der Geist erquickt sich in ihr; maßlose Mühe dagegen entkräftet beide.« Muße dient der Erholung von Seele und Körper, die beide durch die Maßlosigkeit der Anspannung überanstrengt werden. Welcher moderne Leser wollte da nicht an die zunehmende Beschleunigung und den dadurch verursachten Stress denken?

Otium – Muße – war in der Antike die zu erstrebende Grundgröße. War sie durch das Eingebundensein in Staatsgeschäfte oder ökonomische Tätigkeiten nicht möglich, hatte man »nicht mehr Muße«, lateinisch: *nec otium* (nicht Muße). Daraus wurde ein Wort: *negotium* – Geschäft, Beschäftigung. Wir kennen es aus den modernen Sprachen: das englische *negotiation,* französisch *négoce* und italienisch *negozio.* Das Geschäft, die Arbeit, wir würden sagen: das Subsystem Wirtschaft, war zwar notwendig, hatte aber eigentlich nur den Zweck, das Wesentliche, nämlich die Muße, zu ermöglichen.

Dies ändert sich mit dem Ende der Antike grundlegend. Einen großen Anteil daran haben diejenigen, von denen ein moderner Mensch es am allerwenigsten erwarten würde: die christlichen Mönche. Das Mönchtum nahm seinen Anfang mit der Etablierung des Christentums im römischen Gemeinschaftswesen. Dieses begann nicht erst mit den Toleranzedikten zu Beginn des 4. Jahrhunderts. Als Kaiser Konstantin das Christentum 313 als erlaubte Religion anerkannte, war dies eher die Bestätigung dafür, dass die kirchliche Organisation derart stark geworden war, dass er die Kirche als die für das riesige Reich einheitsstiftende, alle Nationalitäten verbindende religiöse Gemeinschaft in Dienst nehmen konnte. Damit wurden die Kleriker, die Priester und vor allem die Bischöfe den hohen Beamten gleichgestellt. Nun zog in die bisher verfolgte Kirche der altrömische Gedanke der Ämterlaufbahn ein.

Und so begann auch eine rein äußerliche, materielle Attraktivität des kirchlichen Dienstes Gestalt anzunehmen. Dagegen regte sich der Widerstand jener Christen, die ihre Religion in der Radikalität der Märtyrerzeit leben wollten. Diese »Aussteiger« verließen die dörflichen Lebensgemeinschaften und wollten, alleine lebend, frei sein für Gott. Sie wurden »Anachoreten« genannt oder, wenn sie sich in die Halbwüste vor den Toren der ägyptischen Städte oder Dörfer zurückzogen, Eremiten. Dort bewohnten sie aufgelassene Mausoleen oder bauten sich Häuschen mit einem kleinen Garten, den sie selbst bewässerten und bebauten. Um sich ihren Lebensunterhalt zu verdienen, verrichteten sie Arbeiten, die leicht neben dem lauten »Beten ohne Unterlass« von der Hand gingen. Sie flochten Matten oder Körbe, die auf den Märkten der nahe gelegenen Ortschaften verkauft wurden. Mit dem Erlös konnten Arme unterstützt werden.

Diese Mönchsbewegung scheint enormen Zulauf gehabt zu haben: In bestimmten Gegenden Ägyptens gab es Tausende solcher »Zellen«, wie man die Mönchsbehausungen nannte, auf engem Raum nebeneinander. »Die Wüste lebt beziehungsweise blüht«, war der Eindruck der vielen Pilger und Besucher. Bald schlossen sich Einsiedler zu Gemeinschaften zusammen, die ihr Leben arbeitsteilig gestalteten. Nicht jeder ging auf den Markt, das machte nun einer für alle. Es gab gemeinsame Räume wie Küche, Speisesaal, Schlafsaal und Kirche. Konnte der Eremit sein Leben noch selbstbestimmt gestalten, so waren für Gemeinschaften Ordnungen, Regeln und Hierarchien nötig.

Eine dieser Regeln, von einem Römer zusammengestellt, sollte den Siegeszug durch die Geschichte des ganzen Mittelalters antreten. Es handelt sich um die Regel des Benedikt von Nursia, der sie – so will es die Überlieferung – im Jahre 529 n. Chr. für seine Klostergründung Montecassino im südlichen Italien geschrieben hat. Ihre Spiritualität wird mit dem Motto *ora et labora* (»bete und arbeite«) zusammengefasst. Auch wenn die Benediktiner dies als Verkürzung empfinden, da die dritte Säule, das Lesen geistlicher Literatur, fehlt, gibt dieses Wort gut wieder, was den Erfolg der benediktinischen Lebensweise ausmacht.

Das Entscheidende bei diesem Imperativ »Bete und arbeite!« ist nämlich das »und«. Durch diese Verbindung werden Gebet und Arbeit gleichwertig. Arbeit ist nun nicht mehr etwas negativ Besetztes, etwa Sache der Sklaven, sondern sie erhält einen geistlichen Wert. Auch in der Arbeit wird Gott verherrlicht. Diese Hochschätzung der Tätigkeit wird schon im Schöpfungsmythos der Bibel grundgelegt: Gott arbeitet sechs Tage an der Erschaffung des Kosmos, und erst am siebenten Tag ruht er davon aus. Die Mönche tun es ihm gleich: Sie kultivieren das Land und machen es urbar. Im römischen Verständnis galt der als arm, der sich seinen Lebensunterhalt durch Arbeit selbst verdienen musste. Die Mönche wollten freiwillig arm sein, deshalb sollten sie sich ihren Lebensunterhalt durch ihrer eigenen Hände Arbeit verdienen. Die Benediktsregel samt dieser spirituellen Sicht der Arbeit wurde im Reich der Söhne und Enkel Karls des Großen für alle Klöster verbindlich. Mehrere Jahrhunderte lang waren die über das Land zwischen den Pyrenäen und dem Sachsenland verteilten Klöster die wichtigsten Wirtschaftszentren des Reichs und die damit einhergehende Hochschätzung der Arbeit beispielgebend für die Bevölkerung Mitteleuropas.

Gleichzeitig verringert sich das Ansehen der Muße. Bei Benedikt wird aus dem *otium* (Muße) die *otiositas* (Müßiggang, Faulheit).»Müßiggang ist der Feind der Seele«, beginnt ein Kapitel seiner Regel.»Deshalb sollen die Brüder zu bestimmten Zeiten mit Handarbeit, zu bestimmten Stunden mit heiliger Lesung beschäftigt sein.« Das Bücherlesen war nun nicht mehr Charakteristikum von Mußestunden, wie in der Antike, sondern wurde Teil einer sinnvollen Beschäftigung, denn »der arbeitende Mönch wird von einem, der müßige aber von unzähligen Dämonen geplagt«, wie es ein um das Seelenheil seiner Brüder besorgter Klosterschriftsteller ausdrückt.

Dieses hohe Arbeitsethos prägt bis in unsere Zeit hinein die Einstellung des europäischen Menschen zu den sozialen Subsystemen Arbeitswelt, Wirtschaft und Lebensunterhalt. Es wird noch einmal verstärkt durch die Reformation im 16. Jahrhundert. Martin Luther lehrt, dass jeder Stand unmittelbar zu Gott ist, man also nicht Mönch werden muss, um das ewige Heil zu erlangen. Jeder solle an dem

Platz, an den er im Leben gestellt ist, das Seine tun. Er verlegt damit die Hoffnung auf eine Erfüllung des Lebens im Jenseits auf ein pflichterfülltes Leben im Diesseits.

Johannes Calvin verstärkt dies noch einmal durch seine doppelte Prädestinationslehre. Sie besagt, dass die Menschen von Gott seit Anbeginn zum ewigen Leben (»Himmel«) beziehungsweise zum ewigen Tod (»Hölle«) vorherbestimmt seien. Die daraus resultierende Angst führt zu zweierlei möglichen Reaktionen. Man kann resignierend die Hände in den Schoß legen mit dem Gedanken, man könne ja doch nichts an seinem Schicksal ändern. Oder man vergewissert sich seiner Vorherbestimmung zum ewigen Leben durch fleißiges, regsames, bescheidenes und sittlich gutes Leben im Diesseits.

Tatsächlich haben die meisten Anhänger des Protestantismus diese Option gewählt. Die französischen Hugenotten, die Schweizer Reformierten, die englischen Puritaner bis hin zu den Methodisten und Quäkern waren und sind Musterbeispiele für ökonomische Prosperität. Man spricht von innerweltlicher Askese, die dazu führt, dass der durch Pflichterfüllung wirtschaftlich erfolgreiche Mensch den Gewinn nicht für sich und seine Wünsche und Bedürfnisse verbraucht, sondern in sein Unternehmen reinvestiert. Der religiöse Rigorismus dieser protestantischen Denominationen verteidigt zwar die Zweckfreiheit des Sonntags mit härtesten Maßnahmen, lässt aber dafür an den Werk- und Wochentagen kaum Raum für Zeiten der Muße und Erholung.

Der Soziologe Max Weber hat diesen Mechanismus in seinem berühmten Werk *Die protestantische Ethik und der Geist des Kapitalismus* ausführlich beschrieben. Es ist viel kritisiert worden, und man mag manche seiner Schlussfolgerungen infrage stellen. Aber dennoch bleibt der rote Faden, der sich von der Hochschätzung der Arbeit bei den frühen Mönchen bis zur Schweizer Bankenwelt zieht und maßgeblich dazu beiträgt, wenn wir heutigen Menschen des Westens uns so schwer damit tun zuzugeben, dass Muße oder gar Faulsein auch einen positiven Wert für das Leben besitzt.

Der bedeutendste Theologe des Mittelalters, Thomas von Aquin, hatte schon im 14. Jahrhundert den mahnenden Zeigefinger erhoben in Richtung der Überbewertung der äußeren Tätigkeit gegenüber der Muße. Für ihn lag das Wesen der Tugend mehr im Guten als im Schweren. Er meinte, die höchsten Verwirklichungen des sittlich Guten seien dadurch gekennzeichnet, dass sie mühelos gelängen, weil es zu ihrem Wesen gehöre, aus der Liebe hervorzugehen. Liebe bedeutet für ihn, Ja zu sagen zu einer Person oder zu einem Sachverhalt. Weiter führt er aus, die höchste Form des Erkennens – der blitzhafte geniale Einfall, die echte Kontemplation – werde dem Menschen zuteil wie ein Geschenk. Er konstatiert, sie sei mühelos und ohne Beschwer. Wer hat diese Erfahrung nicht auch schon gemacht, dass die besten Gedanken genau in den Momenten kommen, wenn man fast vollkommen entspannt ist, etwa unter der Dusche oder beim Spazierengehen?

Ein wunderbares Bild der Balance von Muße und Arbeit entwirft der englische Humanist und Staatsmann Thomas Morus, der von König Heinrich VIII. hingerichtet wurde, weil er dessen Oberhoheit über die Kirche nicht anerkennen wollte. Im Jahr 1516 erscheint sein Büchlein *Utopia*, in dem er einen idealen Inselstaat beschreibt. Alle Einwohner Utopias arbeiten, es gibt keinen davon befreiten Adelsstand. Allerdings bleibt ihnen viel mehr Zeit zur Muße, acht Stunden gehören dem Schlaf, sechs Stunden der Arbeit, es verbleiben also insgesamt zehn Stunden am Tag, die sie ganz im Sinn der antiken Auffassung der Muße widmen können. Schon vor dem Morgengrauen nehmen sie an den öffentlichen Vorlesungen teil, die nur für die Studenten verpflichtend sind, aber von den meisten Utopiern freiwillig besucht werden. Zwei Stunden haben sie Mittagspause, und die Abendstunden verbringen sie mit Gesprächen, Musik und Spielen.

Mag Morus seine »utopischen« Vorstellungen auch aus seiner Erfahrung im Kloster gewonnen haben – er wohnte ein paar Jahre bei Kartäusern –, so haben sie doch eine gewisse Wirkmächtigkeit entwickelt, bis hin zum Kommunismus bei Marx und Engels im 19. Jahrhundert. Bei Marx heißt es dann: Der wahre, wirkliche Mensch tritt als Resultat seiner Arbeit hervor. Durch die erwartete völlige Automatisation des Arbeitsprozesses werde es in zunehmendem Maße möglich werden, dass jedermann seine universelle Selbstentfaltung vorantreiben kann. Wie utopisch derartige Vorstellungen des Industriezeitalters waren, erleben wir heute am lebendigen Leib. Die Automatisation oder, wie wir sagen, die Entwicklung der Technologie hat eben nicht dazu geführt, dass mehr Muße als Effekt des Produktionsprozesses möglich geworden wäre. Sie ist zur knapp bemessenen und selbst wieder möglichst effektiv durchorganisierten Freizeit verkommen.

Arthur Schopenhauers Pessimismus findet sein Echo in der Kritik Friedrich Nietzsches. Beide beklagen den Verlust der *vita contemplativa* (Leben in mußevoller Schau) unserer modernen Zeit. Muße ist für Schopenhauer die Blüte und Frucht des Daseins. Man muss auf die antiken Vorstellungen zurückgreifen, um sie dem Menschen der Neuzeit wieder schmackhaft zu machen. Nietzsche beklagt, dass alles schlechte Gewissen aufseiten des *otium* liege und alles gute Gewissen aufseiten des *animal laborans* (des arbeitenden Lebewesens). Er unterzieht schon zu seiner Zeit, am Ende des 19. Jahrhunderts, die in Amerika sich ausbreitende Vorstellung einer Freizeitgesellschaft der Kritik. Deren Mitglieder vermeinen eben nur noch, sie verstünden sich auf die Kunst des Müßiggangs.

Nach diesen Blitzlichtern auf die Muße in der Geschichte kristallisiert sich Folgendes heraus: Es ist wichtig, sich einen (Zeit-)Raum zu schaffen neben dem zweckorientierten und auf Erwerb ausgerichteten Handeln, innerhalb dessen das Ich sich sammeln kann. Der Mensch gelangt dann zu seiner Sinnmitte, wenn er sich von der Vielheit der Zerstreuung und dem Dienst des unmittelbaren Zwecks löst und in heiterer Gelassenheit zu sich selbst findet. Wir Heutigen merken, dass wir uns auch in dem Konzept der Freizeit an die so oft zu beobachtende Oberflächlichkeit zu verlieren drohen.

Muße steht in der Mitte zwischen Nichtstun (Müßiggang, Langeweile und »leere« Zeit) und betriebsamer Geschäftigkeit und atemloser Hetze. Wie Ebbe und Flut wechseln sich die Seiten des menschlichen Lebens ab. Auf der einen Seite das tätige Sichauswirken und auf der anderen das aufnehmende Empfangen. In der Muße »haben« wir die Zeit, dann sind wir bei uns selbst und gleichzeitig in der Welt und fühlen uns gleichermaßen geborgen, entspannt und gelöst. Schon bei Aristoteles war die Hauptfrage, wie und womit die freie Zeit zu füllen sei, damit sie zur Muße werde. Zu ihr gehören wesentlich – das lernen wir von den Alten, auf deren Schultern wir stehen – empfangendes Offensein, hörendes Schweigen und entspannte Aktivität.

- Geben Sie der Muße einen positiven Wert.
- Es ist keine Schande, regelmäßig »nichts« zu tun.
- Verplanen Sie Ihre Freizeit nicht. Lassen Sie Raum für die Muße!
- Versuchen Sie, sich ein »Tusculum« zu schaffen, einen Ort, der ausschließlich der Muße gewidmet ist. Das kann auch nur ein bequemer Sessel zum Lesen sein. Dort erledigen Sie keine geschäftlichen Dinge!
- Pflegen Sie das tiefer gehende Gespräch mit Freunden. Schaffen Sie dafür einen passenden Rahmen. Geben Sie sich ein Thema vor, worüber Sie diskutieren wollen. Wählen Sie Ihre Gesprächspartner nicht nur wegen des beruflichen Netzwerks aus.

 Übung: Zur Geschichte der Muße

Setzen Sie sich bequem hin, sodass beide Füße fest auf dem Boden stehen und Sie aufrecht sitzen. Die Arme und Hände liegen locker wie bei einem Kutscher auf den Oberschenkeln.

Sie gelangen am besten in eine Haltung der Entspannung, wenn Sie auf Ihren Atem achten, also bewusst aus- und einatmen.

Versuchen Sie, ganz im Hier und Jetzt zu verweilen, alles Gegenwärtige bewusst und nicht wertend wahrzunehmen. Sie sind ganz präsent, ganz wach, und achten auf alle im Moment auftauchenden körperlichen und geistigen Phänomene.

Nach einer gewissen Zeit können Sie folgende Aussagen und die daraus resultierenden Fragen bedenken:

- Aristoteles sagt, wir seien unmüßig, um Muße zu haben. Leben Sie, um zu arbeiten, oder arbeiten Sie, um zu leben?
- Von Cicero stammt das geflügelte Wort »Muße mit Würde«. Beziehen Sie Ihre Würde, Ihr Selbstwertgefühl aus Ihnen selbst, also aus dem, was Sie sind, oder aus dem, was Sie haben, aus den Dingen, die Ihnen zu Diensten sein sollten?
- Seneca charakterisiert das Freisein vom Wirken nach außen folgendermaßen: Es ist die den wahren Weisen nährende Muße, nämlich Verfügung über die eigene Zeit und Ruhe, die von keinen Tätigkeiten für die Öffentlichkeit gestört ist. Sie ist heilig, denn »ein Gott hat diese Muße erschaffen«. Verfügen Sie selber über Ihre eigene Zeit, oder verfügen andere über Ihre Zeit?
- Welche Konsequenzen könnten Sie aus Ihren ureigenen Antworten ziehen? Fassen Sie einen Entschluss! Spüren Sie dem ein bisschen nach. Welche Folgen hätte das für Ihr Leben?

Kommen Sie allmählich aus Ihrer Meditation zurück. Beschließen Sie die Übung mit einer Verneigung. Diese gilt dem Geheimnis des Lebens, seiner Mitte und seinem Ursprung.

Meditation

Muße und Meditation müssen nicht von vornherein miteinander zu tun haben. Nicht jeder, der Muße sucht, wird sich gleich der Meditation zuwenden – obwohl schon etwa das Zurückziehen mit einem Glas Rotwein auf den Balkon oder vor den Kamin und das freie Schweifenlassen der Gedanken unzweifelhaft etwas Meditatives an sich haben. Aber niemand kann sich der Meditation widmen – in welcher Form auch immer –, ohne sich eine Insel der Muße zu erschaffen, in der er nichts anderes tut, als eben zu meditieren. Muße ist eine Zeit *procul negotiis* (fern von Geschäften), wie es Horaz in der prägnantestmöglichen Definition ausdrückte. Das haben Meditation und Muße gemeinsam: Sie sind Zeiten, die nicht dem geschäftigen Erwerbsleben geschuldet sind, aber die dafür nötige Ruhe, Gelassenheit und Souveränität zu lehren vermögen.

Das Wort »Meditation« kommt aus dem Lateinischen und bedeutet ursprünglich nachsinnen, überdenken, einüben. Die sprachliche Herkunft weist schon auf den Zusammenhang hin, aus dem der Begriff stammt. Es ist die mittelalterliche Praxis des christlichen Mönchtums, das Lesen beziehungsweise das Studium der Bibel in das Gebet zu überführen. Bereits die Wüstenväter der Spätantike hatten diese Art des Schriftgebets geübt. Das Wort selbst wurde begrifflich am systematischsten durch Guigo den Kartäuser im 12. Jahrhundert in seiner Schrift *Scala claustralium* (Stufenleiter der Mönche) gefasst. Darin bringt er die *Lectio divina* des Mönchtums in ein methodisches System. Das war der ältere Begriff, der aber in der Literatur nicht ausführlich beschrieben wurde. So macht Benedikt von Nursia in seiner Regel den Mönchen, die nach ihr leben wollen, neben dem gemeinsamen Gebet und der Handarbeit die *Lectio divina* zum Teil des klösterlichen Pflichtprogramms. Der Ausdruck ist am ehesten zu übersetzen mit der Umschreibung: lesende Beschäftigung mit dem Wort Gottes. In der Fastenzeit bekommen die Mönche jeder einen Band der Bibel, den sie von Anfang bis zum Ende ganz lesen sollen. Dieses Lesen war nach der üblichen Praxis der Antike und des Mittelalters mit der lauten Artikulation des Gelesenen verbunden. Daher ermahnt Benedikt die Mönche, sie sollten in der Mittagspause so lesen, dass die anderen nicht gestört würden. Mit dem lauten Lesen ging natürlich zugleich das Auswendiglernen des Textes einher. Man wiederholte auch das Gelesene immer wieder, von daher kommt auch das Bild des Wiederkäuens, der *ruminatio*.

Guigo nun erläutert anhand eines Bibelverses, wie er sich die vier Stufen der *Lectio divina* vorstellt.

1. *lectio* (Lesung): Das ist die aufmerksame Lesung des Textes.
2. *meditatio* (Meditation): Der Meditierende wählt sich einen Abschnitt aus, der ihn besonders anspricht. Diesen Vers wiederholt er immer wieder und meditiert über ihn (»Wiederkäuen«).
3. *oratio* (Gebet): Die Lesung mündet in ein Gebet.
4. *contemplatio* (Kontemplation): Dies ist die höchste Stufe: Versenkung in die Gegenwart Gottes.

Diese Systematisierung der Bibelmeditation blieb über die Jahrhunderte in den Klöstern in Gebrauch. Ignatius von Loyola, der Gründer des Jesuitenordens, hat sie in seinem Büchlein *Geistliche Übungen* in eine neue Form gegossen, die bis heute die Hauptform römisch-katholischer Meditation geblieben ist. Das neue Gewicht, das die Reformation der Heiligen Schrift gab, hat auch zu einer Übernahme der Meditationspraxis durch das pietistische Luthertum geführt. Der evangelische Theologe August Hermann Francke (1663–1727) empfahl die Methode des meditierenden Schriftgebets auch seinen Glaubensgenossen. Auch in der katholischen Kirche wurde erst in neuerer Zeit diese Gebetsweise in- und außerhalb der Klöster wiederentdeckt.

Die Kirchen des Ostens haben eine etwas andere, weniger westlich durchrationalisierte und systematisierte Form der Meditation entwickelt, die dennoch einer gewissen Methodik nicht entbehrt. Grundlegend ist auch ihr das Prinzip der Schriftmeditation. Wegen der Konzentration der ostkirchlichen Spiritualität auf die Geheimnisse der Dreifaltigkeit, der Person Jesu und des Heiligen Geistes entwickelten die Mönche des Berges Athos eine Meditationsmethode, die heute »Jesusgebet« oder »Herzensgebet« genannt wird. Der Name Jesus oder eine Anrufung wie »Jesus, Sohn Davids, erbarme dich meiner« wird mit dem Ein- und Ausatmen verbunden. Die so erreichte innere Ruhe heißt auf Griechisch *hesychia*. Daher rührt der Name Hesychasmus für die offizielle Spiritualität des orthodoxen Mönchtums.

Die einschlägige Literatur enthält verschiedene Ratschläge für die Körperhaltung und vor allem für die Atmung, die auf eine Förderung der Konzentration abzielen. Der Körper soll durch seine Haltung die geistige Ausrichtung auf das Herz als Mitte des Menschen und Sitz der Seele unterstützen. Das kann beispielsweise geschehen, indem der Betende sich körperlich auf die Mitte seines Leibes, den Nabel, ausrichtet. Dabei handelt es sich aber nicht um einen notwendigen Bestandteil hesychastischen Betens. In einem erheblichen Teil des hesychastischen Schrifttums kommt die Nabelschau nicht vor oder wird abgelehnt, da der Bauchnabel der Sitz der Leidenschaften sei. Der Mönch und spä-tere Erzbischof von Saloniki Gregorios Palamas betont, dass technische Anweisungen nur Hilfsmittel seien, die dem Anfänger die schwierige Aufgabe der anhaltenden Konzen-tration erleichtern sollen. Auch die angestrebte Ruhe ist für die Hesychasten kein Selbstzweck, sondern nur eine Vor-aussetzung für die Erreichung des spirituellen Ziels.

Im christlichen Westen wurde die *Lectio divina* weiter-entwickelt zu ganz speziellen Meditationsformen, die dann in den einzelnen Orden ihre je eigene Spiritualität hervor-brachten. Dafür bürgerte sich in der Theologie der Begriff »Mystik« ein. Dieser Ausdruck bezeichnet Berichte und Aussagen über die Erfahrung einer göttlichen oder absolu-ten Wirklichkeit sowie die Bemühungen um eine solche Er-fahrung. Dieses Bemühen geschieht eben vor allem in der Meditation, in der die Erfahrung des Göttlichen beziehungs-weise Absoluten gemacht wird. Dazu kann es verschiedene körperliche und mentale, je nach Zugangsweg völlig unter-schiedliche Haltungen geben.

Ein gutes Beispiel dafür liefert eine anonyme Schrift mit dem Titel »Die Wolke des Nichtwissens«, die im England des späten 14. Jahrhunderts entstand. Sie nimmt eine Strö-mung der spätantiken Philosophie auf, die in Verbindung mit dem Christentum unter dem Pseudonym des Apostel-schülers Dionysius des Areopagiten einen auf den ersten Blick ungewöhnlichen Ansatz der Theologie gefunden hat. Kernpunkt seines Ansatzes ist die Einsicht, dass das We-sen Gottes als »des ganz anderen« mit menschlichen Kate-gorien nicht erfasst werden könne. Da es eher möglich sei zu sagen, was Gott nicht ist, als was er ist, nennt man die-sen Ansatz »negative Theologie«. Auf der einen Seite betont er die Unmöglichkeit, das Wesen Gottes mit den Mitteln menschlicher Sprache begrifflich zu fassen, auf der anderen Seite möchte er die in der Meditation gemachten Erfahrungen dennoch durch die Sprache vermitteln. Dabei greift man häufig auf den Sprachgebrauch des Paradoxons zurück. Der meditieren wollende Mensch wird aufgefordert, im Verzicht auf seine eigene Erkenntnisfähigkeit gerade in der undurchdringlichen Dunkelheit beziehungsweise eben in der »Wolke des Nichtwissens« auf das Licht Gottes zu hoffen.

Diese negative Theologie kann die Brücke bilden zu den fernöstlichen Weisen der Meditation und Mystik, die in den letzten Jahrzehnten auch bei uns im Westen mehr und mehr bekannt geworden sind und praktiziert werden. Da in der asiatischen Denktradition ganz andere Denkweisen und Begrifflichkeiten herrschen, die fast unübersetzbar sind, hat man dafür eben auch die in der christlichen Überlieferung bekannten Begriffe verwendet, wie Meditation, Kontemplation und Mystik. Sie treffen oft nicht genau das, was dort gedacht und praktiziert wird, helfen aber in einem ersten Schritt, einen Zugang zu ermöglichen.

Der wesentliche Unterschied zur christlichen Meditation liegt auf der Hand: Der östlichen Meditation fehlt die betrachtende Versenkung in das Wort der Bibel und damit in die dort offenbarte dreifache Personalität Gottes. Aber es bestehen dennoch zahlreiche Parallelerscheinungen, bei denen sich der Praktizierende in das Leben und Werk einer personalisierten Gottheit versenkt. Die Methoden können sehr verschieden sein. Die hinduistische Gottesliebe bedient sich gefühlsmäßiger und oft ekstatischer Identifizierung mit der Gottheit und den jeweiligen Mythen, die von ihr erzählt werden. Dabei wird die Meditation unterstützt durch Gruppentanz, Litaneien-Singen, Mantra-Gebet, gottesdienstliche Riten und Schriftlesung aus den *Upanisha-den*. Im Buddhismus, der eigentlich indischen Ursprungs ist, geht es nüchterner zu. Man begnügt sich mit der ständigen Wiederholung des Buddha-Namens oder kurzen Gebetsformeln. Dabei ist zu beachten: Östliche Meditation besteht nicht nur aus der Anwendung bestimmter Konzentrationstechniken, doch vor allem Letztere sind im Westen bekannt geworden, wie das hinduistische Yoga und das buddhistische Zen.

Das Zen kam über China nach Japan, wo es eine eigenständige Prägung erreichte und mehrere Schulen bildete. Es geht um eine Richtung des Buddhismus, die durch eine ihr eigene Meditation zur großen Erleuchtung, »Satori« genannt, führt. Dazu gehört die Körperhaltung des Sitzens, die als Lotussitz oder auch als Fersensitz zu vollziehen ist. Damit verbindet sich der Tiefenatem, bei dem die kleine Pause nach dem Aus- und vor dem Einatmen zu beachten ist. Vor allem aber kommt es auf das Entleeren des Bewusstseins an, das die vielen Gedanken und Vorstellungen hinter sich lässt und in den Grund der Seele einkehrt. Das ist mit dem Übergehen vom begrifflichen Denken zum schauenden Erfahren gleichbedeutend, wie es auch die christliche Mystik und schon vor ihr die Philosophie Platons kennt. Zugleich geht dem Meditierenden das alles tragende Nichts auf, in dem sich aber das Absolute ankündigt, das sich der Ferne Osten eben gerade nicht als einen personalen Gott vorstellt. In methodischer Hinsicht kann der christlich geprägte Westen vom Zen Entscheidendes lernen, indem er durch die sehr rational gefasste und daher oft unfruchtbare Art der »Betrachtung« (wie man im Westen die Meditation lange Zeit nannte) zu einer eher ganzheitlichen Erfahrung vorstößt.

Aber nicht nur religiöse Menschen können Zugang zum Zen gewinnen. Gerade wegen der dogmatischen Offenheit und der Konzentration auf das Wesentliche ist Zen auch eine gängige Meditationspraxis für Menschen unterschiedlichster Weltanschauung geworden. Jeder, der eine Methode sucht, in der er Muße in seinem Leben institutionalisieren kann, findet im Zen eine gute Möglichkeit dazu. Die Gedanken sollen allmählich zur Ruhe kommen. Aus Lehrbüchern kann man sich das Zen nicht aneignen, nur durch die Praxis unter Anleitung eines Meisters. Und auch da können nur Hilfestellungen gegeben werden. »Still sitzen und sonst nichts!« ist das zutreffende Motto des Zen.

Es gibt verschiedene Methoden: das »Sitzen« im Lotus- oder Schneidersitz, für darin Ungeübte auf Bänkchen oder Hockern (das Zazen), langsames oder schnelles Gehen im Kreis, das Rezitieren spiritueller Texte, konzentriertes Arbeiten (zum Beispiel im Garten oder beim Reinemachen), schließlich die Beschäftigung mit den berühmten Koans, das sind traditionelle Gedichte mit paradoxen Wendungen. Nicht nur in der Heimat des Zen, auch im Westen werden diese Methoden in mehrtägigen Intensivkursen geübt. Dabei praktiziert man die verschiedenen Meditationsweisen abwechselnd oft bis zu acht Stunden am Tag. Das Lernziel besteht darin, den Schüler zu befähigen, das Zen auch im Alltag als Grundhaltung der Achtsamkeit zu integrieren.

Wer keine der angeführten Methoden, die mit Sitzen oder einer anderen bestimmten Körperhaltung oder Technik verbunden sind, übernehmen mag, der sei verwiesen auf zwei Meditationsformen, die der spirituelle Lehrer Elmar Gruber in seinem Beitrag zum *Praktischen Lexikon der Spiritualität* empfiehlt: die Existenzmeditation und die naturale Meditation.[3]

Ursprung und Grundlage der Existenzmeditation sind die Augenblicke der Selbsterfahrung, die Momente des Glücks. Jeder Mensch ist darauf angewiesen, dass er von diesen Augenblicken her sein Bewusstsein gewinnt und sein Leben entfaltet. Man kann den Augenblick des Glücks auch betrachten unter dem Blickwinkel des Wortes »existieren«: aus sich heraustreten, sich gegenüberstehen, sich selber sehen und annehmen, sich über sich freuen. Die Frucht der Existenzmeditation ist immer Selbstfreude, Sein-Können, wie man ist, Harmonie mit sich selbst. Der Ort der Existenzerfahrung ist die Beziehung. So schließt diese Meditationsform alle Du-Beziehungen wesentlich mit ein. Im Vollzug der Meditation ist die Betrachtung der Du-Beziehung und aller Begegnungsvorgänge das Primäre: »Indem ich dich finde, finde ich mich.« »Du bist der Spiegel meiner selbst«; Sehen und Gesehenwerden, Berühren und Berührtwerden, Fühlen und Erfühltwerden, aktiv und passiv – das sind jeweils zwei Momente eines einzigen Vorgangs, den wir Selbsterfahrung nennen können: Ich finde mich in dir.

»Ich freue mich an dir.« Diese Formulierung verdeutlicht, dass ich Subjekt und Objekt der Freude bin. Solange der Ursprung meiner Freude der andere ist, bin ich noch nicht bei mir. Der andere hat mich in der Hand, und ich bin in dem Maß unfrei, als ich mich noch nicht selber freuen kann. In dem Ausdruck »sich selber freuen können« oder »sich selber erfahren können« liegt die radikale Herausforderung zur Grundentscheidung des Vertrauens. Kannst du dich selber freuen, kannst du dir selber begegnen, kannst du dich selber annehmen, so wie du bist – selber? Aus eigener Kraft? Jede Existenzmeditation gelangt irgendwann an diesen Punkt, an dem ich herausgefordert werde zum Wagnis des Vertrauens in den Urgrund meiner Existenz, was immer Menschen darunter verstehen – für den Religiösen wird es Gott sein, für den »religiös eher Unmusikalischen« (Jürgen Habermas) ist es das Leben selbst mit seiner ihm eigenen Kraft.

Naturale Meditation hingegen ist die Weise, wie ich mich, das Leben und seinen eben geschilderten Urgrund entdecke in der Begegnung mit der Natur mit all ihren Lebensvorgängen und Lebensäußerungen. Man kann diese Meditation ansehen als eine Sonderform der Existenzmeditation, die dann besonders hilfreich wird, wenn jemand an den Störungen der menschlichen Beziehungen leidet. Die Natur steht immer und überall zur Begegnung bereit; bei Menschen hängt Letztere von der Situation des Gegenübers ab. In der Begegnung mit der Natur (zum Beispiel Stein, Blume, Baum, Tier) kann ich zwar anders als bei Menschen, aber genauso wirklich Betroffensein, Angesprochensein, Angesehensein, Berührtsein erleben. Der Dichter Rainer Maria Rilke fühlte sich von einem Kunstwerk auf diese Weise angesprochen und vernahm den Appell: Du musst dein Leben ändern!

In der Berührung mit den Elementen Feuer (Licht), Wasser, Luft und Erde begegnet mir das Elementare meines eigenen Daseins. Wie die Existenzmeditation führt mich die naturale Meditation zu der Erfahrung, dass es mich gibt; dass es gut ist, dass es mich gibt; dass ich Teil der Natur bin und in allen Naturerscheinungen sozusagen Geschwister habe. Diese Meditation ist außerdem ein Einüben in die Vergänglichkeit, in das Sterben. Lebensfreude kann nur dort gedeihen, wo der Tod »keinen Stachel« mehr hat. In der Naturbegegnung kann ich den Tod als ein Lebensprinzip, als etwas zu mir Gehörendes erfahren. In der naturalen

Meditation lerne ich mich in meiner Wesensfülle kennen; ich entdecke die ganze Natur in mir: »Der Mensch ist irgendwie alles.« (Plato) Technik und Naturwissenschaft gewähren uns heute Einblicke in den Makrokosmos und in den Mikrokosmos, die der naturalen Meditation ungemein zugutekommen.

Alle Traditionen des »Sitzens«, wie man die ritualisierte Form von Meditation kurz und präzise benennen kann, warnen davor, so etwas wie »Erleuchtung« zu erwarten. Viele Meister der Meditation bekennen sogar, dass sie ihnen nie zuteilgeworden ist. Sie kann nicht herbeigezwungen werden, man erfährt sie höchst selten und dann wie ein Geschenk. Es gibt für diese Erfahrung viele Worte, die nur Metaphern sind für das eigentlich nicht in Worte zu fassende Erlebnis. Neben dem Bild des Lichts, das auch die Athos-Mönche verwendeten, wird oft auch die Erfahrung der »Einheit mit allem« geschildert, wie Elmar Gruber sie auch in der naturalen Meditation erwähnt.

Die heutige Wissenschaft vom menschlichen Gehirn hat versucht, das Phänomen der Meditation detailliert zu erforschen. Antoine Lutz vom »Institut für funktionelle Bildgebung und Verhaltensforschung« an der Universität Wisconsin hat tibetanische Mönche untersucht, die eine Meditationserfahrung von mindestens 10 000 Stunden besaßen. Bei ihnen wurde eine der stärksten Gammaaktivitäten festgestellt, die jemals untersucht worden waren. Diese Gammawellen, die beim EEG sichtbar gemacht werden können, treten bei starker Konzentration und bei Lernprozessen auf. Die Nervenzellen kommunizieren miteinander dann auf dieser Frequenz. Der Wellenbereich wird in Anspruch genommen bei der Synchronisation von verschiedenen Hirnarealen zur Integration verschiedener Qualitäten eines Reizes. Oder einfacher gesagt, er erzeugt, gerade bei erfahrenen Meditierenden, die Erfahrung von Einheit und Ganzheit, ohne auf einen bestimmten Gegenstand gerichtet zu sein. Normalerweise nehmen unsere Sinne verschiedene Merkmale eines Objekts wahr wie die Kanten oder Farben eines Gegenstandes oder den Geruch eines Apfels, die Oberflächenstruktur seiner Schale. Die Gehirnaktivitäten im Gammawellenbereich zeigen die Bemühung an, diese Einzelmerkmale zu dem Objekt Apfel zusammenzufügen. Bei der Meditation kommt es offensichtlich zu einem synchronen Feuern der beteiligten Nervenzellen.

Der Philosoph und Neurowissenschaftler Thomas Metzinger bringt ein sprechendes Beispiel: Wenn tausend Soldaten über eine Brücke gehen, passiert gar nichts; marschieren sie jedoch im Gleichschritt, kann es durchaus sein, dass die Brücke einstürzt. Damit versucht er genau die Erfahrung zu beschreiben, die viele Mystiker machen: das Gefühl einer großen Einheit mit und von allem. Der Unterschied zwischen dem Innen und Außen, dem Ich und der Welt, zwischen der Seele und dem Absoluten, wird kurzzeitig aufgehoben. Menschen, die diese Erfahrung machen, versuchen sie auch zu schildern, sie lässt sich jedoch nur schwer mit den uns zur Verfügung stehenden Worten wiedergeben, weil unsere Sprache gerade von der Differenzierung unseres normalen Denkens geprägt ist.

In der Lebensgeschichte des Benedikt von Nursia, des Namensgebers des Benediktinerordens, die Papst Gregor der Große (590–604) zur frommen Erbauung seiner Leser geschrieben hat, versucht der Autor es trotzdem (*II. Buch der Dialoge*, Kapitel 35). Diese Stelle sei hier beispielhaft für ähnliche Erfahrungen anderer sinngemäß zitiert: Benedikt und sein Gast, der Abt eines in der Nähe gelegenen Klosters,

»sprachen über das Glück des ewigen Lebens und erbauten sich gegenseitig. Wenn sie auch in diesem Leben die köstliche Speise der himmlischen Heimat noch nicht in vollendeter Freude genießen konnten, so wollten sie doch wenigstens in ihrer Sehnsucht davon kosten. Es wurde Zeit, zur Ruhe zu gehen. Der heilige Benedikt legte sich im oberen Teil des Turmes nieder, der Gast im unteren. [...] Benedikt stand mitten in der Nacht auf, stellte sich ans Fenster und betete. Während er hinausschaute, sah er plötzlich ein Licht, das sich von oben her ergoss und alle Finsternis der Nacht vertrieb. Es wurde so hell, dass dieses Licht, das in der Finsternis erstrahlte, die Helligkeit des Tages übertraf. Etwas ganz Wunderbares ereignete sich in dieser Schau, wie er später selbst erzählte: Die ganze Welt wurde ihm vor Augen geführt, wie in einem einzigen Sonnenstrahl gesammelt.«

Gregor erklärt seinem Dialogpartner die Erfahrung Benedikts aus der antiken Tradition der platonischen *theoria,* der intuitiven Schau der Zusammenhänge:

»Hat die Seele auch nur ein wenig vom Licht des Absoluten erblickt, wird ihr alles andere verschwindend klein. Denn im Licht innerer Schau öffnet sich der Grund des Herzens, weitet sich ins Unendliche und wird über sich selbst erhoben. Die Seele des Schauenden wird über sich selbst hinausgehoben. Wenn dieses Licht sie über sich selbst hinausreißt, wird sie in ihrem Inneren ganz weit; wenn sie von oben hinabschaut, kann sie ermessen, wie klein das ist, was ihr unten unermesslich erschien. Ist es erstaunlich, dass der Mann Gottes die ganze Welt vor sich sah, da er durch die Erleuchtung des Herzens über die ganze Welt hinausgehoben war? Wenn er aber die ganze Welt als eine Einheit vor sich sah, so wurden nicht Himmel und Erde eng, sondern die Seele des Schauenden weit. In dem Licht, das seinen Augen aufleuchtete, erstrahlte in seinem Herzen ein inneres Licht. Weil dieses seinen Geist über sich hinaushob, zeigte es ihm, wie eng alles Irdische ist.«

Gregor der Große, ein Mann der Kirche, berichtet über ein Erlebnis Benedikts, den er in seiner Lebensbeschreibung immer wieder in zutiefst religiösen Bildern als Mann Gottes vorstellt. Diese Erfahrungen werden auch von Menschen berichtet, die nicht an den Gott des Christentums glauben, aber über eine lang anhaltende Meditationspraxis verfügen. Deshalb kommt Thomas Metzinger in seinem bemerkenswerten Buch *Der Ego-Tunnel* zu der Forderung, einen flächendeckenden Meditationsunterricht in den Schulen einzuführen. Es geht ihm dabei gar nicht nur um ein Training des Gehirns zu höherer Konzentrationsfähigkeit, sondern eher um ein Einüben der Kunst der Muße, des Freiseins von zweckgerichtetem, auf das sofort verwertbare ausgerichtete Tun und Machen, das uns moderne Menschen zu verschlingen droht.[4]

Praktische Tipps

- Überlegen Sie sich, ob Sie Ihre Zeit der Muße mithilfe Meditation ritualisieren wollen. Rituale helfen, einen Vorsatz auch durchzuhalten.
- Experimentieren Sie mit verschiedenen Meditationsformen, bis Sie die Ihnen gemäße entdecken. Dann sollte aber eine Entscheidung fallen.
- Richten Sie sich einen Raum oder einen Platz in Ihrer Wohnung ein, der ausschließlich der Meditation dient.
- Versuchen Sie, täglich zur gleichen Zeit zu meditieren. Halten Sie sich die Zeit frei.

- Aber: Lassen Sie die Meditation nie zu einem Stressfaktor werden! Sie dient der Muße. Wenn Sie zur Meditation hetzen müssen, versuchen Sie anderweitig zur Ruhe zu kommen.

2 Muße und Religion

Ich gehe davon aus, dass in unserer Wahrnehmung Religion und Religiosität irgendwie mit dem Christentum verbunden wahrgenommen und in einem Atemzug mit Kirche oder Kirchen gedacht werden. Aber Religion ist mehr und meistens etwas anderes, als wir vielfach annehmen. Sie gehört zu den interessantesten Phänomenen menschlichen Denkens und Verhaltens und ist auch ein breiteres Phänomen, als wir in säkularisierten Gesellschaften annehmen. Denn von den derzeit 7,1 Milliarden Menschen auf der Welt gehören 5,9 Milliarden Menschen einer Religion an. Das heißt, dass es nichts anderes gibt – keine Sprache, keinen Sport, keine Nation –, das so viele Menschen verbindet wie Religion. Ein Viertel der Bevölkerung Europas schätzt sich selber als ziemlich beziehungsweise sehr religiös ein.[1] Gerade in Europa aber, wo das Christentum als Religion vorherrschend ist, wird beobachtet, dass die Menschen weniger christlich sind, als Theologen und Sozialforscher bisher annahmen, aber religiöser, als diese vermuten.[2]

Muße und Religion haben viel miteinander zu tun, weil beide Wahrnehmungen und Verhaltensweisen sind, die sich irgendwie als Metastruktur über Raum und Zeit spannen und eine wichtige Kraft der Deutung des Lebens liefern. Irgendwie haben Religion und Muße in der modernen Kultur auch das gleiche Schicksal: Trotz der Tatsache, dass man denkt und behauptet, wie wichtig sie seien, werden sie leicht vergessen und an den Rand der »To-do-Listen« des Lebens platziert.

Aus der Sicht der Religionswissenschaften haben Religionen die Funktion, dem Menschen ein geordnetes und sicheres Gefühl für Zeit und Raum zu vermitteln. Wir sehen in der Tat, dass Religion Zeiten gestaltet und ein alternatives Gefühl des Raumerlebens bietet. Sonn-, Festtage und Festzeiten, zum Beispiel Advent und Fastenzeit, sollen dem Menschen vermitteln, dass es ein Gegenüber zu jener Zeit gibt, der der Mensch in der Arbeit ausgesetzt ist.

In der religiösen Zeitdeutung ist der Mensch herausgehoben aus dem fatalen Kommen und Vergehen der Zeit. Diese lineare Zeit bezeichnen wir als »Kronos«. Die andere Zeitform, der Kairos, drückt aus, dass der Mensch in einen Ablauf hineingenommen ist, in dem ein geheimnisvoll gewährtes Sein vorherrscht und wahrgenommen werden soll. In dieser Zeit herrschen nicht meine Anstrengung und Verantwortung vor, sondern das Hinschauen (Kontemplation), Hinfühlen auf die Wirklichkeit des beschenkt Seins.

Die Tatsache, dass es für diese zweite Zeitwahrnehmung, in der die Fähigkeit und Sehnsucht der Muße und der Religion angesprochen werden, eine Art Prägung in unserem Gehirn gibt, scheint durch neurologische Untersuchungen erwiesen. Diese zeigen nicht nur, wie wichtig Ruhe und Distanz – also Muße – für die Regeneration sind, sondern dass sie eine Bedingung für die Vollkommenheit menschlichen Schaffens und die Entwicklung sinnhaften Lebens darstellen.

Wir brauchen offensichtlich das Empfinden für lineare

Zeit (Kronos) und ein Gefühl für die Bedeutung und den Sinn der Zeit (Kairos). Die biochemische Voraussetzung für diese Fähigkeit wird über den abwechselnden Rhythmus zwischen Wachen, Schlafen und Träumen erzeugt, über die verschiedenen Rhythmen, die die Schlafforschung entdeckt hat. Danach dauert ein Schlafzyklus 120 Minuten, davon ruhen wir ungefähr 75 Prozent, und etwa 25 Prozent werden vom REM-Schlaf (Rapid Eye Movement) bestimmt. In der Ruhezeit werden Geist und Körper »heruntergefahren«, wir ruhen wirklich, während unser Geist in der REM-Zeit ordnet und interpretiert. Während das Gehirn ordnet und deutet, schaut ein Teil unseres Bewusstseins zu, ohne zu urteilen und einzugreifen. Daraus entwickeln sich Phantasie und die Vorstellung, dass sehr vieles möglich ist. Daraus ergeben sich auch die Träume.

Wir können im Leben sehr vieles entwickeln, beginnen und ändern, sicher aber können wir das nicht machen, was wir uns nicht vorstellen können. Die Entwicklung unseres Lebens und die Aufarbeitung der Wirklichkeit setzen diese innere Erfahrung und eine »höhere Ebene« der Wahrnehmung und Deutung voraus. Es gibt also eine Erfahrungsebene in uns, wo, jenseits von dem, was wir und andere uns zutrauen, unser Denken, Fühlen und Vorstellen unbegrenzt sind. Diese Ebene wird auch in der Muße gespürt und belebt.

Inzwischen hat die Neurologie festgestellt, dass diese Rhythmen auch im Ablauf des Tages weitergehen. In den sogenannten zirkadianen und ultradianen Rhythmen[3] drückt sich aus, dass wir Zeiten haben, wo wir besonders effektiv und kreativ arbeiten können, dass es aber auch Phasen gibt, in denen das Gehirn Pausen, Ruhe oder Muße braucht. Diese Rhythmen zu kennen und zu respektieren ist ein großer Beitrag für ein effektiveres Leben und ein insgesamt größeres Wohlbefinden. Eine wesentliche Ursache für die Entwicklung des viel bemühten Burn-out-Syndroms entsteht dadurch, dass wir diese Phasen, in denen wir Ruhe für Erholung und Deutung bräuchten, nicht respektieren und die geistigen, seelischen und körperlichen Strukturen und Funktionen in Unordnung bringen.

Als Beispiel für das Zusammenspiel von Muße und Religion kann der Hintergrund für die Darstellung des Schöpfungsberichts im 1. und 2. Kapitel des Buches Genesis stehen.[4] Die Erzählung von der Erschaffung der Welt – eigentlich müsste man sagen von der Erschaffung der Wirklichkeit – im ersten Buch der Bibel spiegelt die Struktur »schaffen, schauen, ausruhen« in immer wiederkehrender Form: Im Anfang schuf Gott Himmel und Erde; die Erde aber war wüst und leer; es wurde Abend, und es wurde Morgen – erster Tag. Bei einigen Schöpfungstagen lesen wir den Hinweis »und er sah, dass es gut war«. Der Hinweis auf Abend und Morgen und indirekt auf die Nacht, auf die Zeit, in der das kontrollierende, urteilende und verurteilende Bewusstsein – der Kronos – nicht sieht, was geschieht, und in der eine andere Ebene – der Kairos – deutet, warum etwas geschehen ist oder geschehen wird, macht den Menschen schöpferisch und hilft ihm, das Leben zu verstehen und zu ertragen.

Ich denke und beobachte kritisch an mir selbst, an vielen Menschen und am modernen Lebensalltag, dass wir alle zu arbeiten lernen, dass das »immer mehr, immer schneller« ganz tief in unser Lebensskript eingraviert ist, aber wir lernen nicht oder nicht mehr das Ruhen, das Innehalten und die Muße. Wir haben verlernt, ein bewusstes »und es wurde Abend, und es wurde Morgen« zwischen unsere Werke und unser Arbeiten zu stellen. Das, was zwischen Abend und

Morgen passieren muss oder müsste – damit es uns gut geht oder gehen kann und damit wir uns organisch entfalten können –, ist nicht nur das Ausruhen, sondern das positive und bejahende Deuten unseres Lebens: »Und er sah, dass es gut war.«

Muße kann zu dieser entspannten und gütigen Interpretation unseres Lebens und Schaffens führen. Leistungs- und Perfektionsdruck liefern uns einer eigenen Anspannung aus: Es könnte und müsste immer noch mehr und besser sein. Aus der Distanz und Entspannung können wir vielleicht leichter wahrnehmen und sagen: »Es ist so gut oder genug.«

Im Raum und in der Zeit zwischen Abend und Morgen wird nicht beurteilt oder gar verurteilt. Es ist eine Zeit, die jenseits von Gut und Böse ist – das ist das schöne Bild von Paul Tillich über den »unschuldigen Schlaf«. Im Traum, im Schlaf, im Unbewussten hat alles Platz. Trotz der allenthalben angenommenen und verkündeten Emanzipation vom moralischen Diktat der Kirchen und Religionen lebt der Mensch unter einem enormen Druck, den Leistungs- und Konsumgesellschaft erzeugen. Doch gerade der moderne Mensch braucht Zeiten der Muße – und die religiösen oder spirituellen Riten sind auch solche Zeiten –, wo er sich von allem Außendruck befreien und sein Leben und Werk annehmen kann, wie es wirklich ist: »Er/sie sah, dass es gut war und ist.«

Diese Öffnung unseres Wahrnehmungssystems auf die Weite des Unbewussten, auf das noch nicht Strukturierte macht uns kreativ – schöpferisch – und stellt das Kernland des Religiösen dar. Der englische Theologe und Wirtschaftsforscher John Hull hat die These aufgestellt, »dass die modernen Gesellschaften vorwiegend produzieren und konsumieren und dass sie dadurch über kurz oder lang ihre Kreativität verlieren und untergehen, weil sie nicht mehr in der Lage sind, Neues zu schaffen«.[5] Deshalb – meint er – brauchen wir heute mehr denn je Religion, denn sie hilft uns, Leben zu deuten, ihm Sinn und Bedeutung zu geben, und das ist die Voraussetzung für Kreativität.

Ich würde einmal annehmen, dass Muße im eigentlichen Sinn, als bewusst geplante Zeit, in der wir uns vom Anspruch des Kronos erholen und die Vorgaben des Kairos zulassen, eine ähnliche Funktion wie Religiosität hat.

Dies belegt unter anderem die jüdisch-christliche Tradition im Siebentagewerk und in der jüdischen Zahlensymbolik. Das Schöpfungswerk wird an sechs Tagen vollbracht. Aber der siebte Tag, an dem Gott ruhte, ist Teil des Schöpfungswerkes und ein Hinweis, dass die Schöpfung erst durch die Ruhe zwischen den Schöpfungstagen und am Ende der Schöpfung vollkommen wird. Sechs ist in der jüdischen Zahlensymbolik die Zahl der Unvollkommenheit, sieben ist die Zahl der Vollkommenheit. Arbeit, Leistung und Mühen erhalten erst durch die Ruhe und die Deutung ihre Vollkommenheit, ihre Bedeutung. Diese Überlegungen, die im Grunde von der Notwendigkeit der Muße handeln, sind ein grundlegender Beitrag für das Verständnis menschlicher Kreativität und Intuition.

Muße und Religion können auch in jenen Bereichen zusammenspielen, in denen es um die Entwicklung einer Fähigkeit geht, die für das Überleben der Menschheit eine wichtige Rolle spielt. Aus dem Zusammenspiel genetischer und kultureller Entwicklungen, die wesentlich vom religiösen Impuls gestützt werden, entstehen spezifische Entwicklungsrichtungen, welche die Qualität des menschlichen Zusammenlebens verbessern.

Nach dem Flow- und Glücksforscher Mihaly Csikszentmihalyi setzt mit einer bestimmten Bewusstseinsentwicklung die Fähigkeit des Zusammenspiels zwischen den Genen und den Memen ein. Meme sind gespeicherte Erinnerungen oder neurologische Strukturen, welche aus der Interaktion zwischen dem Menschen und seinen kulturellen Produkten entstehen. Während Gene biologisch, das heißt über das Erbgut, weitergegeben werden, werden Meme über verbale und nonverbale Kommunikation übertragen. Meme könnten ähnlich wie die sogenannten Spiegelneuronen funktionieren. Die Entdeckung der Spiegelneuronen verweist darauf, dass die Beobachtung von verschiedenen Verhaltensweisen im Beobachter neuronale Spuren hinterlässt, die denen ähnlich sind, welche das Verhalten selbst auslösen.

Religion gehört zu jenen Informationen, welche nicht über Gene, sondern über Meme weitergegeben werden und zentrale Funktionen für die Entwicklung und das Überleben der Menschheit haben.

Neurologen und Bewusstseinsforscher beobachten, dass der Mensch eine begrenzte Bewusstheitskapazität hat und – gerade deshalb – das Bewusstsein steuern kann und muss. Wir können unsere Aufmerksamkeit auf die sogenannte sensible Wirklichkeit richten (auf jenen Teil der Welt, den wir mit den Sinnen wahrnehmen) und auf jene Wirklichkeit, die mit den Sinnen nicht wahrnehmbar ist beziehungsweise hinter den Sinnen liegt und von der genetischen Instruktion eher vernachlässigt wird.

Die zentrale Aufgabe der Meme ist, die Organisation des Bewusstseins und der Aufmerksamkeit auf Sinn- und Bedeutungsfragen zu lenken. Wenn dies kaum oder zu wenig geschieht, entwickeln wir eine Art Anti-Flow, das heißt, es geht uns schlecht, wir erleben das Gegenteil von dem, was Flow auslöst.

Meme spiegeln also kulturelle Systeme und helfen uns, ganz bestimmte Informationen aufzunehmen, uns mit ihnen auseinanderzusetzen und sie zu ordnen und daraus Sinn zu entwickeln. Die Wahrnehmungen, die wir über die Sinnesorgane erhalten, haben mit der Frage zu tun »Was ist?« (was sehe ich, höre ich, rieche ich etc.), die Wahrnehmungen, die ich über die Meme erhalte, lassen mich fragen: »Was könnte sein?« Und diese unbewusste Frage führt uns ständig in eine neue Welt, in die Welt der Intuition und in das Anfühlen neuer Möglichkeiten. Für die Entwicklung neuer Formen des Zusammenlebens und für die Entwicklung von neuen Werten und Zielen ist diese Fähigkeit zentral. Religion und Spiritualität haben die Aufgabe, das Bewusstsein mindestens zeitweise der genetischen Instruktion zu entreißen und mit den Instruktionen der Meme in Kontakt zu bringen.

Mihaly Csikszentmihalyi nennt diese Fähigkeit »sakral«. Es ist die Möglichkeit und Fähigkeit, unsere Aufmerksamkeit immer wieder vom Bereich »Was ist?«, dem wir in unserem Arbeitsalltag vielfach ausgeliefert sind, abzuwenden und sie in den Horizont des »Was könnte sein?« zu stellen. Wir können davon ausgehen, dass wir unsere innere Welt schaffen und die äußere Welt aufgrund der Bilder der inneren Welt gestalten.

In diesem Zusammenhang muss gefragt werden, ob die Vernachlässigung von Muße und Religion, welche in der sogenannten westeuropäischen Kultur mit der Säkularisierung und der Industrialisierung eingesetzt hat, nicht dazu beigetrug, dass wir eine Kultur entwickelt haben, in der es immer mehr einsame Menschen gibt und in der die Natur nicht als Lebensraum, sondern als Konsum- und Profitressource gesehen wird. Allerdings hat sich in den letzten Jahrzehnten ganz viel in Richtung einer Kultur des respektvollen Umgangs mit der Natur und der Achtsamkeit auf die Entwicklung der Vermenschlichung der Lebensräume getan. Die Wahrnehmung dieser Möglichkeiten hat mit einer neuen und alternativen Interpretation des Lebens und der Natur zu tun. Sie ist die Folge eines Denkens und Fühlens, die nicht nur vom »Was ist und was ist möglich?« ausgehen, sondern vor allem auch vom Gewahrwerden dessen, »was sein könnte«.

Diese *Resakralisierung* des Lebens hat damit zu tun, dass der Mensch die Solidarität und die Sorge nicht nur für seinesgleichen (Menschheit) spürt, sondern diese auf die gesamte Schöpfung (Seinsheit) ausdehnt. Resakralisierung der Natur und des Menschen bedeutet deshalb, diese der rein oder vorwiegend naturwissenschaftlichen Wahrnehmung zu entziehen und in den schöpferischen Zusammenhang mit dem Göttlichen zu stellen.

Dies erfordert eine Wahrnehmung und Achtsamkeit der Welt gegenüber, die uns vielfach noch nicht bewusst ist. Es erfordert die Integration der äußeren naturwissenschaftlichen Wahrnehmung mit der inneren spirituellen Wahrnehmung der Wirklichkeit. Es erfordert, dass wir die Natur nicht nur aufgrund unserer naturwissenschaftlichen Erkenntnisse bewerten, sondern sie auch von innen wahrnehmen und mit »ihrer Botschaft« zu uns sprechen lassen. Dadurch werden die Erkenntnisse dessen, »was ist«, um das Gewahrwerden dessen, »was sein könnte«, bereichert. Das wäre eine neue Aufgabe für die Religionen, aber natürlich auch eine neue Begründung für die Bedeutung der Muße.

Wenn Religion also grundsätzlich damit zu tun hat, uns

mit einem weiten Raum, einer anderen Zeit und anderen Bewusstseinsinhalten in Verbindung zu bringen, dann kann Muße, nachdem sie das ja auch tut, im weitesten Sinn religiös-spirituell begründet werden, und beide können voneinander lernen, einander begründen und unterstützen.

Wer Muße in diesem Sinn versteht und leben will, wird auch eine andere Dimension von Zeit erfahren und erleben, dass sich die Räume, in denen sich unser Alltag abspielt, ganz anders anfühlen und beleben lassen, wenn wir entspannt sind und uns entschieden haben, das Leben zu genießen.

Und schließlich eröffnet uns die Muße jene Gedanken und Gefühle, die uns die Hektik des Alltags verschließt. Entspannung hat tatsächlich religiöse Annotationen. Denn auch Religion und Spiritualität haben mit dem Innehalten und der Pause zu tun, mit der Distanz zum Anspruch. Es wäre eine starke Einengung des Religionsbegriffes, würden wir nur das als Religion und religiös betrachten, was Religionssysteme vorgeben. Riten, Texte und Lehren sind nur ein Teil – vielleicht nicht einmal der wichtigste – der Religion.

Viele Jahrhunderte nach dem Tode Buddhas, so erzählt Nietzsche mit großer Genialität, hat man in der Höhle, in der er gelebt hat, seinen Schatten gezeigt. So werden Menschen trotz der Tatsache, dass Gott tot ist, über Jahrtausende die Höhlen der Gottesschatten zeigen. Nietzsche weist auf eine fundamentale Schwäche der Religionen hin: dass sie die Schatten, die Spuren der Religiosität bewahren und zeigen und damit dem Menschen ein Trugbild religiöser Erfahrung vermitteln.

Authentische Religion ist immer auch Erfahrung, und diese erschließt sich nicht in dem, was andere von etwas erzählen oder glauben, sondern nur im eigenen Erleben. Aber natürlich werden wir auch durch die Erzählung und die Beschreibung der Wirkung religiöser Verhaltensweisen zu religiösem Verhalten angeregt. Muße ist auch erfahrungsbezogen und braucht – wie die Religion – Texte, Musik, Bilder und Formen, um auf sich aufmerksam zu machen. Das Wesen von Religion und Muße erlebt man in ihrem Tun.

Die jüdisch-christliche Tradition hat im Bild des Sabbat einen zentralen Gedanken authentischer Religiosität entwickelt, der auch für das Verständnis der Muße wesentlich ist oder einen wesentlichen Beitrag dazu leisten kann. Wie verschieden das Sabbatgebot oder -angebot auch verstanden wird: Es geht im Kern darum, die gewohnte Leistungs- und Anstrengungserfahrung regelmäßig zurückzunehmen, die sozialen Kontakte zu reduzieren und in dem Raum, der sich daraus entwickelt, die besondere Kraft der Gegenwart und des Wirkens Gottes zu erleben. Wer nicht an Gott glaubt, kann die letzte oder die erste Wirklichkeit, Ursprung, Ziel oder Sinn des Lebens als Platzhalter für Gott setzen.

Wesentlich sind der Glaube und das Vertrauen, dass es eine Wirklichkeit gibt, die sich in der Haltung des Gewährens oder des Loslassens erschließen kann. Und wichtig ist die Bereitschaft, sich dieser Erfahrung auszusetzen. Wenn es einen Bereich gibt, an dem es um das Erleben geht und an dem theoretische Überlegungen die Erfahrung nicht ersetzen können, dann ist es dieser. Elie Wiesel wurde einmal gefragt, wie es zu erklären sei, dass das Judentum den Sabbat über so viele Jahrhunderte bewahrt habe. Darauf hat Wiesel geantwortet: Nicht das Judentum hat den Sabbat gerettet, sondern der Sabbat das Judentum.

Darin kommt eine Grundfunktion von Religion und Muße zum Ausdruck. Oft meinen wir, wir tun irgendjemandem einen Gefallen, wenn wir gut sind, ein geordnetes Leben führen, vielleicht auch, wenn wir religiös sind. Das ist die Logik der Kontrolle und des Tuns, die uns unbewusst lenkt. Die innere Logik der Religion, der Muße und des Sabbats ist, ich tue an mir etwas Gutes und Wichtiges, wenn ich mich ihnen aussetze und ihre Wirklichkeit mein Inneres anrühren lasse.

In der ganzheitlichen Gesundheitspsychologie (vergleiche zum Beispiel Wilfried Belschner) geht man davon aus, dass wir von zwei Grundbewegungen gesteuert werden.[6] Eine kommt von der Überzeugung des Tuns, die andere von der Überzeugung des Vertrauens. Die Überzeugung des Tuns und der Kontrolle bestimmt große Bereiche unseres Lebens, vor allem der Arbeit. Aber sehr oft kommen wir von diesem Modus – so würden wir in der Sprache der Technik sagen – nicht los und leben und erfahren uns in Bereichen, in denen wir im Modus des Lassens und des Vertrauens leben sollten, als Handelnde und Kontrollierende. Dort aber gibt es nichts zu tun und zu kontrollieren, sondern wir erfahren uns und die in diesen Bereichen zählende Wirklichkeit nur im Loslassen, im Gewähren und im Vertrauen. Muße und Religion sind der Haltung des Loslassens und des Vertrauens zuzuordnen. Wir müssen beide Einstellungen und Haltungen beschreiben, um ihr Wesen und Wirken verstehen und ihnen entsprechend handeln zu können.

Viele unserer Zeitgenossen leben in der Überzeugung, dass wir gutes Leben vor allem über Aktivität, Kontrolle und Intervention sichern. Belschner bezeichnet diese Lebenseinstellung mit dem Kürzel des Tuns; die andere Lebensauffassung, die uns eher fremd zu sein scheint, ist der Abstand, die Desidentifikation mit dem, was geschieht; dieser Haltung entspricht das Kürzel des Lassens.

Die erste Lebenseinstellung – das Tun – ist vorwiegend

mit dem Kontrollgedanken verbunden. Wir wollen in dieser Lebensphilosophie uns selbst als Schöpfer unserer Handlungen erleben, wir wollen eigenständige Planer und autonome Gestalter der Zeit und unseres Lebensraumes werden. Wir wollen Kontrolle über den Verlauf, die Dauer und das Ende unserer Lebensspanne. Leben und Lebensqualität werden so zu etwas Erkämpftem, was unter den Herausforderungen und Widrigkeiten des Lebens immer wieder bedroht ist und deshalb abgesichert werden muss.

Die entgegengesetzte Lebenseinstellung hat mit Lassen und Vertrauen zu tun und setzt voraus, dass ich mein Leben als Geschenk auffasse. Zu dieser Auffassung gehört auch die Überzeugung, dass es in mir und um mich herum eine Wirklichkeit gibt, die ich nicht messen, berechnen, vorhersehen und kontrollieren kann. Eine Wirklichkeit, die ich auch nicht besitzen kann. Hier scheint mir die Gegenüberstellung von Erich Fromm zwischen Sein und Haben nochmals hilfreich. Die Einstellung, uns selbst, Teile der Welt und des Lebens besitzen zu können oder zu müssen, erfordert einen enormen Aufwand. Die Tradition der Mystik, die hier den Hintergrund für das Verstehen wahrer Muße und Religiosität unterstützt, sagt: »Wenn der Mensch sich und die Welt nur einen Augenblick ganz loslassen könnte, würde ihm alles gegeben.«[7] Die Haltung des Vertrauens lehrt die Notwendigkeit des Lassens und des Gewährens: Ohne diese Haltung gibt es keine echte und tiefe Muße.

In der Haltung der Muße und des Lassens wage ich die Überzeugung, dass Leben etwas mir Gewährtes ist, das weitaus größer ist, als dass ich es mit meinen Sorgen und Mühen sichern oder auch nur wesentlich verbessern könnte. Deshalb kann und brauche ich es gegen Gefährdungen nicht abzugrenzen und zu schützen. Insofern bin ich über mein Leben in einem weiten Raum aufgenommen, gewollt und mit allem verbunden. Ich brauche mein Leben also nicht durch Tun abzusichern und zu erhalten, sondern ich muss gewähren, dass es sich ereignen kann. Diese Haltung hat weder mit Fatalismus noch mit Trägheit zu tun, sondern mit dem Glauben und dem Vertrauen, dass ich in der weiten Wirklichkeit des Lebens verwurzelt bin. Das Empfinden dafür können wir aber nicht aktiv erzeugen, sondern es ereignet sich durch Hingabe und Loslassen.

Wenn wir die Absichten, die wir vielfach an alle Tätigkeiten und Ereignisse binden, aufgeben, wenn Planen, Wünschen und Kontrollieren mindestens zeitweise, in bewusst gestalteten Zeiten der Muße, zurücktreten, stellt sich notwendigerweise eine alternative Wahrnehmung ein. Ich erlebe mich getragen, ohne dass ich mich anstrengen muss; ich erlebe, dass mich etwas anderes will, wenn ich mein Wollen aufgebe. Damit werden wir im Schnitt auch spontaner und empfänglicher für das, was im Hier und Jetzt jenseits unserer linearen Wahrnehmung ist.

Aus all diesen Gründen ist anzunehmen, dass Menschen, die kreativ sein wollen, ohne Muße nicht auskommen. Jene Menschen, deren berufliche Leistung und Entwicklung von Kreativität abhängen – zum Beispiel Künstler, Musiker, Schriftsteller oder Architekten –, werden immer wieder auf dieses innere Gesetz der Wirklichkeit stoßen: Neues gewährt sich in der Ruhe, im Abstand und in der Entspannung.

Natürlich können wir nicht ständig – auch Künstler nicht – in der Dimension des Lassens leben. Auch hier gilt, dass die Balance zwischen Tun und Lassen, Kontrolle und Vertrauen ideal ist und die jeweiligen Pole befruchtet. Die Dimension des Lassens und der Muße setzt die Fähigkeit, im Tun schöpferisch zu sein, voraus. Es geht deshalb darum, vorerst die Haltung des Lassens und des Vertrauens wirklich ernst zu nehmen und sie nicht nur als Zutat, auf die man auch verzichten kann, zu sehen.

Muße heißt also auch, dass wir in unserer Kultur des Machens und des Habens eine Kultur des Loslassens, des Sein-und-geschehen-Lassens entwickeln müssen. Ein großer Teil unseres Lebens – vielleicht sogar der wertvollste und kostbarste – funktioniert eben nicht nach der von der Naturwissenschaft geprägten Vorstellung. Deshalb brauchen wir Zeiten der Muße, in denen wir Kontrolle und Erwartungen aufgeben und eine Wirklichkeit spüren, die uns entlastet, frei und weit macht. Dies ist nicht nur eine Form der Muße, sondern der authentischen Religiosität.

Religion ist seit ältester Zeit jene Wirklichkeit, die den Menschen eine alternative Lebenssicht zur Unerbittlichkeit scheinbar unveränderbarer Lebenshärten bietet. Eine ähnliche Leistung strebt auch die Muße an. Auch wenn Muße bis in die letzte Zeit hinein das Privileg weniger war, war auch sie eine Lebensphilosophie, ein Lebensstil, den Verlauf und die Bedingungen des Lebens kritisch und möglichst entlastend und weise zu erleben und zu planen.

Beide, Religion und Muße, sind dann gescheitert, wenn sie ihren Beitrag nicht im Austausch und im Ausgleich mit dem konkreten Leben realisierten. Religion hat sich in vielen Bereichen vom Alltag entfernt und hat dadurch Eigendynamiken entwickelt, die sie schlussendlich geschwächt und die reale Bedeutung für das Leben verdeckt haben. Dazu ein Beispiel: Enthaltsamkeit in verschiedenen Bereichen auf Dauer zu leben ist nur für ganz wenige Menschen sinnvoll und gut. Für eine Mehrheit entwickelt sie allenthalben eine Funktion, wenn sie, zeitlich begrenzt, zur kritischen

Auseinandersetzung mit alltäglichen Lebenseinstellungen zu Konsum und Genuss verstanden wird und Genuss auf ein lebensstiftendes Maß einzustellen hilft. Gebet und Liturgie brauchen auch Austausch und Verortung im Alltag, in der Arbeit und in der Auseinandersetzung mit den Herausforderungen des Lebens, sonst werden sie Selbstzweck und driften in eine unwirkliche Welt ab.

Auch die Muße hat unter ihrer philosophischen, theoretischen und aristokratischen Abgehobenheit gelitten. Der moderne kritische Mußebegriff lehnt diese Abgehobenheit ab und fordert, dass authentische Muße im Alltag und im Ausgleich zu Arbeit und den verschiedenen familiären und sozialen Verpflichtungen verortet werden muss.

Die Religionswissenschaft betrachtet im Unterschied zur Theologie Religion unter ihrer psychologischen und sozialen Funktion. Vergleicht man die Funktion der Muße mit jenen der Religion, erhält die Muße aus dieser Sicht ein neues Verständnis, alternative Berechtigungen, wenn nicht Notwendigkeiten.

Menschen, die zu viel arbeiten oder gearbeitet haben und denen es aus diesem Grund nicht (mehr) gut geht, sagen oft, sie haben das Gefühl, die Mitte verloren zu haben; es gibt kein Gefühl für Wertigkeit, für einen Rahmen, innerhalb dessen sich Leben sinnvoll abspielt. Abstand von den Abläufen des Arbeitsalltags hat nicht nur mit Erholung zu tun, die uns möglichst bald wieder fit für die Arbeit machen soll, sondern vor allem auch damit, dass wir die Relativität, den Tunnelblick, in den uns übertriebenes Engagement für die Arbeit führt, erkennen. Muße im eigentlichen Sinn lässt uns eine andere, vorgegebene Ordnung erkennen. In der Überlastung verlieren wir das Gefühl für diese Ordnung und das Getragensein in ihr und von ihr.

Durch die Vorgabe bestimmter Rhythmen, die oft mit den Rhythmen der Natur zusammenhängen, vermitteln die Religionen, dass der Mensch in die Bewegungen einer größeren Wirklichkeit eingebunden ist. Wenn er diese Verbindung spürt, vermittelt sie ihm Sicherheit. William James hat am Beginn des 20. Jahrhunderts eine immer noch brauchbare Definition von Religion geliefert: »Im weitesten und allgemeinsten Sinn stehen Religion und Glaube dafür, dass es eine unsichtbare Ordnung gibt und dass unser höchstes Gut darin besteht, uns der Harmonie dieser Ordnung anzupassen.«[8] Dadurch erhalten wir eine Gewissheit, ohne die wir nicht gut und frei leben können. Diese Ordnung zu spüren ist aber nicht erkenntnisbezogen, sondern hat eher mit Wahrnehmung zu tun. Wir können dieses Gefühl der Sicherheit in der Feier der religiösen Rituale nicht erkennen, sondern es erschließt sich uns gegebenenfalls im Vollzug der Riten. Hier spielt wieder das Lebenskürzel des Lassens und des Vertrauens herein.

Auch in der Muße kann man Entspannung und Entlastung nicht direkt suchen und anstreben. Wer dies macht, hat den eigentlichen Sinn und die inneren Gesetzlichkeiten der Muße nicht erkannt. Wie in der Religiosität setzen wir uns auch in der Muße einer anderen Lebenswirklichkeit aus und hoffen und vertrauen, dass wir von ihr mit der Wahrnehmung einer guten Ordnung und Kraft beschenkt werden.

Der polnische Sozialanthropologe Bronislaw Malinowski behauptet, dass der Mensch religiös ist, weil er Magie erzeugen kann; andersherum definiert: Religion entsteht aus der magischen Fähigkeit des Menschen.[9] Etwas verkürzt und polarisiert kann man Magie als Vorstellung und Handlung bezeichnen, durch die der Mensch annimmt, die Abläufe der Wirklichkeit ohne realen Bezug zu ihr beeinflussen zu können. Diese Fähigkeit ist wirklich ein genialer Lebensimpuls, der einzelne Menschen und Gruppen immer wieder vor Hoffnungslosigkeit und Panik bewahrt hat und ihnen hilft, unerträgliche Situationen zu überbrücken. Die Fähigkeit zu magischer Phantasieentwicklung ist eine grundlegende Voraussetzung für die menschliche Kreativität.

Eine Gedankenentwicklung, ein Gespür für die Wirklichkeit, die nicht immer an strenge Vorgaben gebunden ist, regt verschiedene Formen der Muße an. Wir haben immer wieder das Bedürfnis, unser Leben und unsere Möglichkeiten weiter und unabhängig von engen Vorgegebenheiten zu träumen. Wer immer wieder sagt, »dies oder jenes geht nicht, weil ...« oder »dies oder jenes kann nicht sein, denn ...«, dessen Leben wird sich in immer engeren Gedanken und Verhaltensstrukturen bewegen. Muße ist der Ausbruch aus dieser Enge; Muße ist das Erleben des Lebens »als ob«; Muße ist die Genehmigung, die wir uns geben, das Leben aus einem weiten – und warum nicht – magischen Horizont zu träumen. Wenn dem so nicht wäre, würde der Mensch noch in Höhlen leben und wäre unter der Enge und der Unbeweglichkeit des Lebens zerbrochen.

Ähnlich, aber doch verschieden von der Magic, ist der Mythos als eine unbewusste Vorstellung über unsichtbare Abläufe der Wirklichkeit kurz beschreibbar. Mythen erzählen von Menschen, Geschichten und Ereignissen, deren Besonderheit darauf zurückzuführen ist, dass sie auf Gesetzlichkeiten verweisen, die über die lineare, naturwissenschaftliche Ebene hinausweisen. Ernst Cassirer (1874–1945) sieht Religion als Mythos oder als Ansammlung von Mythen, die dem Menschen die Zuversicht geben, dass das Leben jenseits der Erwartungen beziehungsweise auf der Linie der mythischen Erzählung verläuft. Der Mythos ist nicht geschichtlich und historisch wahr, er ist wahr, weil er wirkt. Nach Karen Armstrong sind Mythen Einladungen, die Welt jenseits der menschlichen Begrenzungen zu verändern. Der Mythos von der Erschaffung der Welt zum Beispiel ist eine Einladung, schöpferisch oder kreativ zu sein; der Mythos von der Auferstehung ist die Einladung, dem Leben unsterbliche Lebensimpulse zu geben.

Musik, Literatur und Kunst im Allgemeinen sind für viele Menschen Tätigkeiten in der Muße. Die Bilder und Gefühle, welche Kunst, Literatur und Musik auslösen, werden zur mythischen Kraft; zur Einladung, sich aus der Energie, den geheimnisvollen Strukturen von Musik und Kunst tragen und beleben zu lassen. Wie verändert doch die Lektüre eines spannenden Buches unser Bewusstsein; in welche Welt führen uns ein guter Film, wundervolle Musik oder der Besuch eines Museums? In ihnen erleben wir die Kraft des Mythos. Wir kommen in Kontakt mit der Energie und mit der ordnenden Struktur, die die Kunst hervorgebracht haben.

Eine wesentliche Frage, die sich der Mensch immer wieder stellt, ist jene nach dem Ursprung, Ziel und Sinn des Lebens. Es ist unvermeidlich, dass diese Fragen oft über längere Phasen unseres Lebens nicht beantwortet werden können, und wir müssen uns hüten, vorschnelle und oberflächliche Antworten zu geben. Diesen Fragen, die im Grunde unbeantwortbar sind, nachzugehen macht uns auch einsam. Deshalb behauptet der Gründer der Prozessphilosophie, Alfred Whitehead: »Was der Mensch aus seiner Einsamkeit heraus tut, ist Religion«.[10] Ähnlich beschreibt einer der bekanntesten Religionsforscher des 20. Jahrhunderts, Mircea Eliade (1907–1986), »Religion als Heimweh nach dem Ursprung«.[11]

Suchen wir in der Muße nicht auch immer wieder die Verwurzelung im Geheimnis? Muße ist auch ein Stück weit Erfahrung der Mitte und des Ursprungs, die wir im Anspruch, in der Eintönigkeit und Oberflächlichkeit des Lebens verlieren. Weil wir uns im Leben vielfach mit Nebensächlichkeiten abgeben, mit Vorläufigem zufriedengeben, kommt in uns immer wieder die Sehnsucht nach Wahrem, Einfachem und Authentischem auf.

In der Entspannung, im Loslassen kann sich das Gefühl des Getragen- und Gewolltseins offenbaren. Weil dieses Erleben eine wichtige Entlastung ist, sind diese Auswirkungen der Muße Grundlagen für ein gutes und geerdetes Leben. Das Grundvertrauen, das aus diesen Erfahrungen erwächst, kann uns wahrscheinlich niemand geben.

Religion und Gott mögen – spirituell und psychologisch gesprochen – als Platzhalter für eine Wirklichkeit stehen, die wir mit tiefer Sehnsucht nach Angenommensein, nach Recht, nach Gerechtigkeit, nach Rechtsprechung suchen. Die moderne Versprachlichung, o. k. zu sein, scheint die Richtung dieser Sehnsucht anzugeben. Für das, was wir tief existenziell damit meinen, ist o. k. zu sein, trotz der Popularität dieses Bildes, oberflächlich. Denn offensichtlich suchen wir im Leben eine Anerkennung, ein Ja, das wir ganz schwer und selten vollkommen in unseren Familien, von unseren Partnern und Partnerinnen, von Arbeitskollegen, gesellschaftlichen Positionen und innerweltlichen Möglichkeiten erhalten.

Wir brauchen eine Anerkennung und Annahme, die über unsere Grenzen hinaus abgesichert ist und von dort herkommt. Das ist die Erfahrung des Reformators Martin Luther, als er nach langem Suchen und Ringen die tiefe Wahrheit der Botschaft aus dem Römerbrief (Kapitel 1, Vers 18),

»der Mensch ist aus Gnade gerecht«, erkannte oder noch besser erlebte.

Es gibt Erfahrungen in der Muße, in der wir ganz bei uns sind, das Gefühl des von einer anderen Wirklichkeit Getragenseins erleben. Ob wir diese Erfahrung und uns selber religiös nennen oder nicht, ist sekundär. Religion sollte diese Erfahrung immer wieder ermöglichen; authentische Muße öffnet diese Räume ebenso.

 Übung: Muße und Religion

Vielfach spielt sich unser Leben in »bestimmten« Zeiten und Räumen ab. Unter bestimmt verstehe ich, dass bestimmte Handlungen und Erfahrungen damit verbunden sind: In der Küche wird gekocht und gegessen, im Büro werden Akten hergestellt und verwaltet, in der Schule wird gelehrt und gelernt.

Ich lade Sie ein, sich immer wieder in Räume und Zeiten zu begeben, die offen und »unbestimmt« sind.

Gehen Sie in einen Wald, in eine Umgebung, in der Sie Ruhe haben und wo Sie sich wohl- und geborgen fühlen – vielleicht kann das auch eine Kirche sein. Setzen Sie sich hin, atmen Sie einige Male ein und aus, werden Sie still, und kommen Sie zu sich.

Stellen Sie sich vor, dass Sie die Rollen nicht haben, die Sie vielfach und ausschließlich beschäftigen, der Mann/die Frau, der Arbeiter/die Angestellte, die Stadtbewohnerin/der Dorfbewohner, der Junge/die alte Frau.

All das sind Rollenvorstellungen, die wir brauchen, die uns aber auch einengen. Versuchen Sie, sich möglichst klar vorzustellen, wer Sie ohne diese Rollen wären oder sind; was/wer Sie wären, wenn Sie nichts hätten und nichts wären. Wenn Sie nichts hätten und niemand wären, könnten Sie neu anfangen, wären Sie frei.

Je öfter Sie solche Vorstellungsübungen machen, umso weicher wird der Rahmen der Rollen, die Sie bestimmen; Sie spüren, dass Sie mehr und anders sind als Ihre Gewohnheiten, dass Sie immer wieder offen für Anfänge, das Unendliche und die Unbegrenztheit sind.

Diese Gedanken und Gefühle haben mit authentischer Religiosität zu tun.

ERFAHRUNGEN Schweigen

Dann war das Handy aus. Der Blackberry lag auf dem kleinen, einfachen Tischchen, das Display war dunkel, das rote Licht rechts oben, das sonst die Ankunft neuer Nachrichten ankündigte, erloschen. Günter Obermaier* brauchte es jetzt nicht mehr, zum ersten Mal seit vielen Jahren. Das Handy auszuschalten war ein Teil der Abmachung, die er an diesem Ort eingegangen war, Teil des Formats, in das er sich begeben hatte: zu schweigen. Eine Woche lang, von Sonntag bis Samstag.

Ganz geheuer war Günter nicht, was ihm da bevorstand. Er war alleine mit der Bahn hergefahren in dieses stille Vogesental, nicht weit hinter Straßburg, obwohl ihm eine andere Teilnehmerin angeboten hatte, er könne mit ihr fahren,

---

* Name geändert.

doch das hatte er abgelehnt. Nun aber befand er sich in der Gruppe aus gleichgesinnten Schweigenden und ihrem Betreuer, einem Jesuitenpater aus München, in diesem kleinen Zisterzienserinnenkloster auf einer Anhöhe, direkt am Wald, der sich den ganzen Berg hochzog.

Günter hatte das schon lange machen wollen: Exerzitien, wie diese Form heißt und wie katholische Kleriker sie regelmäßig absolvieren. Der Gründer des Jesuitenordens, der heilige Ignatius von Loyola, entwickelte diese *Geistlichen Übungen* vor mehr als 500 Jahren als eine Methode, um im Innehalten und im Beten hörbereit zu werden, sein Leben von Gott her zu ordnen und neu ausrichten zu lassen, den Anregungen des Geistes Gottes nachzuspüren. Ignatius schrieb dazu: »Denn so, wie das Umhergehen, Wandern und Laufen leibliche Übungen sind, genauso nennt man geistliche Übungen jede Weise, die Seele darauf vorzubereiten und einzustellen, [...] den göttlichen Willen in der Einstellung des eigenen Lebens zum Heil der Seele zu suchen und zu finden.« Dazu ziehen sich Ordensleute bis heute an bestimmten Stellen ihres Ordenslebens 30 Tage zurück, für Laien sind inzwischen einwöchige Exerzitien in Klöstern und speziellen Häusern üblich.

Günter hatte seit Jahren gespürt, dass etwas in seinem Leben eine Klärung, womöglich eine Wendung suchte. Er hatte geahnt, dass es eines besonderen Rahmens bedurfte, um zu erkennen, worin diese bestehen könnte. Als praktizierender Katholik waren ihm die Exerzitien von mehreren Seiten nahegelegt worden, doch er hatte sich vor ihnen gefürchtet. Zweimal in den vergangenen Jahren hatte er sich schon angemeldet und seine Teilnahme dann jeweils in letzter Minute wieder abgesagt, einmal rief er erst am Morgen der vereinbarten Abfahrt den Pater an und sagte, er sei krank. Was würde ihn erwarten? Auf was für Leute würde er da treffen? Wie würde er sich in so einer Umgebung fühlen? Und was würde er da eigentlich die ganzen Tage lang tun?

Vor dem Abendessen hatte der Pater die Regeln erklärt, eigentlich waren sie nicht besonders streng: Die Teilnehmer sollten schweigen, zu den gemeinsamen wortlosen Mahlzeiten im Speiseraum erscheinen und einmal am Tag für eine halbe Stunde beim Pater, um über die Erfahrungen zu sprechen und eine neue Bibelstelle zu erhalten für persönliche Reflexion, Meditation und Gebet. Ansonsten konnte man machen, was man wollte: den Gebetszeiten der Nonnen in der Kapelle beiwohnen, die wunderschön sangen. In den Wäldern der Vogesen herumwandern. In der Bibel lesen, in der Sonne sitzen oder im Gras liegen und in die Wolken schauen.

Man sollte sich nur nicht ablenken, zerstreuen, hatte der Pater gesagt und im Vorfeld geraten, kein Buch zum Lesen mitzunehmen, kein Radio, keinen Rechner. Das Ziel war zunächst Leere: von allem, was den Menschen sonst im Alltag einnimmt und den Blick verstellt. Erst wenn die Leere eingetreten ist, so das Konzept der »Geistlichen Übungen«, dann kann man damit beginnen hinzuspüren: auf die Bibelstellen, auf die Impulse, die diese auslösen, auf die Botschaften, die man dabei vernimmt. Um diesen Prozess zu erleichtern, hatte der Pater dieses wunderschöne »Setting«, wie er es nannte, ausgewählt: dieses Kloster im Elsass anstatt eines der zahlreichen kirchlichen Exerzitienhäuser in Deutschland. Die Schönheit des Ortes sowie die äußere Form der Exerzitien – das Wegfahren, das Schweigen, die viele Zeit – sollten den Raum bereiten, den Freiraum für Gottes Stimme.

Was Günter am ersten Morgen verspürte, als er aufstand, war Angst. Es war Montag um sieben. Zur selben Zeit, als er mit den anderen dann beim Frühstück saß, kam für gewöhnlich sein Chef ins Büro. Was würde er vorfinden? Was könnte er wollen? Günter hatte natürlich Bescheid gegeben im Unternehmen und seinem Chef erklärt, was er in seinem Urlaub vorhabe und wieso er nicht, also wirklich nicht erreichbar sei. Dieser hatte Günters Urlaubsaktivität zwar seltsam gefunden und nicht gerade goutiert, letztendlich aber akzeptiert. Günter hatte an den Tagen vor seiner Abfahrt alle offenen Angelegenheiten abgearbeitet, seines Wissens keine offenen Dinge hinterlassen, seine Kollegin zu voller Vertretung ermächtigt und sie mit einer Liste mit Hinweisen versorgt, was sie in welchem Notfall zu tun hätten. Eine Notfalltelefonnummer hatte er ihnen nicht gegeben, obwohl er darüber nachgedacht hatte, eigens für diesen Zweck ein zweites Handy mit einer Prepaidkarte zu versehen und dieses dann doch angeschaltet zu lassen.

Er hatte dem dann doch widerstanden, aber ob das eine gute Idee war? Denn jetzt war es so weit: Es war Montagmorgen, und Günter war nicht erreichbar. Das Telefon lag auf dem Tisch neben der Geldbörse und der Uhr, so wie Günter die Dinge aus seinen Taschen immer hinlegte. Er schaute das dunkle Display lange an, dachte an sein Büro, an das Büro des Chefs, eigentlich konnte nichts Kritisches aufgekommen sein. Aber wenn doch? Wenn wieder mal eine der in diesem Unternehmen so typischen Hysteriewellen ausgelöst worden war – meistens vom Eigentümer, dem Patriarchen, dem irgendetwas nicht passte und dem es dann gefiel, seine Leute unter Druck zu setzen. Da Günters Chef diesem Druck nicht gut zu widerstehen wusste, kam eine solche Welle sehr rasch bei ihm, Günter, an.

Er nahm das Handy, öffnete den Kleiderschrank und legte es unter den Stapel Hemden. Besser, er sah es nicht. Das brauchte er allerdings gar nicht, denn er konnte sein Telefon fühlen, als er zum Frühstück ging. Sein Bauch schnürte sich zu. Es war exakt dasselbe Gefühl, das ihn oft schlagartig ergriff, wenn er auf dem Display seines Telefons eine ganz bestimmte Nummer aufleuchten sah, die der Chefsekretärin. Wenn der Chef nun doch irgendetwas brauchte? Wenn er eine Sache übersehen, eine Frage offengelassen hatte? Wenn übers Wochenende etwas passiert war, was er am Freitag noch nicht hatte absehen können? Nach dem Frühstück saß Günter in der Kapelle, sein ganzes Denken drehte sich aber um seinen Schreibtisch in der Firma.

So zog er die Wanderstiefel an und lief den am Kloster abzweigenden Weg in die Wälder. Das Handy hatte er zur Sicherheit wieder in die Tasche gesteckt. Vielleicht kurz die Sekretärin anrufen, dann würde es ihm besser gehen. Oder wenigstens die Mailbox abhören? Rasch die E-Mails checken. Und dann in der Bibel lesen. Günter widerstand seinem Drang, doch die Unruhe, die immer gleichen Gedanken an das Büro ließen ihn nicht los. Vielleicht war der Zeitungsartikel heute erschienen, den er betreut hatte. Vielleicht war er doch nicht so positiv, wie es nach dem Interview schien. Vielleicht enthielt er irgendeine negative Kommentierung? Eine provokante Überschrift? Und der Alte tobte wieder mal und ließ nach dem Verantwortlichen rufen.

Als ob er bei den Journalisten im Ohr säße, wenn die ihre Artikel schrieben. Doch er war der Pressesprecher des Unternehmens und in den Augen des Alten der Schuldige im Fall schlechter Presse, wobei »schlecht« sehr subjektiv definiert war, je nachdem, wie es dem Alten gefiel. Günters Chef sah die Dinge professioneller, hatte aber gegenüber dem Patriarchen einen schwierigen Stand – und wenig Standing. Der Alte knüppelte den Jungen, wo er nur konnte, führte ihn mit Leidenschaft vor, und oft genug gab dieser den auf ihm lastenden Druck ungedämpft an seinen Mitarbeiter weiter.

Günter merkte schon lange, wie ihn sein Job krank machte. Seit einem Jahr hatte er jeden Tag Darmbeschwerden, er nahm schachtelweise Imodium, es half nicht. Immer wieder litt er unter Depressionsschüben, war deshalb in psychotherapeutischer Behandlung und nahm ein Antidepressivum. Sein Blutdruck war zu hoch, im Büro litt er unter Schweißausbrüchen und Magenkrämpfen, und abends fand er Ruhe oft nur in zu viel Alkohol, was sich rächte in ungezählten schlaflosen Stunden zwischen vier und sechs Uhr morgens.

Es war bereits der zweite Job, der zweite Chef, der ihn an seine Grenzen führte, und es lag auf der Hand, dass da etwas in seinem Leben grundsätzlich nicht mehr passte. Er wusste längst, dass etwas geschehen musste. Nur was? Einfach aussteigen, kündigen? Wovon leben? Und wozu? Die Sinnfrage drängte immer stärker in sein inzwischen 37 Jahre altes Leben. Günter hatte beruflich immer alles gegeben, und doch waren all seine Anstellungen, die er recht häufig gewechselt hatte, letztendlich nur Jobs gewesen. Wonach sich Günter aber sehnte, seit er denken konnte, war eine, seine Berufung zu finden. Gerade für solche eher grundsätzlichen Lebensentscheidungen sind die Exerzitien gedacht. Aus diesem Grund schicken die Jesuiten ihre Patres in ihrer Ordenslaufbahn sogar zweimal in die langen, die 30-tägigen Exerzitien. Die Idee: maximalen Freiraum schaffen, um hören zu können, was im Alltag meistens nicht wahrgenommen wird.

An ein Hören war allerdings auch am zweiten Tag der Woche nicht zu denken. Günter hielt sich an alle Regeln, ließ sich auf das Format der Übungen ein und schwieg wie alle anderen Teilnehmer seiner Gruppe auch. Mehrmals am Tag ging er zu den Gebetszeiten in die Kapelle zu den Schwestern, hörte den Gesängen zu, sang die schönen französischen Lieder mit, las seine vom Pater vorgegebene Bibelstelle. So weit klappten die Übungen, wenn auch oft nur mit halber Konzentration. Aber einfach nur ruhig dasitzen? Den Text meditieren, die Gedanken schweifen lassen, woandershin als ins Büro? Oder an gar nichts denken, nur in die Luft schauen? Das ging gar nicht. Je mehr Leere Günter zuließ, desto mehr Nervosität machte sich breit.

Dann besser schlafen am Nachmittag. Oder herumlaufen. Stundenlang marschierte Günter über die Hügelketten der Vogesen und sogar bis ins Dorf hinab, freilich ohne auch nur mit irgendjemandem zu sprechen. Die Unruhe dauerte ganze drei Tage, Montag bis Mittwoch, es schien ihm wie ein körperlicher Entzug, bis Günter loslassen konnte von den Gedanken an sein Telefon und die damit verbundene Bürowelt. Am Donnerstag kehrte plötzlich Ruhe ein, der Bauch entkrampfte, der Geist weitete sich. Nach Regen noch am Tag zuvor kam die Sonne durch die Wolken, die Waldluft roch frisch, und Günter setzte sich nach dem Frühstück auf einen Stuhl ins Freie – und es geschah etwas Unerhörtes: Er saß einfach nur da.

Es dauerte länger als eine Stunde, bis er seinen Platz wieder verließ. Nach dem Mittagessen suchte er sich eine neue Stelle, oben am Waldrand legte er sich in die Wiese. Dort lag er einen halben Nachmittag lang und schaute den dicken Haufenwolken am Himmel zu. Ohne dass sein Denken an irgendeinem der Gedanken, die durch seinen Verstand strömten, länger hängen blieb. Dass er sich von den Dingen des Alltags so frei machen, so lösen konnte, hatte Günter zuletzt als Kind erlebt. Er spürte, wie sich der Raum nun öffnete, wie Neues sich am Rand seiner Lebensbühne aufstellte, die nun frei geräumt vor ihm lag. Er konnte noch nicht erkennen, wer die neuen Akteure waren, doch er wusste, dass genau diese es waren, zu denen er hinspüren wollte.

Am nächsten Tag zog Günter noch einmal die Wanderstiefel an, doch diesmal marschierte er nicht mehr. Er setzte sich kein Ziel und ließ die Wanderkarte im Zimmer. Er schlenderte einfach so dahin, schaute nicht auf den Weg, sondern in die Welt, beobachtete die Kühe und studierte einen Bachlauf. Wie aus dem Nichts kam ein Impuls. So überraschend, so glasklar wusste er in diesem Moment: »Ich will nicht länger für Unternehmen arbeiten, die mir nichts bedeuten, sondern mich für Zwecke einsetzen, die mir persönlich wichtig sind. Ich will für Menschen da sein.«

Etwas später an diesem Freitagnachmittag rief Günter dann doch noch bei seiner Kollegin an, zur Sicherheit, damit er ein ruhiges Wochenende haben konnte: alles in Ordnung, nichts passiert. Sie stellte noch fest: »Sie klingen ja so beseelt.« Tatsächlich war mit ihm in diesen sechs Tagen im Elsass sehr viel passiert. »Ich habe da erfahren, dass ich mich von meinem Job, der mir die Luft abschnürte, frei machen konnte. Dass ich ihn loslassen konnte und die Dinge im Büro einfach sein lassen, wie sie sind, ohne dass ich steuern, eingreifen, verantworten muss. Ich habe gelernt, dass ich Leere aushalten kann, und ich habe gesehen, dass Neues kommt, wenn das andere verschwindet. Ich habe zum ersten Mal eine Perspektive gesehen. Damals wusste ich noch nicht, was das sein würde, mir war aber von da an klar, dass es ein anderes Leben für mich gab, eines, das mir mehr entsprach und mir Sinn gab. Es ging für mich damals um meine ganz persönliche Berufung: um die Frage, wozu der liebe Gott mich auf diese Welt geschickt hat, so wie ich bin, mit meinen Stärken und Schwächen.«

In den Orden ist Günter dann nicht eingetreten, obwohl er das für sich in den nächsten Jahren prüfte. Er meint, dass er am Gehorsam gescheitert wäre, einem der erforderlichen Gelübde. Er hat das Unternehmen, für das er damals arbeitete, inzwischen verlassen, sich selbstständig gemacht und arbeitet als Berater für verschiedene Hilfsorganisationen. Der Blutdrucksenker ist längst abgesetzt, das Antidepressivum auch, die Verdauung ist seit Langem normal.

Den Frei-Raum fürs Hören hat er sich seit seinen ersten Exerzitien bewahrt, sogar drei weitere Male die »Geistlichen Übungen« gemacht. Die Zeit für Gottesbeziehung, den Jour fixe mit seinem »wirklichen Chef«, wie er es nennt, hat Günter beibehalten und ausgebaut. Eine ganze Stunde wie in den Exerzitien findet er im Alltag fast nie, zu Hause sind es mal 20 Minuten, manchmal 15 oder fünf, es vergeht inzwischen aber kaum ein Tag, an dem Günter nicht einfach nur dasitzt und zu hören versucht. Oft denkt er dabei zu viel, aber er hat den Eindruck, dass sein Körper und sein Geist diese Zeit schon erwarten und dann ganz zielgerichtet den Alltag ausschalten. Manchmal schläft er dabei ein, ab und an in der Kirchenbank, er ist aber überzeugt davon, dass das in Ordnung ist.

Ihm geht es um das Regelmäßige: jeden Tag den Alltag unterbrechen. Jeden Tag für eine gewisse Zeit alles Bedrängende wegdrängen. Jeden Tag die Bühne bereiten für

Gottes Wort. Manchmal kommen ihm neue Einsichten. Manchmal nicht, aber darauf kommt es, glaubt Günter, gar nicht an, sondern vielmehr auf die regelmäßige Übung. Ein bisschen ist Beten insofern für ihn wie Zähneputzen geworden. Ein bisschen auch wie eine tägliche Überraschung.

3 Spiel, Sport und Kunst zweckfrei erleben

Friedrich Schiller hat neben seinen Dramen, Gedichten und historischen Betrachtungen auch Briefe über die »ästhetische Erziehung des Menschen« hinterlassen. Im fünfzehnten dieser Briefe schreibt er einen Satz, der das Thema dieses Kapitels eröffnen soll: »Denn, um es endlich auf einmal herauszusagen, der Mensch spielt nur, wo er in voller Bedeutung des Wortes Mensch ist, und er ist nur da ganz Mensch, wo er spielt.« Im weiteren Verlauf dieses Lehrschreibens führt er aus, »dieser Satz werde das ganze Gebäude der ästhetischen Kunst und der noch schwierigeren Lebenskunst tragen«. Er sei schon den alten Griechen bekannt gewesen. In den Mythen über ihre olympischen Götter hätten sie nur das erzählt, »was auf der Erde sollte ausgeführt werden«. Sie gaben die Götter als »die ewig Zufriedenen von den Fesseln jedes Zweckes, jeder Pflicht, jeder Sorge frei und machten den Müßiggang und die Gleichgültigkeit zum beneideten Lose des Götterstandes: ein bloß menschlicher Name für das freieste und erhabenste Sein«.

Das Wort »Gleichgültigkeit« hat bei Schiller einen anderen Sinn als den, den wir ihm geben. Im modernen Sprachgebrauch benennt man damit etwas Negatives, nämlich die

Haltung, keinen Anteil zu nehmen am Leben der anderen. Schiller meinte damit aber die *aequanimitas,* den Gleichmut der antiken Stoiker beziehungsweise die Glückseligkeit der Götter, die nach Epikur »weder selbst Sorgen haben noch sie einem anderen bereiten«. Beim Betrachten einer Götterstatue fasst Schiller noch mal zusammen: »In sich selbst ruhet und wohnt die ganze Gestalt, eine völlig geschlossene Schöpfung, und als wenn sie jenseits des Raumes wäre, ohne Nachgeben, ohne Widerstand; da ist keine Kraft, die mit Kräften kämpfte, keine Blöße, wo die Zeitlichkeit einbrechen könnte. Durch jenes unwiderstehlich ergriffen und angezogen, durch dieses in der Ferne gehalten, befinden wir uns zugleich in dem Zustand der höchsten Ruhe und der höchsten Bewegung, und es entsteht jene wunderbare Rührung, für welche der Verstand keinen Begriff und die Sprache keinen Namen hat.«

Der zeitgenössische Philosoph Peter Sloterdijk wird diesen Gedanken noch einmal aufnehmen. Er hat eine Ahnung, welchen Begriff und Namen diese Rührung haben könnte: Es ist der Appell eines die Antike imitierenden Torsos, der den Dichter Rainer Maria Rilke zu dem an sich selbst gerichteten Ausspruch veranlasst: »Du musst dein Leben ändern!«

Die Rolle des klassischen Spiels hat heute wohl der Sport übernommen. Es gab ja schon immer Schnittmengen, so der Mannschaftssport, heute zum Beispiel das Fußballspiel. Sport will vor allem, wenn er nicht als »Wehrübung« daherkommt, Freizeitvergnügen sein. In Sparta und im Rom des Altertums diente er sicher zuerst der Erziehung der jungen Männer zu siegreichen Soldaten. Diesen Anspruch hat er heute, gerade nach den Erfahrungen des Totalitarismus, weitgehend aufgegeben. Diente er früher zur Körperertüchtigung, so wird er heute jedoch oft zum Körperkult stilisiert und verliert damit wieder die Unschuld des Spielerischen.

Einer, der sich viele Gedanken um das Spiel gemacht hat, war der große holländische Historiker und Kulturphilosoph Johan Huizinga. Neben seinem epochalen Werk über den *Herbst des Mittelalters* hat er einen Essay über das Wesen des Menschen als Spieler geschrieben und ihm den Titel »Homo ludens« gegeben. In der Vorrede erklärt er seine Entscheidung: »Als es klar wurde, dass der Name Homo sapiens für unsere Art doch nicht so gut passte, wie man einst gemeint hatte, weil wir am Ende doch nicht so vernünftig sind, wie es das achtzehnte Jahrhundert in seinem naiven Optimismus zu glauben geneigt war, stellte man neben diese Bezeichnung für unsere Spezies den Namen Homo faber, der schaffende Mensch. Dieser Name aber ist weniger zutreffend als der frühere, denn faber ist auch manches Tier. Was vom Schaffen gilt, gilt auch vom Spielen: recht viele Tiere spielen. Dennoch scheint mir Homo ludens, der spielende Mensch, eine ebenso wesentliche Funktion wie das Schaffen anzugeben und neben Homo faber einen Platz zu verdienen.«[1]

Zu Beginn seiner Untersuchung über den spielenden Menschen versucht er eine Definition: »Spiel ist eine freiwillige Handlung oder Beschäftigung, die innerhalb gewisser festgesetzter Grenzen von Zeit und Raum nach freiwillig angenommenen, aber unbedingt bindenden Regeln verrichtet wird, ihr Ziel in sich selber hat und begleitet wird von einem Gefühl der Spannung und Freude und einem Bewusstsein des ›Andersseins‹ als das ›gewöhnliche Leben‹.«[2] Im Weiteren führt er aus, dass ohne die Lust und die Fähigkeit zum Spielen sich ganze Bereiche der humanen Kultur nicht entwickelt hätten: die Dichtung, das Recht, die Wissenschaft, die bildende Kunst, die Philosophie und viele andere.

Ein Philosoph unserer Tage, der Spanier Fernando Savater, hat sich ebenfalls Gedanken über die Zweckfreiheit des Spiels gemacht: »Die spielerische Tätigkeit hat kein anderes Ziel, setzt sich kein anderes Modell und hat keinen anderen Nutzen als ihre eigene Erfüllung – wie das großartigste aller Spiele, das wir Kosmos nennen.«[3] Ein kühner Gedanke, den Savater da im Nebensatz anspricht. Der Kosmos, die Welt, das Universum – es ist ein Spiel! Menschen, die an der Last dieses Lebens schwer tragen, werden innerlich zuerst einmal dagegen protestieren. Lässt man sich aber auf diese Zumutung ein, entlastet sie mit der Zeit immer mehr von den vermeintlichen Notwendigkeiten, Zweckmäßigkeiten und Unabänderlichkeiten unserer sorgenvollen Arbeit am Leben. Das ganze Leben – ein Spiel!

Savater schaut von dieser kosmischen Warte auf den Menschen und dessen Wesenszug, den er durch die Evolution mitbekommen hat, die Fähigkeit zu spielen: »Das wahre Spiel beginnt, wenn wir eine sich selbst genügende und selbstbezügliche symbolische Welt schaffen, in der sich eine Tätigkeit entfaltet, die sich selbst die erforderlichen Regeln setzt. Diese Welt hat natürlich etwas mit dem täglichen Leben zu tun, das sie in gewisser Weise nachahmt und reflektiert. Doch sie erschüttert auch dessen Normen und löst sich von den tödlichen Zwängen der Notwendigkeit.«[4] Das zweckfreie Spiel fördert die Phantasie des Menschen, die schöpferische und kreative Fähigkeit unseres Geistes, innere Bilder oder überhaupt eine »Innenwelt« zu erschaffen. Im zwischenmenschlichen Bereich ist Phantasie Voraussetzung für Empathie, also für die Fähigkeit, sich in andere Menschen einzufühlen und sie zu verstehen; Kreativität und Kunst haben ohne Phantasie keine Chance, zur Entfaltung zu kommen.

Sowohl bei Huizinga wie auch bei Savater wird die Zweckfreiheit des Spiels hervorgehoben. Nun könnte man auf die Profispieler verweisen, nicht nur im Sport, auch beim Pokern oder im Schach. Sie verdienen ihren Lebensunterhalt mit Spielen, damit hat das Spiel sozusagen seine zweckfreie Unschuld verloren. Dieses Phänomen war aber wohl schon immer mit dem Spiel verbunden: Auch die Olympioniken der Antike waren Stars der gesamten griechisch sprechenden und denkenden Welt. Ähnlich wie heute gab es so etwas wie den Sponsorenvertrag und die Begleiterscheinung des Dopings. Das Spiel hatte wohl immer, wie viele andere menschliche Phänomene auch, die Möglichkeit in sich, in das Gegenteil des ursprünglichen Sinns verkehrt zu werden, ohne dabei aber den Grundzug des Spiels zu verlieren.

Sicher gehört es zu Momenten der Muße, am Samstagnachmittag einem Fußballspiel zuzuschauen, ob live im Stadion oder vor einem Fernsehgerät. Ebenso, wenn die Altherrenmannschaft sich am Sonntagnachmittag zu einem Fußballspiel in der Halle verabredet. Es geht dabei um Geschicklichkeit, Wettkampf und Zufall. Niemand kann wissen, wie das Spiel endet, wer gewinnt. Auch hier wieder: Die Zukunft ist ungewiss. Damit entzieht sich das Spiel dem Diktat der Leistungsgesellschaft.

Lassen wir die Bilder vormoderner Gesellschaften, die dennoch zeitgenössisch sind, vor dem inneren Auge vorbeiziehen, die eine Ahnung von der Muße des Spielens vermitteln. Junge und alte Männer in griechischen Tavernen, versunken und doch voller Aufmerksamkeit ihrem Kartenspiel hingegeben; das uralte Brettspiel Backgammon in arabischen Teehäusern, wo die Würfel und Spielsteine mit ungeheurer Schnelligkeit und mit höchstem Geschick über das Spielfeld wandern. Bilder voll meditativer Konzentration und gleichzeitig höchster Hingabe an der Wiederholung des immer Gleichen: Spielzug um Spielzug, wiederkehrend nach Sieg oder Niederlage. Die beim Frühschoppen Schafkopf spielenden Bauern in (früher) verrauchten Wirtshauszimmern gehören hierher genauso wie die über einem Schachbrett in Gedanken versunkenen Männer in den Cafés von St. Petersburg oder im Central Park mitten in New York.

Auch wenn hier immer wieder auf die Zweckfreiheit des Spiels und damit auf seine Zugehörigkeit zum Reich der Muße hingewiesen wird, es gibt einen Zweck bei den Kindern genauso wie bei den jungen Tieren: Sie lernen durch das Spiel, ihre Geschicklichkeit zu steigern und sich an Regeln zu halten. Das Spiel fördert die Fähigkeiten des Denkens, des Bewegens und die Entfaltung der Phantasie. Das Spiel kann sogar zur Metapher des Lebens werden: Man lernt, mit den verschiedenen Phänomenen wie Glück, Sieg, Niederlage umzugehen, entwickelt Geschicklichkeit und Strategie und eignet sich an, den Mitspieler als Partner zu akzeptieren. Trotz allem bleibt die Welt des Spiels eine eigene, vom gewöhnlichen Leben abgehobene. Schon die Kinder erhöhen den Reiz des Spiels, indem sie eine kleine Heimlichkeit daraus machen. Das ist etwas für uns, nicht für die anderen. Was die anderen da draußen tun, geht uns eine Zeit lang nichts an. Wir sind und wir machen es anders.[5]

Auch in diesem Bereich besteht ständig die Gefahr, dass unsere auf Nützlichkeit und ökonomische Verwertung getrimmte Welt eindringt in jene »Anderwelt« von Spiel und Entspannung. Die Bildungsreform der jüngsten Vergangenheit mit der Verkürzung der Schulzeit und der damit einhergehenden Beschränkung der Freizeit der jungen Menschen ist nur ein Phänomen der Ökonomisierung unserer Lebenswelten. In einem Kinderhort kam diese Fehlentwicklung beim Elternabend zum Vorschein. Alle anwesenden Mütter und Väter waren stolz auf die vielfältigen Angebote, die der Hort ihren Kindern zusätzlich zur Hausaufgabenbetreuung bot. Sie empfanden es als attraktiv, dass die Kinder dort ein Instrument lernen, verschiedene Sportarten trainieren und auch sonst nützliche Kurse in Handarbeit, Werken und Basteln besuchen konnten. Die Eltern waren überrascht und auch ein wenig betroffen, als die Erzieherinnen berichteten, sie hätten das Gefühl, dass die gehäuften Angebote, die sie auf dringenden Wunsch der Eltern organisierten, deren Kinder von ihrem tiefsten Wunsch, einfach mal nur spielen zu wollen, abhalten würden. Den Eltern ging plötzlich auf, dass das, was sie zunächst für einen großen Vorteil hielten, die Entwicklung ihrer Kinder möglicherweise behinderte. Denn diese benötigen zu ihrer Entwicklung das zielgerichtete Training von Geist und Körper genauso nötig wie das zweckfreie Spiel.

Durch die Verkürzung der Schulzeit wird der Lernstoff des Unterrichts verdichtet und auch auf den Nachmittag ausgeweitet. Schüler und Eltern jammern über ähnliche Phänomene wie die Erzieherinnen des geschilderten Kinderhorts. Der Nachmittag, der einst für Spiel, Sport und musische Betätigung frei war, dient nun dem zielgerichteten Lernen. Dabei ist Musik genauso wie die bildende Kunst oder das Theater ein notwendiger Bereich für das eigentliche Erlernen der kulturellen Fähigkeiten und die umfassende Bildung von Geist und Herz des Menschen. Gerade der Bereich der Kunst hat mit dem des Spiels und der Religion die Freiheit von der unmittelbaren ökonomischen

Verwertung der dafür aufgebrachten Zeit gemein. Natürlich gibt es auch hier wie beim Sport die Profis, die Künstler, die damit ihren Lebensunterhalt und oft weit mehr als das nur Notwendige verdienen. Diese machen das aber, um uns, den Amateuren, den Dilettanten (beide Wörter, das französische und das italienische, bedeuten jeweils »Liebhaber«), Zeiten der Muße zu schenken.

Das Thema Muße und Kunst hat mehrere Facetten. Wo ist die Muße selbst Gegenstand der künstlerischen Darstellung oder Interpretation? Wie erlebe ich Muße, wenn ich mich selbst als »Liebhaber« künstlerisch betätige? Worin liegt die Erfahrung von Muße beim Kunstgenuss? Alle drei Fragen sind gar nicht so leicht zu beantworten. Vor allem werden die Antworten sehr subjektiv ausfallen. Die folgenden Gedanken können daher nur sehr selektiv befriedigen und wollen eine Art Hilfestellung sein, selbst den individuellen Weg zu suchen und auszuprobieren.

Kunst war zu Beginn der menschlichen Kulturgeschichte wahrscheinlich religiös begründet. Davon geben die Höhlenmalereien Aufschluss, aber auch die aus Tierknochen hergestellten Flöten, die man auf der Schwäbischen Alb gefunden hat. Die Tragödien der alten Griechen hatten ursprünglich ihren Sitz im Kult. Kunst stellte sich auch in den Dienst von Herrschern und Mäzenen. Die großen Künstler der italienischen Renaissance schufen allesamt vor allem Auftragswerke. Der David Michelangelos gehört genauso dazu wie die Mona Lisa Leonardo da Vincis. Johann Sebastian Bach komponierte für seine Auftraggeber in Kirche und an Höfen.

Erst das 19. Jahrhundert bringt das Motto *L'art pour l'art* (Kunst um der Kunst willen) hervor. Der Künstler emanzipiert sich doppelt: erstens vom Auftraggeber. Nicht mehr der bestimmt, was geschaffen und wie es ausgeführt wird, das ist Sache des Kunstschaffenden. Zweitens emanzipiert er sich vom herrschenden Kunstbegriff. Er selbst bestimmt, was Kunst ist. Am deutlichsten kommt das zum Ausdruck bei Marcel Duchamp. Als Ready-made verwirklichte er das Konzept des *Objet trouvé* (ein vorhandenes, gefundenes Objekt) in seinem Fountain auf der New Yorker Armory Show im Jahre 1917. Er stellte ein industriell gefertigtes Urinal auf einen Sockel und erklärte es zur Kunst. Dabei verkündete er öffentlich die Meinung, dass bereits die Auswahl eines Gegenstands ein künstlerisches Werk sei. Dies führte damals natürlich zu einem ausgewachsenen Kunstskandal.

Gehen wir zurück zur griechischen Antike. Sie bestimmt bis heute unseren Zugang zum Wesen der Kunst. Ihre Mythologie kennt neun weibliche Gottheiten, die für die Kunst zuständig sind, die Musen. Auch wenn im Deutschen die beiden Wörter Muße und Muse ähnlich klingen, so haben sie doch einen je anderen Ursprung. Muße ist sehr eng verwandt mit dem »müssen«. Laut *Duden* gehört das Wort »Muße« zur Sippe von »messen«, im Sinne von »sich etwas zugemessen haben; Zeit, Raum und Gelegenheit haben, um etwas tun zu können«. Muse dagegen ist tatsächlich ein Fremdwort aus dem Griechischen. Von daher kommt auch das Wort »Musik«, das eigentlich ganz allgemein Musenkunst bedeutete, dann zur Tonkunst konkretisiert wurde.

Die neun Göttinnen haben verschiedene Zuständigkeitsbereiche: die Wissenschaften, die schönen Künste und den Gesang. Am bekanntesten sind Klio, die Muse der Geschichtsschreibung (ihre Kennzeichen sind die Papierrolle und der Schreibgriffel); Thalia, die Muse der Komödie (ihr werden die lachende Theatermaske, Efeukranz und Krummstab zugeordnet, denn auch die heitere bukolische

Poesie gehört zu ihr); Euterpe, die Muse der Lyrik und des Flötenspiels (man sieht sie mit Aulos, der Doppelflöte); Erato, die Muse der Liebesdichtung (ihre Symbole sind Saiteninstrument, Leier), und Kalliope, die Muse der epischen Dichtung, der Rhetorik, der Philosophie und der Wissenschaft (Attribut: Schreibtafel und Schreibgriffel).

Um mit dem Reich Euterpes, der Muse der Lyrik, zu beginnen: Eines der Gedichte, das die weihevolle Stimmung der Muße am schönsten und dichtesten (daher: Dichtung) zum Ausdruck bringt, ist wohl das berühmte »Wandrers Nachtlied. Ein Gleiches« des Dichterfürsten Johann Wolfgang von Goethe. Es sei hier angeführt:

Über allen Gipfeln

Ist Ruh,

In allen Wipfeln

Spürest du

Kaum einen Hauch;

Die Vögelein schweigen im Walde.

Warte nur, balde

Ruhest du auch.

Dieses Gedicht gilt als das beliebteste Goethes. Es rangiert noch vor dem »Heidenröslein« und dem »Erlkönig«. Er schrieb es als Gelegenheitsgedicht in einer wahren Mußestunde. Der Minister Goethe war auch zuständig für die Bergwerke des Herzogtums Weimar. In dieser Eigenschaft war er nach Ilmenau gekommen. An einem Septemberabend zu Beginn der 1780er-Jahre steigt er auf den Kickelhahn, die höchste Erhebung der Gegend, um sich von den Anstrengungen der Inspektionsreise zu erholen. Zur Zeit des Sonnenuntergangs lässt er seinen Blick in die Ferne schweifen. Dort sieht er den Rauch aus den Kohlemeilern aufsteigen. Er war, wie er in einem Brief an seine Freundin

Frau von Stein gesteht, dem »Wuste des Städgens, den Klagen, den Verlangen, der Unverbesserlichen (!) Verworrenheit der Menschen« entflohen und hatte sich auf dem »Gickelhahn (!) dem höchsten Berg des Reviers ... gebettet«. »Es ist ein ganz reiner Himmel«, so fährt er einige Zeilen später fort, »und ich gehe des Sonnen Untergangs mich zu freuen. Die Aussicht ist gros aber einfach. / Die Sonne ist unter. Es ist eben die Gegend, von der ich Ihnen die aufsteigenden Nebels zeichnete ietzt ist sie so rein und ruhig, und so uninteressant als eine grose schöne Seele, wenn sie sich am wohlsten befindet. / Wenn nicht noch hie und da einige Vapeurs von den Meilern aufstiegen wäre die ganze Scene unbeweglich«.

In dem Gedicht, das er noch am gleichen Abend mit Bleistift in die Holzwand einer Berghütte ritzt, bringt er die Meditationsübung des Weit-und-eng-Stellens zum Ausdruck. Goethes Blick, als er hinaus in die Landschaft sieht, haftet zuerst an den Bergen in der Ferne. Dann senkt sich das Auge in die Gegend unterhalb des Kickelhahns. Von dort wendet es sich in die unmittelbare Nähe, die sich um den Betrachter und über ihm ausbreitet. Am Ende erreicht der Blick sein Inneres. Er nimmt die Natur und die Gegenstände in der Natur in sich auf, indem er vom Ganzen zu dessen Gliedern übergeht und dann den Blick wieder von den Gliedern zum Ganzen zurückwendet.

Von Hölderlin, eine Generation nach Goethe, existiert ein Gedicht mit dem ausdrücklichen Titel »Die Muße« aus dem Jahr 1797. Der Dichter beschreibt sein Erleben des Frühlings mit dem frisch keimenden Gras und den rötlichen Blüten der Kastanien. Auch in diesem Gedicht geht es um Erfahrung der Muße in der Naturbetrachtung und die freien Assoziationen der schweifenden Gedanken. Das lyrische Ich geht hinaus auf die Wiese, »sorglos schlummert die Brust und es ruhn die strengen Gedanken«. Der Blick weitet sich von der Betrachtung der Fauna und Flora »hinauf zum Berge«, hinunter ins »unendliche Tal«. »Fernher dämmert die Stadt ... gegen die Macht des Gewittergotts ... und ringsum ruhen die Dörfchen.« Das drohende Gewitter führt die Gedanken des Pantheisten Hölderlin zu Zeus, dem Donnerer, und zurück zu seinem eigenen Zuhause, zum menschlichen Leben. »Leben der Welt! Du liegst wie ein heiliger Wald da, / sprech ich dann, und es nehme die Axt, wer will dich zu ebnen, / glücklich wohn ich in dir.« Hier sieht man exemplarisch Verlauf und Wirkung der in Muße verbrachten Zeit. Sie ist eine Zeit, die frei ist von zweckgerichtetem Tun, in ihr lässt man den Blick in die Ferne gehen, das führt zur Erfahrung der Weite. In diese Weite gehen dann auch die Gedanken und werden gerade dadurch auf das eigene Leben und dessen Glück gerichtet.

Diese Erfahrung macht der Dichter und mit ihm auch der Leser des Gedichts. Man muss sich nur darauf einlassen. Dies geschieht am besten durch das Verschmecken des Textes und dessen mehrmaliges »Wiederkäuen«. Ein kurzes, flüchtiges Drüberlesen wird einen nicht in die Tiefen des »verdichteten« Textes führen. Hilfreich dabei kann sein, sich die sogenannte ignatianische Methode zunutze zu machen.

Ignatius von Loyola, der Gründer des Jesuitenordens, hat die von ihm systematisierte Meditationsmethode in seinem Exerzitienbüchlein dargelegt. Dort hilft sie, das eigene Leben im Spiegel eines Bibeltextes zu betrachten. Sie besteht im Grunde darin, sich selbst in die geschilderte Szene hineinzuversetzen. Man malt sich den Schauplatz aus, die Gegend, den Raum, den Fernblick vom Berg ins Tal auf die

Wiesen, die rauchenden Meiler des Nachtlieds, die Silhouette der Stadt Frankfurt zur Zeit Hölderlins. Meist ist es hilfreich, den Text in mehrere, zwei bis vier Abschnitte zu unterteilen. Und dann Abschnitt für Abschnitt zu betrachten. Man geht den Text Satz für Satz, Vers für Vers durch und versucht, ihn sich plastisch vorzustellen. Verweilen Sie bei den Stellen, die Sie ansprechen oder die in Ihnen Widerstände auslösen. Fragen Sie sich, was der Text Ihnen sagen könnte. Am Ende sollte man sich vergegenwärtigen, wie es einem mit dem Gesamttext ergangen ist und was in einem nachklingt. Nehmen Sie sich ruhig das gleiche Gedicht mehrmals vor, zu ganz unterschiedlichen Zeiten und Gelegenheiten. Es wird Ihnen jedes Mal einen anderen Aspekt offenbaren und zugleich den Weg in die Tiefe des eigenen Inneren erweitern.

Vor allem bei Gedichten lässt sich diese Meditationsmethode anwenden, weniger bei Prosatexten oder Bühnenwerken. Sie lassen meist der Phantasie weniger Raum, da sie die Szenerie oft detailliert vorgeben. Aber allein das Lesen von Belletristik stellt einen Moment der Muße her. Wir müssen beruflich so viele Texte aufnehmen, die uns vor Entscheidungen stellen, die Diskussion und Stellungnahme erfordern. Einfach einen Text zu konsumieren, weil er schön ist oder Spannung bietet, das Leben – eigenes und fremdes – zu reflektieren verhilft, das allein ermöglicht schon das Eintauchen in verfließende Zeit.

Selbst zu dichten ist wohl wenigen gegeben. Es gibt aber doch »Dilettanten«, denen es Freude bereitet und gar nicht so schlecht gelingt, man braucht nur in den verschiedenen Zeitungen zu blättern, die Lesergedichte veröffentlichen. Hier haben sicher schon die Redakteure gefiltert und nur die besseren Elaborate abgedruckt. Aber es beweist doch: Es gibt Menschen, die dichten können, ohne dies zu ihrem Beruf zu machen. Sehr gut eignen sich für den Anfänger wie für den Fortgeschrittenen die japanischen Haikus.

Beim Haiku handelt sich um ein kurzes, dreizeiliges Gedicht, nach strengen Regeln verfasst, das ganz konkrete Beobachtungen zu einer bestimmten Jahreszeit zum Gegenstand hat. Diese Schilderung ist allerdings offen für eine symbolische, emotionale Deutung. Auch große Poeten haben sich darin versucht, wie zum Beispiel das Gedicht von Rainer Maria Rilke zeigt:

Kleine Motten taumeln schauernd quer aus dem Buchs;
Sie sterben heute Abend und werden nie wissen,
dass es nicht Frühling war.

Die nächste Kunstform, die nicht nur von Profis betrieben wird, ist die bildende Kunst, konkret das Malen und das Formen verschiedener Materialien. Hier gibt es die verschiedensten Möglichkeiten, Muße zu genießen. Der Gang in ein Museum – wenn er nicht zum missmutig absolvierten Wochenend-Pflichtprogramm für den gestressten Ehemann oder die quengelnden Kinder mutiert – kann helfen, innezuhalten und das angestrengte Hirn zu entlasten. Man darf sich nur nicht zu viel vornehmen.

Suchen Sie sich ein Bild, ein Kunstwerk aus, und betrachten Sie es eine Zeit lang. Helfen kann da auch ein bisschen Vorbereitung: Lesen Sie die Biografie des Künstlers, eine Einführung in seinen Stil und sein Werk. Vielleicht auch einen Roman, ein Gedicht, einen Essay, der sich mit dem Œuvre befasst. Sie werden erleben, wie Sie hineingezogen werden in die Welt, die sich mit dem Kunstwerk eröffnet. Oder haben Sie schon einmal eine Skulptur im öffentlichen Raum, an der Sie oft eher achtlos vorbeigehen, intensiver betrachtet? Dazu sind sie ja eigentlich aufgestellt.

Auch die großformatigen Bilder in den Bürogebäuden sind nicht in erster Linie als Geldanlagen des jeweiligen Unternehmens gedacht, sondern sollen Kunst für die Menschen, die dort tätig sind oder zu Besuch kommen, erlebbar machen. Gerade sie eignen sich hervorragend für den Moment des Innehaltens während der Arbeit. Etwa für die Pause zwischen zwei intensiven Meetings, wenn man von einem Besprechungsraum zum anderen zieht. Setzen Sie sich einfach für ein paar Minuten vor solch ein Bild, oder stellen Sie sich vor die Statue oder die Installation, und lassen Sie Ihre Gedanken sich frei entfalten. Sie werden bald merken, wie gut es dem vom angestrengten Nachdenken strapazierten Gehirn tut, sich an den freien Assoziationen entlangzuhangeln.

Am besten ist es aber, selbst aktiv zu werden und sein künstlerisches Talent zu erproben. Dabei ist es gar nicht wichtig, etwas hoch Anspruchsvolles hervorzubringen – wenn das gelingt, ist es umso schöner. Aber es darf nur nicht wieder zu einem dem Marktgeschehen unterworfenen Akt beruflichen Ehrgeizes werden, sonst verpufft der Erholungs- oder der Entspannungseffekt. Viele Mal- und Gestaltungskurse, die allenthalben angeboten werden, auch von renommierten Künstlern, geben Zeugnis davon, wie erholsam künstlerische Betätigung sein kann.

Mit zur bildenden Kunst gehört die Fotografie. Das Bilderschießen kann zwar zur Manie werden, gerade auf Urlaubs- und Bildungsreisen. Und das anschließende erzwungene Betrachten der Urlaubsfotos und Videos durch die Nachbarn und Freunde bereitet nicht immer das erhoffte Vergnügen. Aber kunstvolle Naturfotografie, schöne Collagen, aber auch Porträtfotos oder Bilder von Architektur oder gar von Menschenmassen oder Industrielandschaften können Momente der Stille, Ruhe und der Muße vermitteln. Es seien nur die Aufnahmen von Andreas Gursky, Helmut Newton oder Hans-Günther Kaufmann erwähnt. Aus deren Werk kann sich auch der Amateur Anregungen zu meditativer Fotografie holen.

Ein viel weiteres Feld eröffnet sich mit der Tonkunst der Musik. Sie gilt ja als die Kunstform schlechthin, die urmenschlichste und den Tiefen der Seele angemessenste. Alice Herz-Sommer, jüdische Pianistin und KZ-Überlebende, hat den Bezug zwischen Musik und Muße in unübertreffbarer Weise ausgedrückt: »Der Mensch braucht nicht Essen, er braucht nur einen Inhalt. Und das kann die Musik sein. Nicht die Malerei und nicht der Goethe mit dem Shakespeare, denn die Musik macht uns vergessen. Zeit existiert dann nicht mehr. Man hört, und speziell in einer schwierigen Situation ist man verzaubert, in einer anderen, in einer besseren, hoffnungsvolleren Welt.« Musik kann man komponieren, man kann sie durch Gesang oder ein Instrument interpretieren, man kann sie anhören oder dem Rhythmus der Töne durch Körperbewegung, zum Beispiel den Tanz, Ausdruck verleihen. Nur die Komposition benötigt wohl am meisten professionelle Ausbildung, alle anderen Arten der Beschäftigung mit Musik können auch als Hobby, das heißt hoffentlich mit Muße, ausgeführt werden.

Am schönsten ist es natürlich, wenn zum Enthusiasmus Talent und der Wille zum Üben hinzukommen. Hier merkt man wieder: Muße kann auch Mühe machen. Das soll sie durchaus, wenn sie nur nicht verzweckt wird. Sie selber ist der Zweck! Gesangspädagogen berichten immer wieder davon, unter ihren Schülern seien auch Manager, die nur zum eigenen Vergnügen und Entspannen Gesangsstunden nähmen. Wer das einmal versucht hat, kann im wahrsten Sinn des Wortes ein Lied davon singen, wie sehr gerade der Ausdruck der menschlichen Stimme, der eine gute Atemtechnik voraussetzt, zum Wohlbefinden von Körper und Geist, von Leib und Seele beitragen kann.

Gleiches gilt für das Singen in einem Chor; diejenigen, die es praktizieren, finden darin höchste Freude. Ähnliches erfahren sicher Musikanten, die miteinander in größeren und kleineren Formationen Musik machen, in Bands, Combos, Kapellen und Orchestern. Für die meisten Menschen wird vor allem das Anhören von Musik die häufigste Form der Beschäftigung mit der »Musenkunst« sein. Ob sie allerdings zur Muße beiträgt, wenn sie über das iPhone oder den iPod bei der U-Bahn-Fahrt nebenbei gehört wird, mag jeder selbst entscheiden. Die höchste Form der seelischen Erbauung liegt sicher im ausschließlichen Hören von Musik, ohne dabei etwas anderes zu tun – sei es eine Rockgruppe oder ein Symphonieorchester, die die Musik interpretieren.

Schließlich gehört hierher noch der Tanz als Übersetzung von Melodie und Rhythmus in Bewegung. Auch hier ist wie beim Gesang ein Rückgang der gesellschaftlichen Aktivitäten zu verzeichnen, der sicher nicht nur auf die sprichwörtliche Tanzfaulheit der Männerwelt zurückzuführen ist. Der Konsum von Musik gerade durch die elektronischen Medien hat zugenommen, die eigene Aktivität dagegen ist weniger geworden. Es gibt kaum noch Bälle oder einfachere Tanzveranstaltungen, die der Bewegungsfreude zur Musik Gelegenheit zur Praxis bieten – sicher mangels Interessenten. Die Gruppentänze, die noch bis weit ins 20. Jahrhundert hinein populär waren, fristen ein eher randständiges Dasein. Nur bei Hochzeiten gehört der Tanz nach wie vor zum Ritual, da wird er erwartet. Wer gerne tanzt, wird die Bewegung im Rhythmus der Musik als hohe Form der Muße empfinden, die Zeit vergeht wie im Flug, die Gedanken gehören eher dem Takt und der Abfolge der Schritte. Man kann dabei wunderbar abschalten – ähnlich wie beim Sport. Und tatsächlich: Der Tanz wird auch als Sport betrieben, mit eigenen Wettkämpfen und zu erringenden Preisen.

Es kann konstatiert werden: Spiel und Kunst haben viele gemeinsame Schnittmengen. Sie führen weg vom primär ökonomisch verwertbaren zum schöpferischen, die Tiefendimensionen menschlichen Geistes berührenden Tun. Es gibt eine Nähe zu den Begriffen »Hobby« und, wie man früher sagte, »Steckenpferd«. Ein Hobby dient dem eigenen Lustgewinn und/oder der Entspannung, man betreibt die Aktivität regelmäßig und hat eine besondere Vorliebe für sie, wie etwa Basteln, Handarbeit oder eben Kunst. Allerdings nehmen derlei interessante Freizeitaktivitäten ab. Heutzutage ist Fernsehen die liebste Freizeitbeschäftigung der Bundesbürger. Damit schrumpft die Zeit der Muße merklich von Jahr zu Jahr, auch das ist ein alarmierendes Zeichen für die zunehmende Beschleunigung des Lebens.

Praktische Tipps

- Spielen Sie regelmäßig – mit Freunden oder Familienangehörigen!
- Besuchen Sie ein Museum oder eine Galerie. Suchen Sie sich ein oder zwei Bilder oder Skulpturen gezielt aus, vor denen Sie eine Zeit lang verweilen. Nehmen Sie sich die Zeit, sich vom Kunstwerk ansprechen zu lassen.
- Lesen Sie ein Gedicht. Vertiefen Sie sich in die Szenerie, die darin in verdichteter Form zum Ausdruck kommt.

- Machen Sie selbst Musik, mit Ihrer Stimme oder einem Instrument, wenn Sie Freude daran, Talent und Ausdauer haben. Wenn Sie Musik hören, um Muße zu haben, tun Sie nichts anderes nebenher. Lassen Sie Melodie und Rhythmus auf Ihre Seele und Ihren Körper wirken!

 Übung: Sich selbst annehmen können

Diese Übung ist den *Geistlichen Übungen* des Ignatius von Loyola nachempfunden. Hier geht es darum, anhand von Texten immer mehr dem eigenen Leben Raum zu geben, sich selbst immer besser kennenzulernen und schließlich sich selbst annehmen zu können.

Reservieren Sie sich dafür eine halbe Stunde Zeit.

Wählen Sie einen nicht zu langen Text. Das kann ein Gedicht sein, ein kurzer, leicht verständlicher philosophischer Text, ein Prosastück, das Sie anspricht, vielleicht auch ein Zeitungsartikel, der Sie anregt, darüber nachzusinnen.

Gliedern Sie den Text in zwei, drei oder vier Abschnitte.

Das Beispiel: »Wanderers Nachtlied. Ein Gleiches«, von Johann Wolfgang von Goethe

[1] *Über allen Gipfeln*
Ist Ruh,
[2] *In allen Wipfeln*
Spürest du
Kaum einen Hauch;
[3] *Die Vögelein schweigen im Walde.*

[4] *Warte nur, balde*
Ruhest du auch.
Kommen Sie allmählich zur Ruhe.

Lesen Sie sich das Gedicht laut vor.

Malen Sie sich den Schauplatz des Gedichts aus, und versetzen Sie sich selbst in die Szene:

Ein deutsches Mittelgebirge mit mäßigen Höhen, sanft schwingen sich Wälder und Wiesen die Hänge hinunter. Diese sind dicht bewaldet, gelegentlich tut sich eine Lichtung auf.

Sie sitzen wie Goethe am späten Nachmittag auf der Bank vor einer Hütte und schauen über die Baumwipfel in die Ferne, nehmen den Lufthauch wahr, Sie spüren, wie ein leichter Wind über Sie hinwegstreicht, wie sich dieser allmählich legt, und hören zuerst noch das Zwitschern der Vögel.

Mit der heraufziehenden Dämmerung verstummen die Vögel immer mehr. Sie hören das Schweigen des Waldes und verspüren die Ruhe, die sich in Ihnen langsam und doch spürbar ausbreitet.

Lassen Sie die Sehnsucht nach der großen Ruhe zu. Kommt diese erst am Ende des immer allzu kurzen Lebens? Können Sie zwischendurch immer wieder Ruhe finden? Können Sie warten, bis Ruhe einkehrt? Wehrt sich in Ihnen etwas, wenn es zu still, zu ruhig ist? Wenn ja, warum ist das so? Nehmen Sie Unruhe überhaupt noch als solche wahr?

Zum Ende der inneren Schau versuchen Sie noch einmal, das gesamte Panorama zu überblicken und sich Ihre Gefühle und Gedanken bewusst zu machen. Welches Gefühl oder welcher Gedanke ist am wichtigsten? Was ruft er in Ihnen hervor? Zu welchen

Schlussfolgerungen oder Konsequenzen drängt es Sie? Was wollen Sie deshalb konkret ändern?

Schreiben Sie sich diesen Gedanken auf.

Ganz zum Schluss lesen Sie das Gedicht noch einmal laut durch.

REFLEXIONEN Muße und Müssen

»Muße klingt mir zu sehr nach Müssen«, war die Äußerung einer Dame der Münchener Gesellschaft, als sie von der Gründung der Akademie der Muße hörte. Und tatsächlich: Sie hat recht. Nach dem *Duden* ist das Wort »Muße« eng verwandt mit den beiden Wortfamilien »müssen« und »messen«. Letzteres wiederum hängt mit dem Substantiv »Mal« zusammen, das im Deutschen nur noch verwendet wird, um die Wiederholung einer gleichen Lage zu verschiedenen Zeitpunkten anzugeben oder um die Multiplikation auszudrücken: wie manches Mal, einmal, niemals. Mit Mal (Zeitpunkt) war ursprünglich auch identisch das Mahl (Essen), das den dafür festgesetzten Zeitpunkt bezeichnete. Müssen hatte ursprünglich die Bedeutung: sich etwas zugemessen haben. Interessant ist, dass die indogermanische Wurzel »me(d)« (abstecken, messen) in Wörtern steckt wie dem lateinischen *meditari* (erwägen, nachdenken, »meditieren«) und *medicus* (Arzt; eigentlich: klug ermessender Ratgeber). Damit wird ein weites Feld abgesteckt, das mit »Muße« in Verbindung steht.

Muße ist eine vom »Werk«-tag abgemessene Zeitspanne. Man muss sie sich bewusst nehmen, soll sie sich nicht verflüchtigen. Das gilt natürlich auch für den zum Wochenende mutierten Sonntag. Der wöchentliche Feier- und Ru-

101

hetag, der sich aus dem mesopotamischen Kulturkreis über den jüdischen Sabbat bis zum muslimischen Freitag entwickelt hat, droht in seiner Mußefunktion verloren zu gehen, weil die zweieinhalb Tage von Freitagmittag ab (Ver-)Planung erheischen. Ein Tag wie der Sonntag, der noch bis in die Fünfzigerjahre hinein sozusagen ein Alleinstellungsmerkmal als Tag der Arbeitsruhe hatte, konnte noch der »seelischen Erhebung« dienen, wie es im Grundgesetz der Bundesrepublik Deutschland heißt, das diesen Ausdruck aus der Weimarer Verfassung übernommen hat. Die freie Zeit des Wochenendes ist aufgrund der gefühlten Beschleunigung des Lebens zu kostbar geworden, um sie nicht bewusst zu gestalten. Die Zeit nur vergehen zu lassen erscheint als Verlust. Gleichzeitig übernimmt man aber auch für diese freie Zeit das Muster der Taktung aus dem beruflichen Alltag. Hier gilt es, achtsam zu sein und die Zeit der Muße wirklich zu unterscheiden – gerade auch in der Behandlung dieser Zeitspanne, damit sie nicht zu einem weiteren Stressfaktor wird.

Diese Achtsamkeit im Umgang mit der Muße weist darauf hin, dass es tatsächlich Mühe kosten wird, sich diese freie Zeit sinnvoll, stressfrei und erholsam zu erhalten. Der Sinn kann durchaus darin bestehen, sich zu bemühen, einfach nichts zu tun. Manchen Zeitgenossen mag das schwerer fallen, wenn sie es nicht mehr schaffen, Zeit einfach vergehen zu lassen. Hier braucht es – so paradox es klingt – Disziplin und Übung.

Muße kann auch etwas Konfrontatives bekommen – in der Begegnung mit sich selbst. Zeiten der Muße sind Zeiten, um sich selbst kennenzulernen. Meistens wollen wir der Auseinandersetzung mit uns selbst aus dem Weg gehen. Dafür entwickeln wir viele Fluchtmöglichkeiten. »Ein Termin jagt den nächsten, wir simsen, shoppen, planen unsere Reisen, werkeln herum, sitzen vor dem Fernseher oder verschwinden in den unendlichen Weiten des Internet.« (Michael Bordt SJ)

Schon die alten Mönche der Wüsteneinsamkeit kannten diese Fluchtbewegungen. So ermahnt ein Mönchsvater einen Anfänger auf die Frage, wie man ein gutes Leben als Eremit führen könne: »Geh in dein Kellion (Einsiedelei), und setze dich nieder, und das Kellion wird dich alles lehren.« Der französische Philosoph Blaise Pascal drückt das ähnlich aus, wenn er sagt: »Das ganze Elend des Menschen kommt daher, dass er nicht ruhig in seinem Zimmer bleiben kann.« Damit das tätige Leben, die Arbeit, tatsächlich erfüllt erlebt werden kann, müssen wir darauf achten, die Anstrengungen und Anforderungen, die an uns gestellt werden, einigermaßen auszubalancieren. Gegen die zunehmende Beanspruchung durch unsere Aufgaben und andere Menschen müssen wir ein Gegengewicht schaffen.

Der Jesuit Michael Bordt, ein gefragter Managerberater, zitiert dazu einen Heiligen des frühen 17. Jahrhunderts, Franz von Sales, den Bischof von Genf: »Für einen spirituellen Menschen reiche eine halbe Stunde Meditation am Tag, außer wenn er sehr beschäftigt sei, dann müsse er eine ganze Stunde meditieren.«[6] Es geht darum, ein notwendiges Gleichgewicht zwischen Innenleben und Außenwelt zu gewinnen, das uns nicht nur individuell, sondern auch in unserer Kultur immer wieder abhandenzukommen droht.

Jeder für das Wesentliche sensible Mensch erlebt es tagtäglich: Unsere Kultur betont und belohnt im Übermaß das äußere Leben, die Arbeit, die Aktivität und den Erfolg. Stress gehört zum guten Ton. Pater Bordt empfiehlt zwei Wege, um Abstand von sich und damit einen Freiraum zur

Begegnung mit sich selbst zu gewinnen: Selbstreflexion und Selbstwahrnehmung. Ersteres gehöre in den Bereich der Philosophie, Letzteres in den der Spiritualität. Reflexion hat etwas Rationales an sich: Man erklärt sich mit den Mitteln der Vernunft und des Verstandes, wie man warum gehandelt hat oder handeln soll. Die Wahrnehmung gehört in den Bereich der Gefühle, der Affekte und Emotionen. Man erspürt eher mit dem Bauch als mit dem Kopf, was einen wie und warum umtreibt. Wie dem auch sei, für beides braucht man die Muße, also Zeit, die »fern ist von Geschäften« *(procul negotiis)*. Nur dann hat man den Kopf klar, um in der Begegnung mit sich selbst das eigene Leben in die Hand zu nehmen.

Muße und Müssen sind auch in einem anderen Bereich ein ungleiches Paar: in der Zeit des Ruhestands. Obwohl schon das Wort ein Verweilen beinhaltet, »Ruhe-Stand«, hat man oft den Eindruck, es eher mit einem Unruhestand zu tun zu haben. Vielfach ist es auch schwierig für Menschen, die 30, 40 Jahre voller beruflicher Aktivität verbracht haben, von einem Tag auf den anderen »Ruhe geben« zu müssen. Meistens hat man den Termin zwar wahrgenommen, die Konsequenzen, die damit verbunden sind, aber verdrängt. Wer beschäftigt sich schon intensiv damit, zurückzufinden zu einem Zustand, der im Grunde vor dem Eintritt ins Schulalter das Leben bestimmte? Das ist ein radikaler Schnitt und Schritt, der eigentlich sehr viel der Vorbereitung und des Trainings bedürfte. Deshalb ist es auch verständlich, wenn die meisten mit bangem Herzen auf diesen Wechsel in den dritten Lebensabschnitt zugehen. Auf der einen Seite die Freude darauf, den dauernden Druck loszuwerden, der mit der Pflicht der Berufstätigkeit verbunden ist – zumal wenn sie mit Führungsaufgaben verbunden ist. Auf der anderen Seite der Verlust von Gestaltungsmöglichkeiten und dem Gefühl, gebraucht zu werden.

Dazu kommt, dass in unserer Kultur das Selbstwertgefühl sehr stark mit der beruflichen Tätigkeit und dem damit verbundenen Status zusammenhängt. Wenn man jahrzehntelang den Sinn des eigenen Lebens vorwiegend im beruflichen Fortkommen gesucht und gefunden hat, wird es schwierig, die Sinnsuche auf einen Schlag in andere Bahnen zu lenken. Wie kann vermieden werden, dass der Ruheständler das Gefühl entwickelt, ins Nichts zu fallen? Wie kann der Ruhestand zu einer Zeit als Glück empfundener Muße werden?

Dies sind Fragen, die auch mit dem vielfach diskutierten demografischen Wandel gekoppelt sind. Ein Problembereich tut sich da auf, der nicht nur unsere Gesellschaft zunehmend beschäftigen, sondern auch die Unternehmen in die Pflicht nehmen wird. Können wir den Übergang meistern helfen mit Bildung, Sport, Hobbys und anderen Freizeitangeboten? Wo finde und wie führe ich ein sinnvolles, glückendes Leben jenseits der Anspannung durch die Rahmenbedingungen des Arbeitslebens? Diese Frage müsste jeden Menschen ein Leben lang begleiten. Er müsste es lernen, sich immer mit ihrer Beantwortung zu beschäftigen. In einem allmählichen Ausklingen und einem fließenden Übergang vom Arbeitsleben in den Ruhestand könnte ein sich langsam ausbalancierendes, in sich ruhendes Empfinden des Glücks der Muße entstehen.

- Fragen Sie sich bei allem, was an Sie herangetragen wird: Muss ich das tun? Will ich das tun?
- Gönnen Sie sich das Wochenende oder wenigstens den Sonntag als Zeit der »seelischen Erhebung«.
- Bremsen Sie bewusst das Arbeitstempo, wenn Sie sich gestresst oder überfordert fühlen.
- Denken Sie öfter an die Endlichkeit des (Berufs-) Lebens. Bereiten Sie sich bewusst auf den dritten Lebensabschnitt vor.

4 Muße und Achtsamkeit

Bei Muße geht es nicht primär um Nichtstun, Müßiggang oder gar Langeweile, sondern um einen bewussten Abstand zu den Anforderungen der Arbeit, der Familie und des sozialen Lebens. Muße in diesem Sinn kann zwar auch Beschäftigung mit etwas sein oder eine Tätigkeit darstellen, aber diese sind nicht mit jenen Zielen und Anforderungen, die in der Arbeit und oft eben auch in familiären und sozialen Kontexten vorgegeben sind, verbunden. In der Tätigkeit und Haltung der Muße sind wir eher als Lassende, als Empfangende und Gewährende da. Diese Einstellung den inneren und äußeren Ereignissen gegenüber stellt sich aber in den seltensten Fällen automatisch ein. Deshalb muss darauf verwiesen werden, dass sich jene andere Dimension der Wirklichkeit, die wir eben nicht selber herstellen und steuern können, erst dann eröffnet, wenn wir die Haltung der Veränderungs- und Lösungsorientierung, die mit dem üblichen Leben und vor allem mit der Arbeit verbunden sind, einstellen.

Insofern ist Achtsamkeit eine Voraussetzung für die Fähigkeit zur Muße, weil wir über die Achtsamkeit lernen, was die verschiedenen Tätigkeiten des Lebens mit uns tun und welche Formen des Einsatzes oder der Lebensgestaltung wir brauchen, um ausgeglichen und gut leben zu können. Dadurch werden wir auch der verschiedenen Aspekte der Wirklichkeit gewahr. Achtsamkeit ist in diesem Sinn nicht nur eine besondere Art der Wahrnehmung, sondern hat auch mit der Koordinierung der verschiedenen Bereiche unseres Lebens aus einer gewissen Distanz und einer besonderen Geisteshaltung zu tun. Achtsamkeit ist die aufmerksame und vorurteilslose Wahrnehmung dessen, was über die Sinne, die Gedanken und Gefühle in unser Bewusstsein fließt. Sie gibt uns die Möglichkeit, die Entstehung unserer Wahrnehmung zu betrachten und für das, was sie auslöst, Verantwortung zu übernehmen.

Als Thema und Konzept ist Achtsamkeit etwas, das in den letzten Jahrzehnten aus dem östlichen spirituellen Raum in die westliche Kultur gelangte. In den östlichen meditativen Traditionen gehört die Schulung der Achtsamkeit zu den zentralen Übungen für die ganzheitliche Entwicklung. Da man sich in diesen Traditionen vorstellt, dass die Inhalte des Bewusstseins aus jenen Informationen entstehen, die wir über die Sinnesorgane erhalten und durch das Denken erzeugen, lernen wir durch die Übung der Achtsamkeit zu erkennen, dass die im Bewusstsein bearbeiteten Inhalte nicht objektiv sind. Sie sind in der Tat subjektiv, weil sie sich über unsere Steuerung ständig verändern, ständig kommen und gehen. Dies erfahrungsbezogen zu erkennen ist ein großer geistiger Entwicklungsschritt.

Muße ist also eine besondere Form der Achtsamkeit. In der Muße tun wir etwas oder lassen wir etwas, damit wir erleben, dass es jenseits jeder Intention, Leistungs- und Zielausrichtung ein sinnvolles Leben gibt; ein Leben, das unendlich kostbar und schön ist und nicht erst gemacht werden muss.

Die feine Grenze zwischen achtsamer Tätigkeit und Arbeit erzählt Thich Nhat Hanh in der Geschichte »über den Abwasch«: Ein Freund aus den Vereinigten Staaten von Amerika bot Thich Nhat Hanh anlässlich eines Besuches in Frankreich nach dem Abendessen an, den Abwasch zu besorgen. Thich Nhat Hanh meinte, er könne dies gerne machen, er wolle ihm aber zuvor zeigen, wie das zu machen sei. »Meinst du, ich kann nicht Geschirr abwaschen?«, entgegnete der Gast. Darauf Thich Nhat Hanh: »Es gibt zwei Arten, Geschirr zu spülen. Eine, damit man nachher sauberes Geschirr hat. Die zweite Art des Abwaschens besteht darin abzuwaschen, um abzuwaschen.«[1] Das ist ein sprechendes Bild für die Haltung der Muße, die aus der Achtsamkeit erwächst.

Ich denke, dass wir viele Tätigkeiten, die wir in der Arbeit und in der Freizeit ausführen, aus dieser Perspektive reflektieren können. Denken wir doch einmal an das, was wir im Haus, Garten oder Keller immer wieder zu tun haben oder zu tun hätten, jedoch nur erledigen, damit es getan ist, und nicht, weil es uns Spaß macht und wir es gerne tun. Die Haltung, etwas endlich tun zu müssen, gibt der Tätigkeit einen unangenehmen Touch. Unbewusst und irgendwo denken wir: »Das muss ich endlich tun; warum muss ich das tun, das könnte doch wer anders machen; ist das wirklich meine Aufgabe; ich gehe jetzt daran, dann ist es erledigt, auch wenn es mir auf die Nerven geht, gerade deshalb bringe ich es hinter mich.« Diese Gedanken erzeugen Gefühle und eine Erlebnisqualität, die unangenehm sind und uns vom Kontakt zu uns selber, zur Arbeit und zu den Wirklichkeiten, mit denen wir in der Arbeit in Kontakt treten, abhalten.

Wie anders würden wir uns fühlen, wenn wir sagen

könnten: »Oh, das ist toll, dass ich ab und zu etwas anderes machen kann; in der Pflege und Gestaltung meines Lebensraumes pflege und gestalte ich meinen Kontakt zur Wirklichkeit, die ich bin, und zur Wirklichkeit jener Menschen, die zu mir gehören; dadurch, dass ich ganz andere Sachen im Verhältnis zu meiner Arbeit machen kann, kann ich Fähigkeiten und Fertigkeit einüben, die mir guttun und meine Entwicklung unterstützen; ganz in dem zu sein, was ich jetzt tue, erschließt mir ein neues Erleben; eigentlich ist es zweitrangig, was ich tue, wichtig ist, dass ›ich ganz dabei bin‹, und dort, wo dies möglich ist, erlebe ich mich, und geht es mir wahrscheinlich gut.«

Achtsames Leben ist natürlich auch ein Weg, eine Entwicklung. Achtsamkeit bedeutet zunächst, sich zu beobachten und der Erlebnisqualität gewahr zu werden, wenn wir nicht achtsam sind oder waren. Zu spüren, was unachtsames Verhalten und Leben mit uns tut, ist die Voraussetzung dafür, dass wir dies ändern. Weil sich viele Menschen und wohl jeder von uns über kürzere oder längere Phasen hinweg des unachtsamen Lebens nicht bewusst sind, geht es uns oft auch nicht gut, und wir wissen nicht, warum. Wir überfahren die Signale, die uns an ein unaufmerksames Leben erinnern; zum Beispiel unerklärbare Müdigkeit, Unlust, Abwesenheit, Teilnahmslosigkeit, und glauben, dass die anderen oder die Umstände für diese Gefühle verantwortlich sind. Muße als Achtsamkeit bedeutet also, sich der Zusammenhänge und der Verantwortung für die Entstehung beziehungsweise die Gefährdung guten Lebens bewusst zu werden.

Die Bedeutung der Achtsamkeit für ein gutes Leben ist in unserem Kulturkreis neu. Denn in der europäischen Kultur- und Geistesgeschichte war Achtsamkeit als Begriff weder in der Philosophie noch in der Religion, noch in der Spiritualität von Bedeutung. Erst in den vergangenen Jahrzehnten entwickelte sich auf den Gebieten der Spiritualität, der Psychologie, der Pädagogik und der Psychosomatik Interesse am Phänomen und an der positiven Auswirkung von Achtsamkeit. Aus diesem Grund ist es auch spannend, Achtsamkeit und Muße gemeinsam zu reflektieren und dadurch aufzeigen zu können, dass Achtsamkeit der Muße zusätzlichen Sinn und Bedeutung zuweisen kann.

Die Übung der Achtsamkeit *(mindfulness)* kommt aus der buddhistischen Meditationstradition. Achtsamkeit bedeutet, ganz bei der Sache zu sein, die Aufmerksamkeit so zu kontrollieren, dass wir weder bei den Ursachen (warum tue ich etwas?) noch bei den Zielen (wozu tue ich etwas?) unserer Tätigkeiten sind, sondern nur beim Tun an sich. Somit hat Achtsamkeit mit der Fähigkeit zu tun, unsere Gedanken, Gefühle, Verhaltensimpulse und Tätigkeiten, soweit irgendwie möglich, ohne Urteil und Bewertung zu beobachten und vorerst keine Verhaltenskonsequenzen abzuleiten.

Wenn wir die Tätigkeit unseres Geistes beobachten, dann werden wir bald feststellen, dass wir bei Weitem nicht immer achtsam sind, weil wir Gedanken und Gefühle nicht nur nicht beobachten können, sondern sehr oft unbewusst ablaufenden Folgemustern ausgeliefert sind. So lösen bestimmte Gedanken und Gefühle eingeübte unreflektierte Verhaltensweisen aus, die wir mit einem bestimmten Verhalten beantworten. Unkonzentriertheit und Unruhe können wir zum Beispiel mit dem Verhalten, etwas zu essen oder zu trinken, beantworten oder kompensieren. Vielleicht aber möchte unser Körper durch die Signale Unkonzentriertheit und Unruhe ausdrücken, dass er nicht Hunger oder Durst hat, sondern Ruhe oder Bewegung bräuchte. Achtsamkeit bedeutet also, zwischen Gedanken und Gefühlen auf der einen Seite und Verhaltensreaktionen auf der anderen Seite eine Zeit der offenen und kritischen Interpretation dessen, was in uns vorgeht, zu legen und daraus passendere Reaktionen zu entwickeln.

Obwohl Achtsamkeit an sich also einfach ist, ist es nicht leicht, sie zu leben und zu erleben. Unser Geist hat die Tendenz, ständig vorauszuschauen, alternative Handlungen auf dem inneren Schirm zu haben und viele Dinge gleichzeitig tun oder im Auge behalten zu wollen. Muße ist das Unterbrechen dieses ständigen Antreibens, das ein ziel- und leistungsorientierter Geist auslöst. Dieser Geist hat Ausnahmesituationen, wie sie in Flucht, Angriff oder Verteidigung entstehen, zur alltäglichen Anforderung erhoben. Achtsamkeit und Muße sind Einsatz und Arbeit gegen diese Kultur.

Wenn wir diese Art der Muße lernen wollen, ist eine der ersten Fragen, die wir uns stellen müssen, ob wir Gedanken beobachten können, ohne sie beurteilen zu müssen. Diese Fähigkeit verhilft uns nicht nur zu einer immer tieferen Eigenwahrnehmung, sondern unterstützt uns auch dabei, andere Menschen echter wahrnehmen und bedingungsloser annehmen zu können. Eine unmittelbare Folge davon wird bei uns und bei den Menschen, denen wir begegnen, das Gefühl sein, dass wir in Kontakt sind. Muße als Achtsamkeit führt auch dazu, Gefühlen ihre Energie zu lassen, sie wahrzunehmen, ohne Negatives sofort vertreiben und Angenehmes halten zu wollen. Dies setzt die Bereitschaft zur Pause und zum zunächst konsequenzlosen Hinschauen und Hinfühlen auf das, was sich in uns und um uns gerade abspielt, voraus.

Über kurz oder lang führt Muße dazu, dass wir unsere

Gedanken und Gefühle einerseits nicht überbetonen und ihnen andererseits trauen, ohne sie zu verdrängen oder ihnen gegenüber gleichgültig zu sein. Wenn wir dies nicht tun, lassen wir unter anderem die öffentliche Meinung, die Medien oder irgendeine andere Autorität unsere innere Erfahrung beurteilen. Doch eigentlich kann die Bedeutung von Gedanken und Gefühlen niemand besser beurteilen als wir selber. Um dies aber tun zu können, brauchen wir etwas Schulung, Geduld und Mut.

So hat Muße als Achtsamkeit damit zu tun, den Wert des Nichtstrebens zu entdecken. Denn aus dem Nichtstreben entwickelt sich Sein, aus dem Streben Tun. Unbewusst denken wir ja vielfach, dass wir nur dann sinnvoll leben, wenn wir etwas tun beziehungsweise nach etwas streben. Ich glaube, dass es diese Einstellung zum Leben ist, die bewirkt, dass wir meinen, ständig aktiv sein zu müssen, um wertvoll zu sein.

In Buch *Sein oder Haben* – der treffsichere Titel ist übrigens einer Predigt des mittelalterlichen Mystikers Meister Eckhart entnommen – weist Erich Fromm auf die sinn- und lebensstiftende Bedeutung des Seins als Gegensatz zur Mentalität des Habens und des Tuns hin. Das Gespür für die Dimension des Seins und für unseren Wert – unabhängig von dem, was wir tun und haben – erschließt offensichtlich vor allem das Nichtstreben und damit die Haltung der Muße.

Was uns im Alltag zum Problem werden kann, ist der Druck der Überforderung und der ständigen Anforderungen. Dieser Druck bringt uns in eine Art Außen- und Alarmperspektive, die uns daran hindern, bei uns zu sein und unsere Gefühle und die innere Welt wahrnehmen zu können. Genau das fordert und ermöglicht die besondere Form der

Muße: die Achtsamkeit. Das Ziel der Achtsamkeit ist, die verschiedenen Wahrnehmungsbereiche in der Erfahrung zu vereinen; das ist ein Erleben, in dem ich spüre, dass Körper, Geist und Seele im Erleben eins sind. Sicher ist dieser Umgang mit der Wirklichkeit, der im Normalfall nur zeitweise erlebt werden kann, leichter zu beschreiben oder zu fordern, als die Voraussetzungen zu schaffen, ihn zu erleben.

Aber Achtsamkeit wird vielfach nur als eine besondere Form der Aufmerksamkeit gesehen. Dies ist aber eine Verengung der ursprünglichen Bedeutung. Achtsamkeit ist die Übersetzung des Wortes *sati* aus dem Pali oder *smṛti* aus dem Sanskrit. Diese Worte beinhalten weit mehr als »Bewusstheit für den gegenwärtigen Augenblick«[2]. Sie haben von der Bedeutung her mit weiser Lebenshaltung und Weisheit zu tun und geben dem Konzept der Muße eine besondere Weite und Tiefe.

»Die Fähigkeit, die umherwandernde Aufmerksamkeit immer und immer wieder zurückzuführen, ist der eigentliche Ursprung des Urteilvermögens, des Charakters und des Willens. Niemand ist Herr seiner selbst, wenn er diese Fähigkeit nicht hat. Bildung, welche die Entwicklung dieser Fähigkeit als Ziel hat, ist Bildung par excellence. Aber es ist leichter, dieses Ideal zu beschreiben, als praktische Hinweise zu liefern, es zu erreichen.«[3]

Als William James 1890 diese Gedanken niederschrieb, war er nicht gewahr, dass es genau dafür im Osten eine damals mindestens 2000 Jahre alte Tradition gab. Die Übung der Achtsamkeit als ständige Rückführung der Aufmerksamkeit auf einen Punkt oder ein Thema beruhigt den Geist, weil er durch das Verhindern des ständigen Wechsels der Konzentration auf verschiedene Themen entschleunigt wird und dadurch Energie gewinnt. Offensichtlich gibt es eine Energie, die sich in Bewegung ausdrückt, und eine, die als Konzentration erfahrbar wird.

Der Geist oder die Seele, die in dieser Weise beruhigt sind, haben nicht nur die Bewegung eingeschränkt und sind gesammelt. Laut buddhistischer Tradition, Überzeugung und Erfahrung löst dieser Zustand innerer Stille auch das Gefühl von Glück, Harmonie, Zufriedenheit und Freude aus. Muße mit diesen Aspekten zu verbinden löst andere Wahrnehmungen und Bedürfnisse im Zusammenhang mit der Pflege der Muße aus.

Es geht also darum zu erkennen, vor allem aber zu erproben und zu erfahren, dass die entspannte Achtsamkeit, welche sich von der Ziel- und Leistungsorientierung, die unsere Verpflichtungen bei der Arbeit, für die Familie und für unsere sozialen Tätigkeiten mit sich bringen, abhebt, einen besonderen Zustand des Friedens und der inneren Harmonie auslöst.

Meines Erachtens muss diese Form der Muße verstanden, gewollt, geplant und geübt werden. Dabei kann natürlich die Frage aufkommen, ob die Planung und die Zielgerichtetheit, die damit einhergehen, dem Wesen der Muße nicht widersprechen. Ich glaube, dass man nur die Zeit und die Form dieser Muße planen muss, ohne die Wirkung direkt anzusteuern; Letzteres würde dem Geist der Muße nicht entsprechen und die Wirkung verhindern. Wenn man aber eine Parallele zum Ursprung dieser Art von Achtsamkeit herstellen will, muss einfach festgehalten werden, dass das innere Training *(samatha)*, welches nach buddhistischer Erfahrung die Beruhigung der Seele und des Geistes bewirkt, eben nicht nur oder auf alle Fälle eintritt, wenn man nichts tut, Zeiten ohne Stress und Ziele einbaut, sondern wenn man diese besondere Form der Achtsamkeit versteht, will und übt. Das Ergebnis oder die Erfahrung kann dabei nie erwartet oder direkt angestrebt werden, sondern stellt sich mit der Übung ein. Wenn wir die Vorgaben dieser Form der Muße oder Achtsamkeit einmal erkannt und angenommen haben, finden wir sicher unzählige Wege und Möglichkeiten für deren Verwirklichung.

Zum Beispiel kann Meditation eine Form dieser Muße sein, inzwischen üben sehr viele Menschen eine ihrer vielen verschiedenen Formen aus. Insgesamt geht es bei der Meditation darum, die unkontrollierte, oft sogar zwanghafte Beschäftigung mit unseren Sorgen, Ängsten und Bedürfnissen zu erkennen und sich, mindestens eine Zeit lang, von diesem inneren Zustand zu lösen.

Die besorgte Beschäftigung mit dem, wovor wir Angst haben, mit dem, was wir verhindern wollen, oder dem, was wir unbedingt herbeisehnen, ist eine Phantasie oder ein Produkt unseres Geistes, die mit der Wirklichkeit nichts zu tun haben. Wie oft fürchten wir, dass etwas eintreffen könnte; wie oft meinen wir, wir müssten dieses oder jenes haben oder sein; wie oft möchten wir etwas verhindern. Im Nachhinein – oft nach Tagen oder Wochen – stellt sich heraus, dass die Gedanken und Gefühle, die mit diesen Wünschen, Sorgen oder Ängsten verbunden waren, mit dem Thema oder der Sache an sich nichts zu tun und deshalb keinen Einfluss auf deren Entwicklung hatten.

Meditation ist grundsätzlich die gewollte und zeitlich begrenzte Abwendung von der Dringlichkeit der Gedanken, der Gefühle und des Alltags. Meditation hat mit der jahrtausendealten Erfahrung zu tun, dass die kleine Welt unserer Alltagswahrnehmung von einer weiten und großen Wirklichkeit getragen ist. In der Stille und Beruhigung des Inneren treten wir in Kontakt mit dieser weiten Wirklichkeit. Dieser Kontakt löst nicht unbedingt besondere Gedanken oder Gefühle aus, sondern ist mit einer Wahrnehmung verbunden, die sich eher als Ahnung, Intuition oder Offenbarung darstellt.

Die Meditationsforschung behauptet sogar, dass Meditation eine tiefere Beruhigung auslösen kann als Schlaf. Ihren Erkenntnissen zufolge sind wir vielfach auch im Schlaf von den Gedanken und Gefühlen, die uns im Tagesbewusstsein beschäftigen, umgetrieben. Darauf verweisen die Träume, die – zwar nach ganz eigenen Gesetzmäßigkeiten – vielfach das spiegeln, womit wir uns im Alltags- oder Wachbewusstsein beschäftigen. Die Meditation zielt auf eine Beruhigung oder Steuerung des inneren Antreibers, und das ermöglicht nach entsprechender Übung Phasen, oft nur Augenblicke, in denen wir mit einer anderen Tiefe, Weite oder Höhe der Wirklichkeit verbunden sind. Diese auch nur kurz oder als Ahnung zu erleben genügt oft, um die Alltagsgedanken und Alltagsgefühle, die uns belasten, zu entkräften.

Ähnliche Erfahrungen wie die Achtsamkeit in der Meditation kann die bewusste Konzentration auf die Natur ausdrücken. Sich ganz der Wärme der Sonne hinzugeben, ihr Aufgehen oder Untergehen zu betrachten, dem Wind oder dem Brausen des Meeres zu lauschen, in den Nachthimmel zu schauen und sich der Weite des Alls bewusst zu werden sind Erfahrungen, die uns, ähnlich wie die Meditation, von den kleinen Sorgen, Ängsten und Bedürfnissen wegführen können.

Solche Erfahrungen als Zeiten achtsamer Muße zu planen verhilft uns natürlich eher, in den Zustand der Gelassenheit oder der Erweiterung unserer Wahrnehmung hineinzukommen, als wenn wir das Eintreten solcher Erlebnisse dem Zufall überlassen. Innere Stille ist ein Geschenk, es wird aber eher jenen zuteil, die sich danach sehnen und ihr Möglichstes für sein Eintreten tun, als jenen, die es dem Zufall überlassen.

Den Zustand der inneren Achtsamkeit und Beruhigung lösen auch andere Tätigkeiten aus, etwas das Malen, das Musizieren und eigentlich fast alle Formen der künstlichen Betätigung und viele praktische Arbeiten im Haus, im Garten oder in der Natur, wenn sie nur mit der richtigen Einstellung verrichtet werden. Weil wir die Beruhigung oder das Stillen der Seele durch die Meditation, die Begegnung mit der Natur oder die künstlerische Betätigung brauchen, setzen wir uns der Natur und der Wirkung des Kunstschaffens oft vielfach unbewusst aus, während Meditation eine gezieltere Achtsamkeitsform oder Übung der Muße darstellt.

Einsicht – *vipassanā* – ist die Übung des so tief wie möglichen Beobachtens, Erforschens und Erkundens der inneren Erfahrung, um den Übenden durch Weisheit und Verstehen von den Fesseln des Leidens – *dukkha* – zu befreien.[4] Die Interpretation von Achtsamkeit aus buddhistischer Sicht erfordert eine immer genauere Aufmerksamkeit auf das, was Achtsamkeit alles bedeutet. Kritiker bemängeln ja vielfach, dass der Begriff der Achtsamkeit vielfach als reines urteilsfreies Beobachten der inneren Erfahrung verstanden wird. Dies ist aber nur die erste Stufe und erschließt noch nicht den eigentlich tieferen Sinn von Achtsamkeit: nämlich die Beruhigung des Geistes und die innere Erkenntnis. Letztere ist es, die laut Buddha die Wurzeln des Leidens bewusst macht, während die Beruhigung nur dessen momentanes Erleben schwächt oder eben beruhigt.[5]

Wenn wir mit der Betrachtung der Muße als Achtsamkeit fortfahren, dann sehen wir mehr und mehr, wie aktiv und engagiert – deshalb aber nicht anstrengend oder streng – diese Form der Muße sein muss.

Muße als Achtsamkeit ist nur in der Freizeit beziehungsweise in einer extra reservierten Zeit möglich. Denn die Beobachtung des inneren Geschehens in seiner Tiefe erfordert wirklich unsere ganze Aufmerksamkeit und eine bestimmte Form der Distanz in der Betrachtung. Das Erforschen und Erkunden des inneren Erlebens bedingt, dass wir hinter die Dinge zurückschauen und zurückspüren. Ohne selber aktiv zu sein, zu urteilen und verstehen zu wollen, erschließt sich dem, der Achtsamkeit auf diesem Niveau übt, das, was hinter den Dingen liegt, was die Erfahrung erzeugt.

Für diese Übung der Muße ist die Meditation in besonderer Weise geeignet. Aber auch die anderen Formen meditativer Achtsamkeit, wie ich sie oben beschrieben habe, sind für die tiefere Form von Achtsamkeit offen. Ich kann mich zum Beispiel in der Natur ganz dem Erleben und dem Kontakt hingeben; ich kann nach einiger Zeit aber auch fragen und beobachten, was das mit mir tut, welche Gefühle Sonne, Wind, Himmel oder Nacht auslösen, und dann, was hinter diesen Gefühlen und Gedanken liegt, welche Sehnsucht sie auslösen und was hinter der Sehnsucht liegt; welche Freude sie bewirken und was hinter der Freude liegt.

Diese Vertiefung der Achtsamkeit kann auch im Zusammenhang mit künstlerischer, musikalischer oder praktischer Aktivität gemacht werden. Nicht nur zu erkennen, dass eine bestimmte Tätigkeit, mit einer gewissen Einstellung ausgeführt, guttut, zur Mitte führt, gelassener macht; sondern zu fragen, was dieser Zustand in mir bewirkt und mit mir tut.

Muße als Achtsamkeit erfordert, wie aus diesen Ausführungen sichtbar wird, eine bestimmte Aufmerksamkeit, vielleicht eine bestimmte Fähigkeit und bestimmte Vorlieben. Nicht alle Formen der Muße sind für alle geeignet; aber jeder Mensch hat seine Kanäle und Wege zur Muße. Sich der spezifischen Bedeutung der Muße bewusst zu werden ist gerade für den modernen Menschen eine sehr wirksame Hilfe, Erfahrungen zu machen, die das Leben entlasten, bereichern und ihm einen Sinn geben. Darin liegen letztlich auch die Funktion und die Verheißung von Muße.

 Übung: Achtsamkeit als Muße

Nehmen Sie sich bitte etwa eine halbe Stunde Zeit. Suchen Sie sich einen ruhigen Ort in Ihrer Wohnung oder in der Natur. Sie sollten auf alle Fälle nicht gestört werden.

Setzen Sie sich hin, schließen Sie die Augen, atmen Sie einige Male ruhig ein und aus, und spüren Sie, wie Sie bei jedem Ausatmen ruhiger und ruhiger werden. Genießen Sie die Erfahrung der Ruhe und des Bei-sich-Seins.

Erinnern Sie sich an eine Arbeit oder eine Aufgabe, die Sie in der letzten Zeit zu erledigen hatten und die Ihnen schwergefallen ist; die Sie vielleicht lange schon aufgeschoben haben, schlussendlich aber erledigen wollten oder mussten.

- Warum, glauben Sie, war die Erledigung dieser Aufgabe so schwer und unangenehm?
- Hatte das mit der Umgebung zu tun, in der die Arbeit zu erledigen war?
- Mit der Gegenwart von Menschen, mit denen Sie sich schwertun?

- Ist die Aufgabe an sich sehr anspruchsvoll, sodass Sie sie meistens überfordert und Sie sie deshalb so weit wie möglich hinausschieben?

Wenn Sie all diesen Fragen nachgehen, werden Sie mehr und mehr verschiedene Dimensionen dieser Erfahrung unterscheiden können:

- den Kontext, innerhalb dessen die Arbeit erledigt werden muss;
- die emotionale Atmosphäre, die Sie mit Arbeit und Kontext verbinden;
- das eigene Erleben, das von Kontext und Atmosphäre trennbar wahrnehmbar ist.

Meistens erleben wir diese Dimensionen der Wirklichkeit ineinander verwoben, unreflektiert und unbewusst und in der Vorstellung, dass wir dies nicht ändern können.

In Wirklichkeit aber haben wir immer die Möglichkeit, unsere Position, unsere Wahrnehmung und Intention innerhalb einer Erfahrung zu filtern.

Wenn Sie einmal nur Ihre Einstellung zu dieser Arbeit oder Aufgabe an sich reflektieren und alles andere – nur für diese Zeit und versuchsweise – aus der Wahrnehmung streichen, dann werden Sie mit großer Wahrscheinlichkeit einen anderen Zugang zu dieser Arbeit erhalten.

Wenn Sie nur sich und die Erledigung der Arbeit wahrnehmen; wenn Sie sich den persönlichen Bezug zur Arbeit vergegenwärtigen; wenn Sie diese Arbeit einmal ohne den emotionalen Rahmen, der durch die Tatsache entsteht, dass die Arbeit irgendwo hineingequetscht und dadurch auch entwertet und entwürdigt wird, ansehen, dann entwickelt sich ein anderes Gefühl. Vielleicht und wahrscheinlich erleben Sie dann das, was Übende der Achtsamkeit oft erleben: »In dem Augenblick, in dem man etwas seine ganze Aufmerksamkeit schenkt, und sei es nur ein Grashalm, wird es zu einer geheimnisvollen, erstaunlichen, nicht beschreibbar herrlichen Welt, und das ändert unsere Wahrnehmung davon radikal.«[6]

ERFAHRUNGEN **Rund um die Uhr**

Plötzlich atmete Julia nicht mehr. Vor wenigen Minuten hatte Maren Wetter* ihre 14 Monate alte Tochter noch entspannt durch die Straßen des Dorfs geschoben, in dem sie wohnten, mit dabei ihre zweite Tochter Anna, drei Jahre alt. Alles schien normal, Anna war vergnügt, und Julia hatte im Kinderwagen die ganze Zeit ruhig geschlafen. Dann fing sie plötzlich zu zucken an, irgendetwas stimmte nicht, dachte Maren, vielleicht wieder mal eine Bauchkolik. Sie hielt den Wagen an, legte die Bremse ein und hob das Tuch empor, das sie wie immer mit einer Wäscheklammer an den Schirm des Wagens geklebt hatte als Schutz vor der Sonne.

Dass Maren so rasch nach dem Rechten schaute, war Julias Glück: Das Kind zuckte am ganzen Körper, ihre Zunge hing ihr aus dem Mund. Maren griff rasch nach ihrer Tochter und holte sie aus dem Wagen. Da atmete sie schon nicht mehr. Maren war klar: Notarzt sofort! Nur wie? Sie stürzte auf das nächste Haus zu, um zu telefonieren, ihre zweite Tochter, die hingefallen war und bitter weinte, ließ sie erst einmal zurück. Doch bevor Maren am Gartentor ankam,

* Name geändert.

war eine Nachbarin bei ihr, die die Situation beobachtet haben musste. Sie nahm ihr das Kind ab und brachte Maren von der ersten Panik zurück auf den Boden der Tatsachen: In der Tasche ihrer Jeans steckte das Handy, über das sie nun den Notruf absetzte. Als der Krankenwagen bald darauf eintraf, atmete Julia bereits wieder, etwa eine knappe Minute musste sie ausgesetzt haben.

Wenig später waren Maren und Julia wieder einmal im Krankenhaus ihrer Kreisstadt, mehr als eine Woche lang, um alle möglichen Ursachen für den Atemstillstand auszuschließen. Am Ende entpuppte er sich glücklicherweise als ein Fieberkrampf, wie er bei kleinen Kindern vorkommen kann, ohne weiteren Befund. Es war nicht ihr erster Klinikaufenthalt: In den ersten zwölf Monaten ihres Lebens war Julia bereits wegen ihres schlechten Blutbilds eingehend untersucht worden und weil sie zu wenig Gewicht zulegte, sich offenbar recht verzögert entwickelte. Die Ärzte und die Eltern wollten jedwede krankhafte Störung ausschließen.

Für Julia war das keine schlechte Zeit, denn an diesen Tagen und in diesen Nächten hatte sie ihre Mama ganz für sich. Dafür fehlte Maren ihrer zweiten Tochter, die zu Hause beim Papa war. Zwar kümmerten sich die beiden Großmütter tagsüber rührig um ihre Enkelin, wenn Frank arbeiten war. Abends nahm sich der Papa immer viel Zeit für Anna, dennoch weinte das Mädchen in diesen Tagen viel, weil sie ihre Mama so vermisste. Maren bat also eine der Großmütter tagsüber ins Krankenhaus und fuhr stundenweise nach Hause, um ihrer älteren Tochter auch die Zuwendung zu geben, die diese so dringend benötigte. An beiden Orten gleichzeitig zu sein, zu Hause und in der Klinik, vermochte sie freilich nicht.

Julia und Anna waren für Maren und ihren Mann Frank

die Erfüllung eines sehr lange unerfüllten Kinderwunsches. Maren war bereits 38, als sie mit Anna schwanger wurde, und sie hatte eigentlich nicht mehr damit gerechnet. Frank und sie hatten sich bereits über Adoption informiert, wegen ihres Alters auch aus dem Ausland. »Dass ich noch Kinder bekommen durfte, ist mein ganz großes Lebensglück«, sagt Maren, »das gibt allem eine ganz neue Richtung.« Was das Muttersein ihr aber tatsächlich Tag für Tag abverlangte, konnte Maren, obwohl sie beruflich viel mit Kindern und Müttern zu tun hatte, nicht ahnen. »Die Mädchen fordern mich rund um die Uhr, von sehr früh am Morgen bis zum Abend bin ich fast ununterbrochen für sie da, seit dreieinhalb Jahren.«

Die beiden Mädchen haben ihre Mutter gerade in Beschlag genommen: Julia sitzt auf dem linken Oberschenkel und zupft an Marens langen Haaren, Anna turnt auf der Bank herum und hängt ihrer Mutter jetzt am Rücken, die Arme um den Hals geschlungen. Den Kindern scheint es nicht recht zu passen, dass sich ihre Mutter mit jemand anderem beschäftigt. Julia quietscht laut, wie sie es zurzeit häufig tut, mit ihrem Mund direkt am Ohr der Mutter. Maren lächelt milde: »Komm, schrei nicht so.« »Nein, das ist für mich kein Stress, was meine Mädels von mir wollen«, sagt Maren, »dafür bin ich ja Mutter geworden, und die allermeiste Zeit ist es unglaublich schön mit ihnen, ich genieße jede Minute.«

Kinder als Entspannungsmoment? Fast scheint es so, wie die drei vor dem riesigen Panoramafenster ihrer geräumigen Wohnküche sitzen, durch das sie die halbe Siedlung überblicken können. Dabei gibt es wirklich üble Tage: etwa wenn beide Kinder und mit ihnen ihre Mutter in der Nacht wenig geschlafen haben und die beiden Mädchen schon vor

Morgengrauen mehr oder weniger laut vor sich hinjammern und aufstehen wollen. Maren akzeptiert das im Prinzip, aber nur ab einer gewissen Grenze: »Vor fünf Uhr wird bei uns nicht aufgestanden, das haben wir so festgelegt. Und in der Nacht mit den Kindern im Bett herumliegen und spielen, wie die sich das manchmal vorstellen, das gibt es auch nicht, sonst kommen wir ja gar nicht mehr zum Schlafen.«

Nach einer unruhigen Nacht sind die Kinder morgens oft knatschig und enorm anhänglich, sodass Maren es kaum schafft, ein vernünftiges Frühstück zuzubereiten. Tagsüber melden sie dann alle Nase lang ihre Bedürfnisse an, haben Hundert Spielideen und fordern für jede die Mama. Am Ende liegt oft alles, was das Kinderzimmer hergibt, auf dem Boden der Wohnung verteilt. An solchen Tagen bleiben nahezu alle Aufgaben des Haushalts liegen, oft schafft es Maren nicht einmal nachmittags, wenn die Kinder schlafen, mit dem Staubsauger rasch durch die Wohnung zu gehen. Und wenn die Mädchen abends im Bett sind, dann fällt Maren meist wenige Minuten später einfach nur todmüde selbst ins Bett mit dem Wissen, dass sie in wenigen Stunden wieder von einem Schreien geweckt werden kann, weil eine der beiden einen schlechten Traum hat oder einfach den Wunsch nach den Eltern.

»Meine ganze Aufmerksamkeit gilt den Kindern«, sagt Maren, »und das ist auch richtig so.« Im Umgang mit den Mädchen wirkt sie entspannt, gelassen, konzentriert. Wie alle Kinder versuchen auch die beiden längst, die Grenzen auszutesten. Maren wirkt dabei sehr aufmerksam, sie hat offensichtlich ihre Erziehungslinie gefunden und verfolgt sie mit freundlicher Konsequenz. »Ich bin zuallererst Mutter, alles andere ist nicht ganz so wichtig.« Sie kennt Mütter, die, wenn sie unter sich sind, davon reden, dass sie ihre

Kinder manchmal »an die Wand klatschen könnten«. »Ich kann absolut nicht verstehen, wie manche Mütter von ihren Kindern reden. Ich will meine Kinder doch nicht einfach irgendwie ruhigstellen, wenn sie auch mal lästig sind. Gerade dann will ich für sie da sein!« Kinder zu erziehen sei eben ein Fulltime-Job – und eine Grundsatzfrage: »Will ich meine Kinder nebenher erziehen, oder will ich sie zwar nicht verhätscheln, aber doch immer ein Ohr für sie haben?«

Gleichzeitig ist es Maren sehr wohl bewusst, dass ihre Vorstellung von Kindererziehung oft genug zulasten anderer Dinge geht, zwangsläufig gehen muss. Vieles bleibt liegen, einiges seit Monaten schon, und das macht Maren immer wieder zu schaffen: »Stress entsteht für mich dann, wenn ich so unter Zeitdruck gerate, dass ich Dinge nicht schaffe, die gemacht gehören. Weil es einen Termin gibt, wir etwas vorhaben oder sich etwas schon viel zu lange aufgestaut hat.«

Ein Beispiel dafür sind die Bauarbeiten im Haus, die sich schon Jahre hinziehen. Die Wohnung der Familie im Haus der Schwiegermutter hatte sich für die wachsende Familie als zu klein erwiesen, daher beschlossen sie, sie mit der darüberliegenden Einliegerwohnung zu verbinden. Dass die Arbeiten noch nicht abgeschlossen sind, hat zum einen mit Baupfusch einer ausführenden Firma zu tun. Es gab Streit, die ausführende Firma musste nachbessern, die Auseinandersetzung darüber ist noch nicht beendet, verzögert den Fortgang und belastet das Paar.

Dass sich der Durchbruch zur oberen Wohnung, wo künftig die Kinder- und Schlafzimmer eingerichtet werden sollen, so lange hinzieht, hat allerdings auch mit einem sehr persönlichen Thema Marens zu tun: Sie müsste dafür ihr Zimmer ausräumen. Was sich so einfach anhört, fällt ihr unheimlich schwer. Denn in dem kleinen Raum stapeln sich in Regalen, Schränken, Kisten und Kartons Unterlagen von mindestens 20 Jahren. Seit Jahren nimmt sie sich vor, in dem wenige Quadratmeter großen Zimmer für Ordnung zu sorgen. Immer wieder hat sie angefangen mit dem Ausmisten, Wegwerfen und Aufräumen der Kisten voller Fachbücher und -artikel, Aufzeichnungen ihrer Ausbildung, Zeitschriften, persönlicher Dinge.

Doch seit sie Mutter ist, geht gar nichts mehr, und der Raum füllt sich immer weiter. »Es ist oft so, dass ich wichtige Unterlagen suche und nicht mehr finde. Ich weiß genau: Sie müssen irgendwo in diesen Kisten sein. Dieses Zimmer belastet mich sehr und macht mich oft nervös.« Mit dem Wegwerfen hat sich Maren schon immer schwergetan, seit sie die Mädchen hat, geht gar nichts mehr. Ordnung, immer wieder das Thema Ordnung! Im Kopf ist Maren Perfektionistin, in manchen Bereichen des Alltags ist sie ein ganzes Stück davon entfernt, und das setzt sie manchmal enorm unter Druck.

Es ist ja nicht nur ihr Zimmer: So vieles sieht sie Tag für Tag, was im Haus gemacht werden müsste, und sie kommt doch nicht dazu. Immer wieder plant sie neue Ordnungssysteme: für die Kinderzimmer, die alten Fotos, den völlig vollgerümpelten Keller. Den Balkon wollte sie in diesem Jahr auch schön bepflanzen, jetzt ist es Ende Mai und eigentlich schon viel zu spät, hinten im Eck stehen noch die eingetrockneten Pflanzen aus dem letzten Jahr. »Das sind meine Stressthemen, und ich kann nicht sagen, dass sie weniger werden, irgendwie muss ich das schaffen.«

Dabei weiß Maren, dass sie eigentlich kürzertreten müsste, nur wo? Und wie? Den Kindern sagen, zeigen: Ich habe keine Zeit für euch? Das kommt für sie als Mutter nicht infrage. Doch sie spürt zunehmend, wie erholungsbedürftig sie nach den dreieinhalb Jahren Kinderkriegen und Kinderhaben inzwischen ist. Wie sehr ihr Körper unter der Daueranspannung leidet, sodass sie an einer Grenze angekommen ist. In den letzten Monaten war sie häufiger krank, als sie es sich als Mutter eigentlich erlauben kann. Sie hatte mehrmals Infektionen mit Fieber, einmal eine Blinddarmreizung, einen eitrigen Zahn – und immer wieder Rückenschmerzen, wie sie es früher nie kannte.

Maren weiß, dass ihr zunehmend Momente fehlen, die sie für sich hat, die ihr wieder Kraft geben können. »Ich kann mich gar nicht mehr erinnern, wann ich zu so etwas wie Muße das letzte Mal Zeit hatte, das muss in der ersten Schwangerschaft gewesen sein, als ich schon nicht mehr arbeitete, da hatte ich viel Zeit für mich.« Früher trank Maren nach dem Mittagessen wahnsinnig gern in aller Ruhe einen Becher Kaffee. Sie hat sogar eine Sammlung dieser Gefäße aus aller Welt im Schrank stehen, nutzt sie allerdings kaum mehr. Auch die Lokalzeitung, die die Familie nach wie vor im Abonnement hat, bleibt meistens ungelesen. Manchmal nimmt sie die Zeitung abends mit ins Bett, schläft aber jedes Mal schon nach wenigen Überschriften ein.

Auch zum Joggen ist Maren, seit sie Kinder hat, nicht mehr gekommen – früher lief sie jeden Tag durch die Wälder und über die Wiesen der Umgebung: für körperliche und geistige Fitness, um aufzutanken und den Kopf durchzupusten. Früher malte sich auch gern, belegte an der Volkshochschule Kunstgeschichte- und Philosophiekurse. Sie bastelte oft kleine Dinge für Freunde, tauschte Briefe aus mit Menschen, die ihr wichtig waren, und telefonierte häufig mit dem Bruder. Selbst dazu kommt sie manchmal nicht mehr.

Ihr Bruder hat ihr schon zur Geburt des ersten Kinds vor fast vier Jahren eine Reise nach Paris geschenkt: wo sie noch nie war und wohin sie unbedingt mal will. Alle paar Monate fragt er, selbst kinderlos, ein wenig verwundert nach, wann sie nun fahren wolle. Bislang hat Maren sich noch nicht zu einem Termin durchringen können.

Am besten entspannen konnte Maren sich in ihrem Leben vor den Kindern bei Bergwanderungen in den Chiemgauer Alpen. Meistens startete sie im Morgengrauen, gern ganz allein. Zum Sonnenaufgang war sie längst am Berg, am späten Vormittag auf dem Gipfel, wo alle Sorgen verschwunden waren, wie weggeblasen. »Ich habe mich einfach hingesetzt und nur geschaut. Der Kopf war ganz frei von Aufgaben, Pflichten, Terminen, Plänen. Diese Stunden auf den Bergen waren meine Muße.« Danach der Abstieg, die Heimfahrt, das wunderbar wohlige Gefühl des Entspannens von Körper und Geist. Wie gern sie wieder einmal in die Berge gehen würde!

Maren ist pragmatisch genug, um nicht in sentimentales Schwärmen zu verfallen: »Bergsteigen geht jetzt halt noch nicht, mein Gott, bald sind die Mädchen groß genug, dass sie mitkommen können.« Außerdem hat die junge Mutter unlängst eine andere Form von Muße entdeckt, die genau in die Lücke passt, die ihre Familie ihr lässt: Sie hat angefangen zu stricken. Schon vor ihren Kindern hatte sie sich mehrmals in diesem Handwerk versucht, das sie von ihrer Großmutter gelernt hatte, einer leidenschaftlichen Strickerin.

Schon in der Schwangerschaft hatte Maren angefangen, für die Kinder etwas zu stricken, doch erst unter der Belastung des Alltags mit den Mädchen entdeckte sie, wie gut ihr das Stricken tut. Meistens abends, wenn Anna und Julia dann endlich im Bett sind, sitzt Maren jetzt vor dem Fernseher und zählt Maschen: von Socken, Mützen, Eierwärmern. »Großprojekte« wie Pullover traut sie sich noch nicht zu, sie fürchtet, damit nicht fertig zu werden. »Es geht mir auch gar nicht so sehr ums Ergebnis. Stricken ist für mich wahnsinnig entspannend, weil ich dabei an nichts anderes mehr denken kann. Es ist, als ob ich durch das dauernde Zählen den Rechner in meinem Kopf ausschalten kann.« Ein neues Mußeprojekt hat Maren auch schon im Kopf: Sie will ihren Kindern etwas nähen.

5 Mit Entschleunigung technologische Entwicklungen bewältigen

Vom griechischen Philosophen Protagoras (er lebte im 5. Jahrhundert vor Christus) stammt der Satz: »Der Mensch ist das Maß aller Dinge.« Über diesen Lehrsatz ist viel diskutiert worden. Fromme Menschen haben daran kritisiert, dass damit der Mensch über Gott erhoben werde, der ihm doch sein Maß gegeben habe. Protagoras wurde der Überheblichkeit bezichtigt. Der österreichische Staatstheoretiker Leopold Kohr interpretierte die Aussage folgendermaßen: »Dem Menschen muss alles angepasst werden: sein Haus, sein Eigentum, seine Institutionen, sein Staat, seine Ziele. Und da der Mensch eben klein ist, heißt das, dass alles, was er schafft, beschränkt sein muss, dass alles seine Grenzen hat.«

In der Euphorie der Entwicklung der Naturwissenschaften in der Neuzeit und der daraus folgenden Phase der technologischen Anwendungen wurde der Satz genau andersherum interpretiert: Alles, wozu der Mensch fähig ist, kann beziehungsweise muss auch realisiert werden. Sein Erfindergeist setzt die Grenzen respektive überschreitet sie jedes Mal aufs Neue.

Erst im 20. Jahrhundert begann sich die Waage wieder auf die Seite der bescheideneren Sicht Kohrs zu neigen.

Dessen Freund E. F. Schumacher veröffentlichte 1973 sein Buch *Small is beautiful*. Darin wandte er sich gegen das unbegrenzte Wachstum der Wirtschaft und der damit verbundenen Technologien und Methoden. Kurz vorher war der berühmte Bericht des Club of Rome erschienen: *Die Grenzen des Wachstums*. Beide Bücher wurden weltweite Bestseller und trugen maßgeblich zur Entstehung der ökologischen Bewegung bei. Diese hat sich in fast allen westlichen Ländern politisch in den »grünen« Parteien manifestiert. Deren Erfolge haben schließlich dazu geführt, dass sich heute in den Programmen fast aller Parteien das Umweltbewusstsein und das Postulat der Nachhaltigkeit als maßgebliche Teile der eigenen Identität wiederfinden. Damit verbunden ist auch eine gewisse Kritik an der Entwicklung und den Möglichkeiten der Technik. Sie kann teilweise bis zur Ablehnung von Technologie gehen, die sich in den Siebzigerjahren in der Gestalt der »Aussteiger« gebündelt hat: Menschen, die versuchten, zum Beispiel ohne Elektrizität und den damit ermöglichten Geräten zu leben und zu wirtschaften.

Seit diesen bewegten Jahren des letzten Jahrhunderts ist trotz der damals aufkommenden kritischen Einstellung zur technischen Entwicklung und dem dadurch ermöglichten wirtschaftlichen Wachstum die Zeit im wahrsten Sinne des Wortes nicht stehen geblieben. Fast zeitgleich begann damals der Siegeszug der modernen Informationstechnologie. 1969 hielt der Wirtschaftswissenschaftler Herbert A. Simon einen wegweisenden Vortrag über die Herausforderungen des kommenden Zeitalters der computergesteuerten Kommunikation. Schon er warnte allerdings davor, dass die Fülle an Informationen, die dadurch ermöglicht würde, notgedrungen zu einer Armut an anderer Stelle führen werde. Er ließ seine Mahnung gipfeln in dem Satz: »Information frisst die Aufmerksamkeit ihrer Empfänger.« Ulrich Schnabel konkretisiert in seinem Buch *Muße. Vom Glück des Nichtstuns:* Je mehr Botschaften auf uns einstürmen, umso knapper wird die Zeit für ihre Verarbeitung. Eine Flut an Informationen werde daher eine Armutswelle an Aufmerksamkeit erzeugen.

Jeder Mensch, der einen PC oder ein Smartphone besitzt und damit arbeiten muss, kann ein Lied davon singen, wie sehr sich diese Prophezeiung bewahrheitet hat. Gab es früher ein halbstündiges Postbearbeitungsgespräch mit der Sekretärin und den Kollegen, so wendet der typische Büroarbeiter heute zwischen 15 und 25 Prozent seiner Arbeitszeit für das Abarbeiten der E-Mails auf. Schnabel rechnet vor, dass wir, bei einem geschätzten Zuwachs von circa 30 Prozent alle fünf Jahre, im Jahr 2040 sogar die komplette Arbeitszeit in das Bearbeiten der elektronischen Post investieren müssten. Man spricht heute schon von »Informationsüberlastung«.

Wer von uns kennt das nicht? Mühsam fertigen wir im Büroalltag eine E-Mail nach der anderen ab, von der Menge der Spam-Mails, die wir trotzdem erst einmal als solche identifizieren müssen, ganz abgesehen, und sind am Abend froh, den Account einigermaßen geleert zu haben. Am nächsten Morgen öffnen wir unser Postfach, und es ist schon wieder voll – die Mühsal beginnt von vorn. Ulrich Schnabel greift dafür auf den antiken Mythos von Sisyphos zurück, von dem die Sage erzählt, er sei von den Göttern in der Unterwelt für seine Betrügereien schrecklich bestraft worden: Er musste immer wieder ein großes Felsstück einen Berg emporschieben; »angestemmt, mit Händen und Füßen arbeitete er sich ab und wälzte den Stein die Berghöhe hinauf. Sooft er aber schon glaubte, ihn auf dem Gipfel droben zu haben, glitt ihm das Felsstück aus den Händen und rollte schändlicherweise den Berg hinunter. Da begann denn seine Anstrengung von Neuem, der Angstschweiß floss ihm von den Gliedern, und das Haupt hüllte eine Wolke von Staub ein.«[1]

Die Sisyphusarbeit ist zum Synonym für eine sinnlose, nie zu einem erfolgreichen Ende kommende Tätigkeit geworden. Sisyphos selbst wird zu einer Symbolfigur für die Bedingung des menschlichen Lebens. Dies ist nie so deutlich geworden wie in der heutigen Zeit, die als »Informationszeitalter« charakterisiert wird. Das ist ein neutraler, fast positiver Begriff. Und in der Tat: Nie zuvor haben wir über so viel Information und Wissen verfügt, das allen Menschen mit Internetanschluss weltweit gleichzeitig zur Verfügung steht. Damit einher geht aber die Erfahrung der Informationskonkurrenz: Der Einzelne kann nicht alle Informationen, die im Netz vorhanden sind, aufnehmen. Er muss auswählen, und da er ja niemals wissen kann, wie groß der Pool an Informationen ist, aus denen er die für ihn interessanten »fischen« kann, ist er auf Auswahlmaschinen angewiesen, denen er aber grundsätzlich misstraut – da er nicht weiß, nach welchen Algorithmen diese ihre Auswahl treffen. Um diese zu beeinflussen, müsste er vieles von sich preisgeben, von dem er wiederum nicht weiß, wie diese Informationen weiterverwendet werden. Es bleibt ein ungutes Gefühl im Zusammenhang mit der totalen Vernetzung unserer Welt.

Die Informationskonkurrenz birgt noch ein weiteres Frustrationspotenzial: die sogenannten Opportunitätskosten beim Entscheidungsvorgang. Wenn ich mich bei den Wahlmöglichkeiten für eine Sache entscheide, verzichte ich auf alles andere. Da die menschliche Psyche so konstruiert ist, dass der Verzicht mehr schmerzt, als der Gewinn freut, ist die Enttäuschung über die entgangenen Alternativen vorprogrammiert. Man kann das mit dem Psychologen Barry Schwartz auf den Punkt bringen. Er fragt: »Warum war früher alles besser?« Und antwortet selber: »Weil früher alles schlechter war!«² Die Enttäuschungen über Entgangenes waren in einer Welt, in der nicht alles zu haben war, eben nicht so häufig, und man fand sich mit den Unzulänglichkeiten besser ab. Heute steht alles zur Verfügung, und es liegt einfach an uns selbst, wenn wir noch nicht alles bekommen oder erreicht haben, so suggeriert der stete Zuwachs an Wohlstand.

Der Austausch von Informationen wird »Kommunikation« genannt. Oder einfacher gesagt: Es geht ums miteinander Reden! Der berühmte Soziologe Niklas Luhmann reduziert sogar jedes soziale System auf die Kommunikation. Nicht die Menschen bilden ein soziales System, sagt er, sondern das System besteht aus der Kommunikation zwischen ihnen. In unserem Zusammenhang kann diese Definition hilfreich sein, um zu erklären, warum es uns nicht gelingt, die Fülle der Kommunikation auf das menschliche Maß zurückzuführen. Nach Luhmann produziert ein gelingendes System Folgekommunikation. Wenn also, wie in unseren Tagen beobachtbar, die sozialen Systeme durch Social Media ersetzt werden und damit Kommunikation exorbitant zunimmt, vervielfacht sich gleichzeitig die Kommunikation. Wir entkommen also der Fülle an Kommunikation nicht, die immer durch Mitteilung von Information eingeleitet wird.

Diese Zunahme an Mitteilung von Information und der Druck der Erwartung nach Antwort, multipliziert mit der Gleichzeitigkeit im Netz, erweckt in uns den Eindruck, dem

Ansturm nicht mehr gewachsen zu sein. In Bezug auf die Beschleunigung in den Produktionsprozessen der Wirtschaft und den beschleunigten Transport von Gütern und Waren spricht Hartmut Rosa von der technischen Beschleunigung, die das Zeitgefühl der Moderne bestimmt.[3] Daneben konstatiert er eine Beschleunigung des sozialen Wandels. Sie drückt sich aus in der immer schnelleren Abfolge der verschiedenen Moden, der Lebensstile, dem häufigeren Wechsel der Beschäftigungsverhältnisse, dem Wandel der Familienstrukturen, auch dem Wechsel der politischen und religiösen Bindungen, kurz der Auflösung der traditionellen Milieus, in denen man früher über einen viel längeren Zeitraum hinweg, oft ein Leben lang, verblieb.

Schließlich erleben wir noch die Beschleunigung des Lebenstempos. Wenn eine Handlung durch Entwicklungen der Technik, zum Beispiel der Transportmöglichkeiten, schneller abgewickelt werden kann, verdichtet man die einzelnen Handlungsabschnitte oder führt sie durch »Multitasking« gleichzeitig aus. Ein Beispiel für Letzteres: Früher musste die Hausfrau nacheinander kochen und staubsaugen, heute kann dies durch die Automatisation moderner Haushaltsgeräte gleichzeitig geschehen. Die früher für den Wechsel der Tätigkeit notwendigen Pausen oder, wie Rosa sie nennt, »Mikrozeitressourcen« entfallen und führen so zur Steigerung des Lebenstempos.

Dabei tritt die von allen feststellbare Paradoxie zutage: Die technische Beschleunigung müsste doch eigentlich dazu führen, dass wir mehr Zeit haben – das Gegenteil ist aber der Fall. Die eigentlich frei werdenden Zeitressourcen werden dazu verwendet, die Wachstumsraten respektive die Effektivität, den Erfolg, das Ergebnis, den Gewinn (materiell oder immateriell) zu steigern. Bleibt nun die Beschleunigung hinter dem erwarteten Wachstum zurück, so geraten wir in Zeitnot. Wäre es umgekehrt, die Beschleunigung überträfe das Wachstum, so müsste Zeit frei werden.

Es gibt aber auch Phänomene, die sich der Beschleunigung entziehen oder gar widersetzen. Hartmut Rosa zählt einige auf: Da sind erstens natürliche Geschwindigkeitsgrenzen. Sie werden durch die Gesetzmäßigkeiten etwa der Physik und der Biologie gesetzt. Das Gehirn des Menschen mit seinen Prozessen und den Verknüpfungen der Zellen hat eine bestimmte Geschwindigkeit, die nicht überschritten werden kann. Dann kennen wir aus der Ökologie etwa das Reproduktionstempo für die Umwandlung von Meeresablagerungen in Erdöl oder die Geschwindigkeit des Abbaus von Giftstoffen. Eine natürliche Grenze bilden auch die Tages- und Jahreszeiten. Es gehört zwar zu den kulturellen Errungenschaften der Menschheit, durch Heizsysteme die Temperatur zu beeinflussen und durch künstliches Licht den Tag zu verlängern, aber der natürliche Ablauf der Erddrehung um sich selbst oder um die Sonne wird dadurch nicht verändert. Wir wissen, wie sehr die Gesundheit von Schichtarbeitern gefährdet ist, wenn der natürliche Rhythmus, auf den unser Körper durch die Evolution getrimmt ist, ins Gegenteil verkehrt wird.

Zweitens gibt es territoriale, soziale oder kulturelle Nischen, die von den Modernisierungsprozessen ganz oder teilweise ausgenommen wurden. Es sind Orte, Räume, die von Menschen einer bestimmten Gruppierung eingenommen werden, etwa bestimmte Sekten, auch Klöster, wo sozusagen »die Zeit stehen zu bleiben« scheint. Auch wenn diese Oasen des Innehaltens immer mehr unter Druck geraten, gewinnen sie doch gleichsam an nostalgischem Wert, je seltener sie werden. Hierher gehört sicher auch das seltsame Phänomen, dass Klöster zurzeit von Managern auf der Suche nach zeitweiliger Entschleunigung geradezu heimgesucht werden, diese Inseln der Ruhe aber andererseits keinen Nachwuchs mehr finden, der sich zu dem dort bewusst verlangsamten Lebenstempo lebenslang verpflichten will.

Ein drittes Phänomen: Verlangsamung und Hemmung treten in unserem Alltag in zunehmend spürbarem Maß als unbeabsichtigte Nebenfolge der Beschleunigung auf. So etwa der in den Städten, aber zunehmend auch auf den Landstraßen zu beobachtende Verkehrsstau. Hierher gehört auch das Burn-out-Syndrom, das ja eigentlich als eine Form der Depressionserkrankungen gelten kann. Der Erkrankte empfindet die Zeit als stillstehend oder sich in eine zähe Masse verwandelnd. Auch wirtschaftliche Rezessionen können die Folge der Beschleunigung von Produktionsprozessen sein. Im Englischen werden sie als *economic slowdowns* bezeichnet. Dazu kommen Phänomene von unterschiedlichen Geschwindigkeiten, die sich dann in Form von unerwarteten Wartezeiten zeigen. Etwa wenn ein Reisender vom ICE in den Regionalzug umsteigen muss, der sich aber an ganz anderen Zeittakten orientiert.

Als Viertes nennt Rosa die intentionale oder funktionale Entschleunigung. Letztere wird durch die Funktionsträger in Politik, Verwaltung und Justiz verkörpert, die an ihre Fristen gebunden sind. Auch die Arbeitszeitregelungen achten auf die Einhaltung von Freizeit, Pausen und Ruhezeiten. Mit intentionaler Entschleunigung meint er ein bewusstes Dagegensetzen, zeitweiliges oder langfristiges Aussteigen aus der Beschleunigungsfalle. Die vorher schon erwähnten Führungskräfte, die sich in Klöster zurückziehen, gehören hierher. Diejenigen, die man als »Aussteiger«

bezeichnet hat, werden von der Intention, sich dem Postulat des immerwährenden Wachstums und dem damit verbundenen Zeitdruck zu entziehen, angetrieben. Derlei Phänomene und die zunehmende Diskussion über das Thema der Beschleunigung des Lebens im Zusammenhang mit der Burn-out-Debatte veranlassten Professor Rosa zu der These, dass die Entschleunigungsidee zur dominanten Gegenideologie des 21. Jahrhunderts werden könnte.

Die soziale Beschleunigung hat auch eine paradoxe Kehrseite. Unter der sich immer rascher wandelnden Oberfläche breitet sich ein Gefühl der Ereignislosigkeit und eines gewissen Stillstandes aus. Der Ennui – eine innere existenzielle Langeweile – nimmt von Menschen, die sich äußerlich gehetzt fühlen, Besitz. Sie werden von der ewigen Wiederkehr des Immergleichen zutiefst gelangweilt. Gerade diese Erfahrungen führen zu Depression und allmählicher innerer Erlahmung.

Diese Hemmnisse machen aber nur umso deutlicher, wie sehr wir uns alle in der Beschleunigungsfalle befinden. Der in schnellerer Abfolge erlebbare Generationenwechsel, nicht so sehr in biologischer Lebenszeit, sondern in den jeweiligen Erfahrungs- und Erlebnishorizonten, lässt uns atemlos werden. Zum Beispiel wenn die ältere Generation keinen Anschluss mehr findet an die IT-geprägte Welt der *Digital Natives,* schon allein aufgrund immer weiter auseinanderdriftender Sprach- und Denkwelten. Auch das individuelle Leben wird durch schnellere Abfolgen geprägt: Aus den Lebenspartnern werden die Lebensabschnittspartner. Der einmal erlernte und dann lebenslang ausgeübte Beruf an der gleichen Arbeitsstelle ist schon längst kein Ideal mehr. Auch in weniger zentralen Bereichen des individuellen Lebens lässt sich die Dynamisierung der Beschleunigung feststellen: »Die politische Orientierung, die Automarke, die Krankenkasse und die Bank, die Telefonnummer und die Tageszeitung bleiben ebenfalls nicht mehr über das Erwerbsleben hinweg mehr oder minder fraglos dieselben.«[4]

Auch das Lebenstempo im Kleinteiligen wird beschleunigt: Wir kennen das Phänomen des Fast Food, wogegen sich zuerst in den romanischen Ländern die Bewegung des Slow Food erhoben hat. Speeddating wird nicht nur beim Kennenlernen von zukünftigen Arbeitnehmern und möglichen Arbeitgebern praktiziert, sondern auch im Bereich des Zwischenmenschlichen, um die Mühe des Flirts zu verkürzen. Dabei lässt sich gut beobachten, wie die Beschleunigung nicht nur durch die Verkürzung von Pausen oder Leerzeiten, sondern auch durch die gleichzeitige Ausführung mehrerer Handlungen, das sogenannte Multitasking, herbeigeführt wird. Wen wundert es, wenn in allen Industrieländern die Bürger über Stress und Zeitnot klagen und über die Sorge, nicht mehr mitzukommen. Die Angst, etwas zu verpassen, und der Zwang zur Anpassung werden zu zusätzlichen Stressfaktoren.

Das sogenannte Fernsehparadoxon ist ein weiteres Phänomen. Fernsehen und Computerspiele erzeugen in uns das Kurz-Kurz-Muster der Zeitwahrnehmung. Was ist damit gemeint? Jeder kennt das: Wer kann sich einige Tage oder auch nur einen Tag später detailliert an einen TV-Film erinnern? Das Erlebnis während der eineinhalbstündigen Sendung zieht rasch am Zuschauer vorbei (»kurz«), und die Erinnerungsspuren verlöschen ebenso schnell (»kurz«). Dieses Erlebnismuster übertragen wir offenbar unbewusst auf andere Begebnisse des Alltaglebens. Einerseits eilen die Tage und Jahre »wie im Flug« dahin, während wir andererseits im Rückblick das Gefühl haben, die Zeit sei uns unter der Hand buchstäblich zerronnen. Die vom Fernsehen geprägte Gesellschaft könnte sich, so Rosa, als eine gleichermaßen erlebnisreiche wie erfahrungsarme erweisen.

Wie kommt es zu all diesen Erscheinungen und dazu, dass wir uns so bereitwillig diesem Beschleunigungskreislauf unterworfen haben? Die stete technische Entwicklung, die dadurch ermöglichte Rationalisierung bilden einen selbstantreibenden Prozess. So hatten beispielsweise die Verbreitung des Automobils oder die Etablierung des Internets gravierende Folgen für die Formen unserer Fortbewegung und die Gestaltung unserer Beziehungen. Unsere Kommunikation ist davon geprägt, unsere Berufs-, Alltags- und Freizeitpraktiken werden davon beeinflusst. Das Tempo dieser Aktivitäten hat sich erhöht. Die Zeit wird knapp. Deshalb verlangen wir nach schnelleren Transportverbindungen und Computern, nach kürzeren Service- und Wartezeiten.

Zu dieser von der technischen Entwicklung angetriebenen Beschleunigung des sozialen Lebens kommen noch einige andere »Motoren«. Da ist zum einen die Ökonomie, die auf dem Wettbewerb und damit auf Zeitvorsprüngen gegenüber den Konkurrenten beruht. Dazu kommt die Steigerung der Produktions- und Verarbeitungsgeschwindigkeit. Aber auch unsere Kultur bildet einen solchen Motor. Hartmut Rosa findet da einen sehr gewagten, aber nicht minder interessanten Ansatz. Das Ethos der Moderne ist die Beschleunigung als Ersatz für die Bedeutung der Ewigkeit in vergangenen Zeitepochen. Als nicht mehr religiös verwurzelte Bürger der Moderne versuchen wir das Problem der beschränkten Lebenszeit mit einem schnell und »erfüllt« gelebten Leben in den Griff zu bekommen. Kurz, wir versuchen, die Weltzeit und unsere Lebenszeit anzugleichen. Wer doppelt so schnell lebt, kann doppelt so viele Möglichkeiten realisieren und damit gleichsam zwei Leben in einem führen. Wer unendlich schnell wird, nähert seine Lebenszeit dem unbeschränkten Horizont der Weltzeit an. Er kann dann eine Vielzahl von Lebensmöglichkeiten in einer einzigen irdischen Lebensspanne verwirklichen und braucht den Tod als »Optionenvernichter« nicht mehr zu fürchten. Beschleunigung wird somit zur Strategie, um einen Ersatz für religiöse Vorstellungen vom ewigen Leben zu finden, und wird zur modernen Antwort auf den Tod.

Unsere Zeit wird oft als »Postmoderne« bezeichnet. Dieser viel gebrauchte Begriff ist auch höchst umstritten. Aber dennoch trifft er die Substanz unseres Lebensgefühls: Die Postmoderne ist die Moderne, die sich selbst zum Problem geworden ist. Der Fortschrittsgedanke des 19. und der ersten Hälfte des 20. Jahrhunderts mit seinem Ideal des ungebremsten Wachstums in Wissenschaft, Technologie und Wirtschaft wird heute massiv hinterfragt. Die Ideologie des »immer mehr, immer höher, immer schneller« begeistert immer weniger Menschen. Die damit verbundene Zunahme des Lebenstempos wird als Minderung der Lebensqualität empfunden. Wir erfahren: Nichts bleibt, wie es ist, obwohl sich nichts Wesentliches verändert.[5]

Die Beschleunigung des Lebens führt zu dem Gefühl, für die wirklich wichtigen Dinge keine Zeit mehr zu haben. Dies wird noch dadurch verstärkt, dass wir in einer »Multioptionsgesellschaft« leben. Das eigentliche Glück, so die herrschende Grundstimmung, winkt, je mehr Angebote und Optionen wir haben. Dabei sind wir zur Wahl zwischen den verschiedenen Möglichkeiten verdammt. So entstehen die schon erwähnten Opportunitätskosten. Mit jeder Wahl und Entscheidung verzichtet man zwangsläufig auf die Alternativen. Dies führt zu Frust und Enttäuschung. Verbunden mit dem Gefühl, das eigentlich Wichtige und Wesentliche ständig zu verpassen und sich mit Zweitrangigem zu beschäftigen, macht das die Menschen unglücklich.

Dadurch machen wir eine Entfremdungserfahrung, wie Ödön von Horváth sie in dem unvergleichlichen Bonmot knapp zusammengefasst hat: »Eigentlich bin ich ganz anders, nur komme ich so selten dazu.« Das Verbleiben an der Oberfläche des Lebens und der Verlust der Tiefe und damit der Eigentlichkeit führen zu einem Gefühl der inneren Heimatlosigkeit. Die Inhalte des eigenen Lebens verrinnen zwischen den Fingern. Damit wird natürlich auch ein gewisser Selbstbestimmungsverlust konstatiert. »Nicht ich lebe, sondern ich werde gelebt.« Dabei hat die Moderne dem Menschen die Autonomie über das eigene Leben verheißen, beginnend mit der Selbstständigkeit des Denkens und konkretisiert in den fünf Freiheiten des heutigen Selbstverständnisses.

Immanuel Kant schreibt in seinem berühmten Aufsatz »Was ist Aufklärung?«: »Sapere aude! Habe Mut, dich deines eigenen Verstandes zu bedienen! ... Zur Aufklärung aber wird nichts erfordert als Freiheit; und zwar die unschädlichste unter allem, was nur Freiheit heißen mag, nämlich die: von seiner Vernunft in allen Stücken Gebrauch zu machen.« In den zwei Jahrhunderten seit der Abfassung dieser Zeilen hat sich die darin geforderte Freiheit in fünf Formen konkretisiert:

- Die religiöse Freiheit, die uns ermöglicht, unsere Religionszugehörigkeit frei zu wählen oder auch gar kein Bekenntnis zu haben.
- Die politische Freiheit, die sich vor allem in den demo-

kratischen Systemen durch die freien Wahlen manifestiert.

- Die Freiheit vom Naturzwang, die durch wissenschaftliche Forschung und Technologie ermöglicht wird.
- Die wirtschaftliche Freiheit, die jedem Einzelnen ohne Beschränkungen ermöglicht, mit seinem Vermögen zu tun, was ihm gut dünkt.
- Die gesellschaftliche Freiheit, die eine freie, offene und durchlässige Gesellschaft kennt.

Diese mühsam errungenen Freiheiten beginnen, irgendwie eher nebulös gefühlt als klar erwiesen, uns zwischen den Fingern zu zerrinnen. Und zwar gerade durch die durch sie ermöglichten und angestoßenen Errungenschaften der Moderne.

Die Beschleunigungspathologien stehen verquer zu den Potenzialen der Muße, die in den beschriebenen Freiheiten liegen.

Die Religionen garantieren Fest- und Feierzeiten, welche den religiös begründeten wöchentlichen Feiertag kennen und ihn mit Sanktionen bewehren. Durch seine Ausdehnung zum Wochenende geriet der Sonntag in den Strudel der Verplanung und des durch die Technisierung geforderten Taktes.

Die politischen Wahlen können immer weniger Bürger mobilisieren. Die Qual der Wahl im Konsumbereich breitet sich aus auf die Auswahlmöglichkeiten zwischen den verschiedenen politischen Gruppierungen. Der beobachtbare Wechsel der je eigenen politischen Überzeugungen erschwert das politische Engagement in langfristigen Bindungen an eine Partei. Dies mag das Spektrum der Zusammensetzung in den verschiedenen politischen Gremien und parlamentarischen Institutionen bunter machen, erschwert aber den beteiligten Akteuren die Entscheidungsfindung und vermindert dadurch die Orientierungsfähigkeit bei den Wählern – nicht nur bei den sogenannten bildungsfernen Schichten.

Die Freiheit vom Naturzwang hat zwar alle möglichen biochemischen Möglichkeiten hervorgebracht, die Natur für den Menschen schneller und effektiver nutzbar zu machen. Aber neben dem Widerstand immer breiterer Gesellschaftsgruppen gegen die Manipulation der Natur widersteht diese selbst mit ihren nicht weiter steigerbaren Tempi des natürlichen Rhythmus. Es tut sich eine Differenz auf zwischen den Zeitmustern der beschleunigten Gesellschaft und der Reproduktions- und Regenerationsfähigkeit der natürlichen Umwelt.

Die Gefährdung der wirtschaftlichen Freiheit durch Beschleunigung ist wohl die am ehesten schmerzlich spürbare. Nicht nur aufgrund der zunehmenden Gesundheitsprobleme der in der Wirtschaft aktiven Menschen, sondern auch durch den »rasenden Stillstand«, der durch das sich immer schneller drehende Rad der globalisierten Ökonomie droht. Dieses Rad frisst sich fest, oder mit einem abgewandelten Spruch über die Französische Revolution ausgedrückt: Die Wirtschaft frisst ihre Kinder.

Die gesellschaftlichen Freiheiten können hingegen gar nicht mehr genutzt werden durch die Fülle der Optionen und das Tempo, mit denen sie an den Menschen vorbeiziehen. Der Mensch steht vor den Möglichkeiten wie Buridans Esel, der zwischen den beiden Heuhaufen verhungert, weil er sich nicht entscheiden kann, von welchem er fressen soll.

All diese Eindrücke und Erfahrungen führen zu dem für viele Menschen wohl vorerst unklaren Gefühl, der unaufhörlichen Beschleunigung des Lebens- und Arbeitstempos hilflos ausgeliefert zu sein. Gleichzeitig stemmt sich das Bewusstsein dagegen, da der Mensch als Maß aller Dinge mit seiner *Conditio humana* (den Bedingungen seines Menschseins) und Teil der geophysikalischen Umwelt eine natürliche Grenze für die maßlose Steigerung darstellen sollte. Es fehlen allerdings die Ressourcen, um aktiv Grenzen zu setzen oder wenigstens nicht unter die Räder der Beschleunigungsmaschinerie zu kommen.

Was ist zu tun? Welche Möglichkeiten gibt es? Wie kann man sich schützen gegen die Übermacht der sozialen und technologischen Beschleunigung, ohne gleich die positiven Errungenschaften der modernen Welt in Bausch und Bogen zu verwerfen? Wahrscheinlich liegt die Chance gerade in dem Prozess der Entwicklung selbst, ganz wie Hölderlin es ausdrückt: »Wo aber Gefahr ist, wächst das Rettende auch.«

Als Erstes sollte man sich den Grund für die Entwicklung von Technik in der Geschichte der Menschheit immer wieder bewusst machen: Sie soll die Ergebnisse der Wissenschaft in Technologie umsetzen, um dem Menschen das mühevolle Leben zu erleichtern. Das begann mit der Zähmung des Feuers, mit der Entstehung von Ackerbau und Viehzucht und den dafür entwickelten Gerätschaften, mit der Erfindung des Rads und führte bis hin zur Entdeckung der Röntgenstrahlen, der Relativitätstheorie Albert Einsteins und den Hubble-Teleskopen auf den Berghöhen der Anden. Der Grundsatz, der daraus folgt, lautet: Die Technik hat dem Menschen zu dienen! Das heißt konkret, sie nimmt dem Menschen Mühe und Arbeit ab, man denke nur an die großartigen Hebewerkzeuge, die es etwa möglich werden ließen, Hochhäuser zu errichten und damit zusätzlichen Wohn- und Arbeitsraum zu schaffen. Dies war auch schon den Ägyptern, Sumerern und den Römern bekannt. Die »Insulae«, die Wohnblöcke, die etwa die Römer errichteten, sind heute noch in Pompeji zu besichtigen.

Dann ermöglichten die Gerätschaften, Zeit zu sparen. Man musste, um dasselbe Arbeitspensum wie durch Handarbeit zu schaffen, weniger Zeit aufwenden. Und hier beginnt die Gefahr: Anstatt die eingesparte Zeit für Erholung, Entspannung, Regeneration zu benutzen, verwendet man sie vor allem dazu, wieder zusätzliche Arbeiten, natürlich mithilfe von Maschinen, in geraffter Zeit zu verrichten. Ulrich Schnabel bringt als Beispiel den Teufelskreis des Rasierapparats: »Ich rasiere mich schneller, damit ich mehr Zeit habe, eine Maschine zu erfinden, mit der ich mich schneller rasieren kann, damit ich noch mehr Zeit habe ...«[6] Und schon hat einen der Rasierapparat in seinen Bann gezogen. Nicht mehr ich benutze ihn, um mein Leben langsamer, bewusster, achtsamer leben zu können. Der Apparat scheint mich zu benutzen, damit er sich selbst vervielfältigen kann. Der alte Albtraum der Science-Fiction-Literatur wird dadurch heraufbeschworen: Die Roboter übernehmen die Herrschaft über den Menschen. Und hier gilt es, die rote Lampe blinken zu lassen: Immer wenn ich das Gefühl habe, der Apparat, die Maschine, das Gerät, mit dem ich arbeite, übernimmt die Herrschaft über mich, müssen die Alarmglocken schrillen!

Maschinen haben die Tendenz, eine Sogwirkung zu entfalten. Man wird, zumindest mental, in sie hineingezogen. Die besten Beispiele bieten die Kommunikationsgeräte, der PC und das Handy, in Form des Smartphones zu einem Gerät verschmolzen. Man geht online, um zum Beispiel auf Wikipedia etwas nachzuschlagen. Wenn sich das Fenster öffnet, kommt aber zuerst der Hinweis, es seien etliche neue Mails eingegangen. Die Neugier ist größer als der ursprüngliche Wille, etwas Konkretes beim Internetlexikon in Erfahrung zu bringen. Und schon ist man mittendrin, die Arbeit – und sei es die private Korrespondenz – zu erledigen, anstatt den zuvor gefassten Wunsch zu erfüllen. Ähnliches kann aber auch auf der Wikipedia-Seite passieren. Man klickt von einer Seite auf eine andere, ebenfalls interessante Seite, und verliert sich stundenlang im Netz. Nicht nur Kinder und Jugendliche, auch viele Erwachsene und Erfahrene können ganze Nächte hindurch bei Onlinespielen verbringen. Die sozialen Netzwerke haben es an sich, dass sie ungeheuer viel Zeit fressen.

Was hilft gegen diesen Sog? Es gibt nur eines: Bewusstseinsveränderung! Der zeitgenössische Philosoph Peter Sloterdijk nannte seinen Bestseller *Du musst dein Leben ändern*. Auf einen Punkt gebracht, sagt er darin, Aufgabe des Menschen sei es, ein Leben lang an sich zu arbeiten. Um Zeit zu gewinnen, statt zu verlieren, hilft eben nur, sich Selbstdisziplin anzugewöhnen. Eine gewisse Form der Askese ist notwendig. Dieses aus dem religiösen Sprachgebrauch kommende Wort wird ja einseitig als Verzicht verstanden. Eigentlich bedeutet es aber so viel wie Übung, Training. Nur durch ständiges Einüben ist es mir möglich, den Verzicht auch wirklich zu realisieren.

Jeder Sportler, ob Profi oder Amateur, weiß heute, dass das Training im Kopf beginnt, man nennt das mentales Training. Sagen Sie es sich immer wieder: Nicht die Maschine beherrscht Sie, sondern Sie sind Herr über die Maschine. Lassen Sie sich Ihre individuelle Freiheit, die unsere Kultur mühsam während der vergangenen Jahrhunderte errungen hat, nicht durch eine Maschine beschneiden! Wenn das Handy vibriert oder klingelt, machen Sie sich bewusst:

Da will ein anderer mithilfe des Apparats in Ihr Leben, Ihre Zeit, Ihren Raum eindringen. Lehnen Sie es bewusst ab, oder lassen Sie es bewusst zu! Sie sind Herr über Ihre Zeit und niemand sonst, schon gar nicht eine seelenlose Maschine!

Belohnen Sie sich für Ihren Sieg über die Technik, indem Sie die gewonnene Zeit genießen. Erfreuen Sie sich an der Muße! Schaffen Sie sich immer wieder Inseln der Muße! Das kann das Wochenende sein, das nicht verplant wird, an dem man einfach Zeit vergehen lässt. Das kann die bewusst erlebte Pause während der Arbeitszeit sein. Das kann die halbe Stunde am Abend sein, in der Sie sich mit einem Glas Rotwein auf den Balkon oder vor den Kamin setzen und die Gedanken absichtslos und frei schweifen lassen. Und viele andere, große und kleine Zeitfenster, die sich während eines Tages ergeben. Wichtig ist nur, sie bewusst zu genießen.

Auch Zeiten des Wartens, die für uns moderne Menschen als verlorene Zeiten gelten, gehören hierher. Wir haben das Warten verlernt. Die Wartezimmer in den Arztpraxen sind heute oft leer, weil es gut getaktete Bestellsysteme gibt. Wer wartet noch beim Friseur, bis er an der Reihe ist? Wer besucht noch jemanden spontan, ohne sich vorher mit dem Handy angemeldet zu haben, um einen vergeblichen Weg zu vermeiden, weil niemand zu Hause ist? Werden Sie einfach nicht ungeduldig, wenn Sie einmal warten müssen. Definieren Sie für sich die Zeit als geschenkte Zeit, die nun mal nicht dem Diktat des Mottos von Benjamin Franklin unterliegt: *Time is money.* Wenn Sie sich dem – und sei es auch nur mental – entziehen können, sind Sie der wahre Herr über Ihre Zeit.

Fragen Sie sich bei allen Dingen, die Ihnen Zeit rauben wollen: Muss ich das tun? Will ich das tun[7] Dies gilt auch für die berufliche Tätigkeit. Wenn das Geforderte der Stellenbeschreibung Ihrer Arbeit entspricht, werden Sie die Frage nach dem Müssen mit Ja beantworten, wenn nicht, werden Sie auf die zweite Frage nach dem Wollen verwiesen. Beide Schritte helfen jedenfalls, Zeit zu gewinnen und Dinge bewusst zu tun.

Professor Hartmut Rosa, dessen Habilitationsschrift »Beschleunigung« viele Gedanken zu diesem Kapitel beigesteuert hat, gibt einen Tipp für alle, die nicht das Handy abschalten oder den Computer in die Besenkammer stellen können: Es hilft, sich in den Terminkalender an manchen Tagen groß einzutragen: NICHTS. Und wenn dann jemand fragen sollte: »Wollen wir an diesem Tag etwas unternehmen?«, einfach konsequent zu antworten: »Nein, da habe ich schon etwas vor!«

Eine Ode des berühmten römischen Dichters Horaz endet mit den Worten: »Während wir plaudern, entflieht neidisch die Zeit. Genieße den Tag, und verlass dich möglichst wenig auf den nächsten!« Die Aufforderung »Carpe diem – Genieße den Tag« ist zum geflügelten Wort geworden, das uns ermahnt zu lernen, im Heute zu leben, den Augenblick bewusst zu erleben und damit zu genießen. Wir kreisen mit unseren Gedanken und Argumenten immer in der Vergangenheit und machen uns Sorgen um die Zukunft. Vergangenheit ist vergangen, und Zukunft ist noch nicht da. Im Jetzt zu leben ist die Devise des Epikureers Horaz. Dies immer wieder vor Augen zu haben kann helfen, die nötige Muße zu finden, um ein verantwortungsvolles und achtsames Leben führen zu können.

Praktische Tipps

- Lassen Sie nicht die technischen Geräte über sich herrschen. Diese haben dem Menschen zu dienen, nicht umgekehrt. Benutzen Sie sie – nicht um Zeit zu sparen, sondern zu gewinnen!
- Planen Sie bewusst, einmal NICHTS zu tun. Lassen Sie sich davon nicht abbringen durch vermeintlich wichtige Dinge.
- Fragen Sie bei allem, was an Sie herangetragen wird: Muss ich das tun? Will ich das tun?
- Nützen Sie ungeplante Wartezeiten, indem Sie sie als gewonnene, geschenkte Zeit erleben!

 Übung: Entschleunigung

Setzen Sie sich an einem ruhigen Ort auf einen Stuhl oder Hocker. Wichtig ist, dass Sie beide Füße fest auf den Boden stellen können. Versuchen Sie, aufrecht zu sitzen. Stellen Sie sich vor, vom Scheitel Ihres Kopfes spannt ein »Silberfaden« nach oben. Die Hände ruhen auf den Oberschenkeln wie bei einem Kutscher, der die Zügel locker hält.

Versuchen Sie, die Umwelt zu erspüren: den Boden, auf dem die Füße stehen. Die Kleidung, die an Ihrem Körper anliegt. Die Luft, die Sie umgibt und die Sie zum Atmen und damit zum Leben brauchen. Das Licht der Sonne oder der Lampe. Lassen Sie den Blick schweifen, und nehmen Sie achtsam die Dinge wahr, die Sie umgeben. Ihre Ohren hören die Geräusche des Alltags. Die Gerüche, die da sind.

Fragen Sie sich:

- Bin ich immer wach und achtsam für die Menschen und Dinge, die mich umgeben?
- Nehme ich die Umwelt um mich in ihrem Selbstwert wahr oder nur in ihrer Nützlichkeit für mich?
- Sind Menschen in meiner Umgebung lebendige Wesen mit eigenen Gefühlen, Gedanken, Wünschen und Bedürfnissen oder nur Figuren in meinem Schachspiel?
- Beherrsche ich die Informations- und Kommunikationstechnik, oder beherrscht sie mich?
- Bin ich mir bewusst, dass es andere Menschen verstören kann, wenn ich bei einem Gespräch mit ihnen ständig meinem Laptop oder meinem Handy die größere Aufmerksamkeit schenke? Bin ich mir auch bewusst, wie belästigend es für fremde Menschen sein kann, wenn ich in voller Lautstärke am Handy telefoniere?
- Mache ich immer wieder Pausen? Nutze ich sie für die Regeneration des Gehirns, oder verwende ich sie nur wieder zur Steigerung der Effektivität?
- Halte ich unverhoffte Zeiten des Wartens aus? Oder werde ich unruhig und ungehalten? Lasse ich meinen Missmut darüber andere, daran unschuldige Menschen spüren?
- Wenn etwas zutrifft: Spüre ich überhaupt noch, dass da etwas schiefliegt in meiner Lebensgestaltung? Was will ich dagegen tun? Ist »Mehr Muße wagen!« ein für mich passendes Rezept?

Lassen Sie Ihre Gedanken langsam ausklingen. Versuchen Sie, ein paar Minuten nichts zu denken. Konzentrieren Sie sich auf Ihren Atem, das hilft dabei.

Verkosten Sie am Schluss das Glück des Daseins, indem Sie noch einmal alles wahrnehmen. Eines nach dem anderen: was Sie spüren, sehen, hören, riechen.

Dann tauchen Sie allmählich aus der Haltung der unbedingten Achtsamkeit auf und nehmen einen Gedanken aus dieser Übung mit in den wieder beginnenden Alltag. Schließen Sie die Übung ab mit einer Geste der Ehrfurcht vor dem Leben.

ERFAHRUNGEN Einfach schlafen

Von ganz fern hört Achim Walter* seine Freundin rufen. Was sie sagt, versteht er nicht. Was sie will, ist ihm klar: Er soll aufstehen. Er hat sich doch erst hingelegt auf das Wohnzimmersofa. Wie spät ist es? Egal. Er will die Augen noch nicht aufmachen, kann sie noch nicht aufmachen, wieso soll er? Es ist doch Samstagnachmittag, er hatte eine anstrengende Woche im Büro, er ist ein freier Mensch, er will schlafen, was soll daran schlecht sein? Susanne sagt wieder etwas. Er braucht nicht hinzuhören, er kann sich den Inhalt gut vorstellen: dass es doch eigentlich genug sei mit Schlafen, dass er doch schon am Vormittag bis zehn geschlafen habe, dann eine Stunde im Bett gefrühstückt und ferngesehen, dann ausgiebig gebadet, dann – endlich – aufgestanden sei.

Er war danach einkaufen und ein wenig in der Stadt spazieren. Als er zurückkam, fühlte er sich müde und legte sich auf Sofa, es muss gegen drei am Nachmittag gewesen sein,

* Name geändert.

153

zuerst mit einem Buch, dann mit der Wolldecke. Für einen kurzen Moment nur. Offenbar ist dieser seiner Freundin nun zu lange. Achim blinzelt in Richtung Wohnzimmeruhr: Es ist fünf. Mist. Susanne wollte heute noch Sport machen mit ihm: laufen oder ins Sportstudio gehen. Er hat das auch gestern versprochen, in diesem Augenblick aber will Achim einfach nur liegen bleiben. Er ahnt den nächsten Konflikt schon auf sich zukommen und hört die Wohnungstür zufallen. Susanne ist wieder mal sauer.

»Ich schlafe ja nicht absichtlich, um sie zu ärgern«, sagt Achim. »Das kommt aus mir heraus, ich steuere das nicht. Ich bin einfach müde, und dann lege ich mich hin. Und wenn ich wieder wach bin, stehe ich wieder auf. Ohne Überlegung, ohne Wecker, ohne Plan. Unter der Woche kann ich erst am Abend ausruhen, aber am Wochenende oder im Urlaub gibt es nichts Schöneres, als ohne Gedanken wegzudösen. Das ist für mich so natürlich wie essen und trinken. Ich gehe damit einfach nur meinen inneren Bedürfnissen nach und bin ganz im Einklang mit mir.«

Susanne ist ganz anders: voller Ideen, Pläne und Projekte. Sie ist selbstständig und arbeitet nachts bis zum Schlafengehen am Rechner, bevor sie zu ihm ins Bett kommt. Am Samstagmorgen steht sie zwischen sechs und sieben auf, geht joggen, macht Gymnastik, meditiert, trinkt entspannt ihren ersten Kaffee, liest die Tageszeitung. Dann räumt sie das Wohnzimmer auf und den Geschirrspüler, geht einkaufen, und irgendwann erwartet sie Achim für irgendwelche Aktivitäten. Zurzeit versucht sie es häufig mit Zuckerbrot. Sie kocht ihm dann ein Frühstück, wie er es mag, mit Rühreiern und einem French Toast und Kaffee mit aufgeschäumter Sojamilch. Das bringt sie ihm dann ans Bett, was ihn sehr freut. Manchmal empfindet er die Geste aber auch als gar nicht mal so leisen Vorwurf oder letzte Mahnung im Guten. Es wird dann höchste Zeit, denn Susanne will etwas von ihm.

Wie schön wäre es, wenn sie sich dazulegen würde, zu ihm und den beiden Dackeln, die sich auf der Bettdecke breitgemacht haben, obwohl sie das eigentlich nicht dürfen. Susanne könnte mit ihm fernsehen, einfach nur da sein. Sie hat ihm schon einmal zu Weihnachten einen Gutschein geschenkt für einen »Tag im Bett«. In acht Jahren Beziehung ist das aber noch nicht vorgekommen. Achim hat oft das Gefühl, dass Susanne in Gedanken woanders ist und selten in dem Moment, den sie gerade erleben. Das ginge für ihn noch, denn so kennt er sie, akzeptiert sie und bewundert sie auch für ihr Engagement und ihre Kreativität. Womit er aber gar nichts anfangen kann, ist, wenn er spürt, dass er dauernd mit muss in dieses Anderswohin.

Eigentlich sollte ihn Susanne längst besser kennen nach den vielen Jahren, die die beiden schon zusammen sind. Oder kennt sie ihn längst und akzeptiert ihn nur nicht? Sie hat ihn zum Arzt geschickt, um zu klären, was hinter seinem in ihren Augen abnormalen Schlafbedürfnis steckt. Der Diagnose seines Hausarztes, dass es keinen medizinischen Befund gebe und alles ganz normal sei, wollte sie nicht glauben, und sie gab erst Ruhe, als er noch einen zweiten Facharzt aufsuchte. Danach blieb ihr eigentlich nichts anderes übrig, als hinzunehmen, dass es wirklich keinen Befund gibt, Achim vollkommen gesund ist und sein Schlafbedürfnis Teil seiner Normalität. Akzeptieren kann sie das aber offenbar immer noch nicht: Kein Samstag, Sonntag oder Urlaubstag vergeht, an dem sie nicht schon am Vorabend fragt, wann sie ihn denn wecken dürfe und was sie denn dann machen wollten. Dabei täte gerade ihr ein wenig von seinem Ruhebedürfnis sehr gut!

Sicher: Susanne bemüht sich und ist oft sehr liebevoll, auch wenn er nicht aus dem Bett kommt. Doch Achim hat immer das latente Gefühl, dass sie ihm mehr oder weniger insgeheim Vorwürfe macht, dass er letztendlich nicht so ist, wie sie es sich wünscht: dass er ihr nicht genügt. Er reagiert dann häufig stur, und sie schlafen nicht selten beleidigt ein, wobei letztendlich nur sie einschläft, er wälzt sich dann meistens stundenlang, und oft hilft nur noch eine Schlaftablette.

»Was mich unter Druck setzt, ist, wenn ich das Gefühl habe, dass ich mich beweisen muss, im Beruf oder privat, wenn etwas von mir erwartet wird, ich ein Ziel zu erreichen habe. Das ist dann kein Stress, glaube ich, es geht ja nicht um eine existenzielle Frage, aber es ist oft eine enorme Anspannung für mich.« Achim weiß, dass ihn oft Erwartungen anderer unter Druck setzen: seiner Eltern, die sich einen perfekten, erfolgreichen und glücklichen Sohn wünschen. Seiner Freundin mit ihrer Umtriebigkeit, ihren Vorstellungen davon, wann er aufstehen, was er anziehen, was er unternehmen sollte. Seiner Schwiegereltern und auch der Schwägerin, die sich ihn für seinen Geschmack viel zu oft bei Familienfeiern wünschen. In der Konsequenz geht er fast gar nicht mehr hin. Achim ist ein sehr warmherziger, fürsorglicher Mensch. Aber er kann sehr stur sein, wenn er sich vereinnahmt fühlt, dann fährt er seine Stacheln aus und macht dicht.

»Ich brauche meine Rückzugsräume, meine Zeit für mich und meinen eigenen Rhythmus.« Richtig entspannen kann er, wenn er am Wochenende allein zu Hause ist, weil Susanne arbeiten muss. Dann schläft er meistens so lange, bis ihn irgendwann ein Hund weckt, der sich langweilt oder Hunger hat. Dann frühstückt Achim im Bett, schaut fern und streichelt die beiden Rauhaardackel, die sich wieder zu ihm auf die Bettdecke gelegt haben. Etwa um elf Uhr steht er auf, geht spazieren, dann einkaufen, und nachmittags legt er sich oft aufs Sofa, liest einen Kriminalroman, hört Musik, schaut eine DVD, und oft macht er später noch einmal ein Nickerchen, bevor er den Abend wieder lesend, Musik hörend, fernsehend, telefonierend, die Hunde kraulend verbringt. »So ist das für mich ein perfekter Samstag. Wenn ich keinen Zeitdruck habe, wenn niemand etwas von mir erwartet, wenn ich mich nicht beweisen muss, wenn ich einfach in meinem eigenen Raum, nach meinem eigenen Tempo leben kann. Am schönsten wäre es, wenn Susanne dann auch noch neben mir wäre, einfach nur da, ohne Themen, ohne Pläne. Doch meistens will sie was unternehmen. Oder was besprechen.«

Manchmal findet er es sogar ganz gut, dass sie so viel arbeitet, dann hat er seine Ruhe. Bei ihr gibt es eigentlich nie einen Leerraum. Und wenn sich einer auftut, wird er gleich wieder mit einer »sinnvollen« Tätigkeit gefüllt. Muße kennt Susanne nicht, da ist sich Achim sicher, wohingegen er mit diesem antiquierten Begriff sehr wohl etwas anzufangen weiß. Der 33-Jährige versteht darunter: Entspannung, Entschleunigung, Ausgeglichenheit, im eigenen Rhythmus leben, nach der eigenen Zeit, im eigenen Raum. Achim weiß, dass er in dieser Hinsicht eigenwillig sein und eigenbrötlerisch wirken kann. Doch er braucht diese Räume, die nur ihm gehören.

Vielleicht reist er auch deshalb so gern. Vor einigen Jahren hatte er aus beruflichen Gründen eine Bahncard 100, mit der er in ganz Deutschland umsonst fahren konnte. Manchmal setzte er sich morgens einfach in irgendeinen Zug und fuhr den ganzen Tag nur durchs Land. Besonders liebt er Städtetouren übers Wochenenden. In den letzten zwölf Monaten war er zweimal in Zürich, in Rom, in Prag, in Triest und in London. Er liebt diese zwei, drei Tage irgendwo – nicht so sehr, um sich an den Orten etwas anzusehen, sondern einfach, um woanders zu sein. Wenn ihn Susanne manchmal begleitet, will sie in Kirchen und Museen, sie hat dann für jeden Tag ein Programm im Kopf und immer den *Baedeker* dabei.

Wenn er hingegen allein unterwegs ist, flaniert Achim einfach nur, geht in seine Lieblingsgeschäfte und auf Märkte, schaut den Menschen zu, macht natürlich auch ein ausgiebiges Mittagsschläfchen, trinkt Kaffee, liest Zeitung auf dem iPad, ist einfach nur da. Und nicht in Gedanken irgendwo anders. Achim mag auch die Natur, jedoch nicht, um sie zu erobern: Gipfel, Strecken, Räume. Sondern um einfach in ihr zu sein: am See, am Meer, auf dem Berg. In solchen Momenten ist Achim ganz bei sich und ganz weit weg von den Erwartungen anderer.

Denn es ist nicht so, dass er immer die Ruhe selbst wäre. Er kann schnell nervös werden, sich unter Druck fühlen und in Panik geraten. Vor allem wenn er das Gefühl hat, jemand, der ihm wichtig ist, könnte mit ihm und seinen Leistungen nicht zufrieden sein. Dann beginnt er rasch stark zu schwitzen, und der Blutdruck klettert. Seit seinem 18. Lebensjahr nimmt Achim Blutdrucksenker. »Vielleicht ziehe ich mich auch deshalb immer wieder in meine Höhle zurück, weil ich das für mich brauche, um zu regenerieren«, sagt er.

Das war besonders deutlich vor einigen Jahren, als Achim am Ende seines Studiums nicht wusste, wie es weitergehen und wovon er leben sollte. »Da hatte ich echte Existenzangst, das war ein richtiger Stress.« Der Rückzug – aufs

Sofa, ins Bett, in die Badewanne, in die imaginäre Welt eines Romans – hat ihn immer wieder beruhigt. Auch heute noch liest Achim mehrere Bücher pro Woche. Er hat inzwischen einen guten und verantwortlichen Job gefunden, koordiniert internationale Projekte.

»Ich mache das wahnsinnig gern und erfahre viel Bestätigung. Aber ich merke auch, wie sehr mich das manchmal stresst: immer für alle ansprechbar und für alles offen sein zu müssen, alles immer parat zu haben, für alles verantwortlich zu sein, zu schauen, dass nichts schiefgeht, dass alle zufrieden sind.« Wenn er dann am Feierabend oder am Wochenende schläft, dann hat das sicher viel mit einem körperlichen Bedürfnis zu tun. Womöglich aber auch ein wenig mit dem Wunsch, einfach nicht erreichbar zu sein. Daher können schlichte Telefonanrufe solche Momente sehr rasch zerstören und Achim ziemlich wütend machen, weshalb er am Wochenende so gut wie nie ans Telefon geht.

»Dabei ist mir das Abschalten allein gar nicht so wichtig, sondern vielmehr, die Augenblicke zu genießen, wie sie sind, jetzt und hier«, sagt er. Es kommen ja dauernd solche Momente: wenn sich beruflich die Dinge gut entwickeln, wenn es mit der Freundin passt, wenn ein Film oder ein Buch spannend sind, wenn beide Hunde gehorchen. Dann empfindet er sein Leben als wunderschön, dann gibt es überhaupt nichts, was er gern anders hätte.

»Ja, wahrscheinlich bin ich leicht zufriedenzustellen. Ich bin keiner, der dauernd hadert und nach Dingen sucht, die er nicht hat. Ich bin kein Mensch der großen Dinge, ich kann mich sehr an kleinen Momenten freuen und an kleinen Fortschritten.« Wenn er es doch mal vor zehn aus dem Bett schafft. Wenn Susanne und er in die Berge fahren. Wenn sie einfach mal nur mit ihm sitzen und nichts tun kann. Wenn er sich zum Sport aufraffen konnte. Wenn er die Steuererklärung hinter sich hat. Achim hat ein Goethe-Zitat zur Hand für das, was ihn in solchen Momenten so freut: »Zum Augenblicke dürft ich sagen: Verweile doch, du bist so schön!«

6 Muße und Stress

Fast 40 Prozent der Deutschen fühlen sich nach Umfragen gestresst und entweder »ziemlich oft« oder »die meiste Zeit« ausgebrannt. Als Ursachen für den Stress geben 37 Prozent davon gesundheitliche Gründe an, gefolgt von Leistungsdruck im Beruf mit 27 Prozent, finanziellen Sorgen mit 16 Prozent und familiären Konflikten beziehungsweise Beziehungsproblemen mit 13 Prozent.[1] Jeder Zehnte nimmt diesen Stress mit ins Bett und klagt über häufige Schlafstörungen.

Nach der Definition der Weltgesundheitsorganisation (WHO) gilt chronischer Stress als eine der größten Gefahren für die Gesundheit der Menschen mit erheblichen Folgen für Körper und Seele: Er begünstigt Arterienverkalkung, Asthma, Fettsucht und Diabetes, außerdem das Entstehen oder Verfestigen von Depressionen. Im Durchschnitt geht in Deutschland mehr als jeder zweite Tag Arbeitsausfall auf stressbedingte Erkrankungen zurück. Die seelisch bedingte Arbeitsunfähigkeit hat in wenigen Jahren um 70 Prozent zugenommen, und die Zahl der Krankheitstage wegen eines so bezeichneten »Burn-outs« ist innerhalb der letzten acht Jahre um 2000 Prozent angestiegen, wobei es sich hier teils um eine gewisse Modeerscheinung handeln dürfte.

Dabei bleibt das populäre Verständnis von Stress oft diffus, im Berufsalltag gilt es oft sogar als schick, sich selbst als gestresst zu beschreiben. Über solche Wendungen kann Professor Dr. med. Hartmut Schächinger nur schmunzeln. Der Leiter der Abteilung für Klinische Psychophysiologie der Universität Trier befasst sich seit vielen Jahren wissenschaftlich mit dem An- und Entspannmechanismus von Körper und Psyche des Menschen. Doch auch er räumt ein: »Darüber, was Stress eigentlich ist, gab es jahrelangen Disput und lange keinen allgemeingültigen Sprachgebrauch.« Das ist dann doch erstaunlich: Jeder kennt Stress, doch es gelang lange nicht, ihn wissenschaftlich zu fassen. »Ein ähnlich lang andauerndes Definitionsproblem haben wir auch bei anderen psychosozialen Phänomenen, zum Beispiel bei der Liebe«, sagt Schächinger.

Doch anders als bei den zwischenmenschlichen Gefühlen weiß man inzwischen über die bei Stress wirksamen Mechanismen recht gut Bescheid, vor allem aus vielen Tierversuchsstudien. So wirken im Fall einer als existenzielle Gefahr empfundenen Situation schlagartig drei körperliche Bereiche zusammen: 1.) Das autonome Nervensystem spricht die Organe direkt an. 2.) Das Hormonsystem wirkt sich durch Ausschüttung von bestimmten Botenstoffen auf jede einzelne Zelle im Körper aus. 3.) Neuronale Prozesse steuern unter anderem die Aufmerksamkeit und fokussieren die Wahrnehmung. Dazu kommen Aspekte wie die Unterdrückung von Schmerz und die Erzeugung von Emotionen wie Angst.

So wird bei Gefahr im Verzug über das sympathische Nervensystem der Kreislauf angetrieben, das Herz schlägt schneller, der Blutdruck steigt, die Atemfrequenz schnellt empor, damit der Körper mehr Sauerstoff umsetzen kann.

Von der Leber wird Zucker zur Verfügung gestellt, und aus Fettzellen werden Fettsäuren freigesetzt, alles hochwertige Energieträger. So können vor allem die Muskeln vermehrt mit Energie versorgt werden – für Kampf oder Flucht. »Die Hypothalamus-Hypophysen-Nebenniere-Achse sorgt bei Säugetieren dafür, dass die richtigen Hormone ausgeschüttet werden, beim Menschen Cortisol. Dieses Stresshormon verbreitet sich innerhalb von Minuten im gesamten Körper und verändert die Genexpressionen vieler Zellen«, sagt Schächinger. Cortisol ist messbar im Blut und im Speichel und bewirkt unter anderem, dass der Körper auch mittel- oder langfristig mit einer anhaltenden Stresssituation zurechtkommt.

Gleichzeitig werden weitere Schutzmechanismen aktiviert: Das Blut gerinnt leichter, damit es im Fall einer Verletzung nicht so schnell zu einem Blutverlust kommt. Schweiß dringt durch die Poren, damit sich der Organismus nicht überhitzt. Hormone, die den Menschen weniger empfindlich für Schmerzen machen und seine Sinne hellwach, fluten den Kreislauf. Gleichzeitig werden andere Körperfunktionen heruntergefahren oder ganz unterdrückt, die in der lebensbedrohlichen Situation nicht notwendigerweise gebraucht werden: etwa der Sexualtrieb, die Verdauung oder das Immunsystem. In Lebensgefahr würden diese Funktionen nur eine Verschwendung kostbarer Energieressourcen darstellen.

Professor Schächinger hat an der Universität Bonn über Bluthochdruck promoviert und sich in Basel für innere Medizin habilitiert. Er befasst sich seit Jahren unter anderem mit der Wirkung von Stresshormonen – speziell Cortisol – auf das Gedächtnis. Denn auch auf Gehirnfunktionen wirkt sich Stress stark aus. »In Stresssituationen merken wir uns wichtige Dinge wesentlich besser, die sonst womöglich vergessen würden«, erklärt er. »Es kann unter Umständen lebenswichtig sein, ob ich beim nächsten Mal eine ähnliche Situation von vornherein vermeide oder ob ich vielmehr verstanden habe, dass und wie ich in der Lage bin, diese zu meistern. Stress versetzt den Menschen, biologisch-evolutionär betrachtet, schlagartig in einen Alarmzustand und bereitet ihn vor auf Kampf oder Flucht.«

Es handle sich dabei um eine uralte biologische Funktion, eine Art Generalmobilmachung für existenzielle Gefahrensituationen. Dieses System habe sich im Lauf der Evolution bewährt. »Natürlich sind die entsprechenden Auslösesituationen artspezifisch programmiert, dennoch wirken diese Mechanismen bei vielen Wirbeltieren ähnlich, wenn man an Schatten, Lärm, Bodenvibration oder Kälte denkt«, sagt Schächinger. »Bedenkt man die Jahrmillionen gemeinsamer Koevolution, so verwundert es nicht, dass einige Auslöser – zum Beispiel Schlangen oder Spinnentiere – beim Menschen sehr schnell zu Angst und Stress führen können. Aufgrund dieses phylogenetischen Gedächtnisses fürchten wir uns vor Schlangen quasi ganz natürlich – leider, denn Furcht vor Autos wäre für das Überleben relevanter, wenn man die vielen Verkehrstoten bedenkt.«

Doch entscheidend für die Frage, wie gut oder schlecht wir mit Stresssituationen zurechtkommen, sind nicht diese archaischen Auslöser. Überhaupt ist es nicht gelungen, Stress über allgemeine Auslösebedingungen zu definieren. Wichtig sei das persönliche Stressverhalten, sagt Schächinger. »Stress liegt erst dann vor, wenn im Individuum Stress ausgelöst wird, wenn also unser persönliches Stressauslösesystem ihn anschaltet.«

Das heißt: Es geht weniger um die objektiven Auslösebedingungen als um die subjektive Wahrnehmung und Verarbeitung. Demnach liegt die Auslöseschwelle für die meisten Stressfaktoren für jedes Individuum unterschiedlich hoch – entsprechend der genetischen Disposition und den Lernerfahrungen im Leben. »Wir gehen heute davon aus, dass für Menschen hier schon sehr frühe Erlebnisse, zum Teil bereits im Mutterleib, eine wichtige Rolle spielen. Auch wenn bestimmte Stresserfahrungen nur einmal im Leben erlebt und mit Angst besetzt wurden, wird unser Körper mit hoher Wahrscheinlichkeit bei ähnlichen Erfahrungen mit starker Erregung, also Stress, antworten. Derartige Prägungen bleiben möglicherweise zeitlebens bestehen, sie sind im Grunde nicht mehr zu löschen: die Angst vor Bezugspersonen, bestimmten Tieren, vor Höhe oder Menschenmassen. Da entstehen dann sehr individuelle und sehr feste Muster. Dennoch gilt für alle Menschen: Je bedrohlicher eine Situation erlebt wird und je weniger Kontrolle über die Situation besteht, desto größer ist die Stressreaktion.«

Daher versteht die psychosoziale Stressforschung heute nicht jede Art von Druck oder Beanspruchung als Stress, vielmehr bezeichnet sie mit diesem Begriff ein subjektives Ungleichgewicht zwischen Kontrolle und Bedrohung, dies kann auch die Bedrohung der sozialen Stellung sein. Nicht alles schlägt jedem gleichermaßen auf den Magen. Das bedeutet, dass ein und dieselbe Belastung bei Menschen mit wenigen Kontrollmöglichkeiten und geringerer Stresstoleranz hohen Stress hervorruft, während sie bei anderen kaum eine Reaktion auslöst. Es kann sogar sein, dass eine entsprechende Beanspruchung oder Herausforderung von einigen Personen als positiv bewertet wird. »Sowieso ist typisch, dass körperlicher oder psychischer Stress von Personen sehr unterschiedlich wahrgenommen und verarbeitet wird.«

Das Stresssystem des menschlichen Körpers ist physiologisch normal und leistet auch noch dem modernen Menschen wertvolle Dienste: in echten Notfällen, bei Unfällen, bei sportlichen Wettkämpfen, in schwierigen Situationen mit dem Partner, mit dem Chef oder bei heiklen Vertragsverhandlungen. Stress schärft die Sinne, erhöht die Wachheit und damit auch die Schlagfertigkeit und Leistungsfähigkeit. Für viele Situationen allerdings, in der diese Funktion heute beim modernen Menschen anspringt, ist das archaische System nicht mehr angemessen. Denn es versetzt den Körper in eine extreme, existenzielle Alarmbereitschaft, obwohl es in unserem Alltag nur sehr selten um Leben oder Tod geht. Doch auch wenn kein Mammut vor einem steht, sondern der Vorgesetzte oder der Konkurrent um den letzten Parkplatz, können die Stresssysteme angeworfen werfen.

Wenn solche im Grunde unnötigen Anspannungen zur Regel und gleichzeitig die Phasen der Erholung immer seltener werden, wenn der Anspannung nicht immer auch im selben Maße die Entspannung folgt, dann hat der Körper keine Chance mehr, sich wieder auf Normalwerte einzupegeln. Das gilt besonders in modernen Arbeitswelten, die häufig dafür sorgen, dass die Stressauslöser den Menschen über das Phänomen der ständigen Erreichbarkeit rund um die Uhr bedrängen können, wodurch echte körperliche wie geistige Entspannung verhindert wird. Professor Schächinger stellt klar: »Ohne Entspannung geht es nicht, dafür sorgt im Normalfall schon der Schlaf, und zwar sowohl muskulär als auch neuronal.« Zur gesundheitsfördernden Entspannung im Schlaf gehörten auch Träume, selbst Albträume, wobei man die Mechanismen, die hier wirksam werden, noch nicht ganz verstehe.

Es ist auch noch nicht ganz geklärt, wie der Schlaf seine gesundheitsfördernde, entspannende Funktion verlieren kann, wie zum Beispiel Schlaflosigkeit entsteht. Dann kann der Anspannung keine durch Schlaf erzwungene Entspannung mehr folgen. Da der Stress von seiner biologischen Funktion her eine Verschiebung von Ressourcen zugunsten eines anstehenden Kampfes oder einer Flucht darstellt, geht eine solche Verschiebung, wenn sie dauerhaft erfolgt, zwangsläufig zulasten anderer Systeme, die für Kampf oder Flucht nicht unmittelbar gebraucht und dann entsprechend gehemmt werden: das Zellwachstum etwa oder die Sexualität. Die Folgen dieser Verschiebung können gravierend sein: So ist chronischer Stress auch ein Auslöser von Niedergeschlagenheit und Depression.

Dazu kommt die negative Wirkung der verschiedenen Stressfunktionen auf den Organismus, wenn sie nicht immer wieder abgeschaltet werden: Dann bleiben das Niveau der Stresshormone, der Blutdruck oder der Blutzuckerspiegel dauerhaft erhöht, was langfristig zu Stoffwechselstörungen, Arterienverkalkung, Herz-Kreislauf-Erkrankungen oder chronischen Entzündungsreaktionen führen kann. Professor Schächinger nennt ein weiteres Beispiel: »In Zeiten, in denen wir Angst vor wilden Tieren haben mussten, oder auch später, in innerartlichen Kämpfen und Kriegen, war es günstig, dass in der Stresssituation die Durchblutung zentralisiert und die Blutgerinnung erhöht wurde, denn das schützte vor Blutverlust.« Wenn aber gar keine äußere Verletzung droht, entsteht durch die erhöhte Gerinnungsneigung möglicherweise ein Herzinfarkt. Auch die Bereitstellung von zu viel Glukose für Kampf-Flucht-Situationen kann langfristig schädlich sein. Durch die Veränderung der Gefäße kann es zu Bluthochdruck kommen und zu Arteriosklerose. »In der Welt, in der wir heute leben dürfen, begünstigen diese Reaktionen Herz-Kreislauf-Erkrankungen, die Todesursache Nummer eins in industrialisierten Gesellschaften.«

Inzwischen können Mediziner die Vorgänge in den Blutgefäßen bei Stress gut erklären: Zum einen treiben Hormone wie Adrenalin und Noradrenalin den Blutdruck und den Puls hoch, die Pumpleistung des Herzens steigt. Gleichzeitig können diese Hormone entzündliche Vorgänge in den Herzkranzgefäßen auslösen, wodurch der Arteriosklerose der Weg geebnet wird. Cholesterin und andere Blutfette bilden eine Schlacke, die sich an den Gefäßinnenwänden ablagert. »Tatsächlich bringen uns die Funktionen, die uns früher kurzfristig gerettet haben, heute langfristig um«, so Schächinger.

Doch nicht nur in den Blutgefäßen sorgt Dauerstress für Veränderungen, auch das Gehirn bleibt davon nicht verschont. Am größten scheint der Einfluss von Dauerstress auf den Hippocampus zu sein – den Bereich im Gehirn, der für das Lernen und Erinnern wichtig ist. Versuche an Ratten haben gezeigt, dass bereits drei Wochen Stress ausreichen, um das Volumen des Hippocampus um drei Prozent zu verringern. Diese Erkenntnis passt zu früheren Beobachtungen: Menschen, die etwa im Krieg gefoltert wurden und dadurch seelisch erkrankten, haben oft vergleichsweise kleine Hippocampi.

Diese an der Innenseite des Schläfenlappens gelegene Struktur zieht derzeit das Interesse vieler Hirnforscher auf sich, auch weil dort offenbar neue Nervenzellen entstehen können. Lange Zeit war die Neurologie davon ausgegangen, das menschliche Gehirn sei mit der Kindheit ausgereift und könne später keine neue Zellen hervorbringen. Nun aber lassen neuere Befunde vermuten, dass chronischer Stress im Hippocampus die Produktion neuer Nervenzellen hemmt oder gar verhindert, mit Konsequenzen für Lernen, Gedächtnis und Wahrnehmungsprozesse. Psychologische Forschung konnte zeigen, dass diese Prozesse auch bei der Depression verändert sind. Aus sozialpsychologischer Perspektive gesehen, gehen Depressionen häufig aus einer Anpassungsproblematik hervor. Darin könnte auch ein Erklärungsansatz dafür liegen, unter welchen Umständen eine Stresssituation chronisch werden kann. Nämlich dann, wenn eine Situation vom Individuum über einen längeren Zeitraum als unkontrollierbar, emotional negativ und unerträglich empfunden wird.

Professor Schächinger: »Dabei gilt auch hier: Was der Einzelne als emotional negativ empfindet und wie sehr, hängt neben seiner Persönlichkeitsstruktur und genetischen Faktoren auch stark von seiner persönlichen Lernerfahrung ab. Da gibt es eine sehr große Bandbreite.« Entscheidend für Stress oder nicht sei aber die Frage der Bewältigungsmöglichkeiten: »Auf eine Prüfung kann ich mich vorbereiten, von einer Spinne, vor der ich mich fürchte, kann ich einfach weggehen. Wenn aber, wie häufig im Arbeitsleben, keine Beendigung der Stresssituation möglich ist, wenn ich mich Tag für Tag in meiner persönlichen Stressstory wiederfinde, dann wird es ungesund, dann begünstigt das Bluthochdruck, Diabetes, Adipositas, Depression und etliche andere bekannte Stresserkrankungen.«

Begonnen hat die Stressforschung mit dem amerikanischen Physiologen Walter Cannon (1871–1945), der an Katzen untersuchte, wie die Darmmuskulatur den Nahrungsbrei in Richtung Anus schiebt.[2] Auf den Röntgenbildern fiel ihm auf, dass sich einige der Tiere für den Versuch als untauglich erwiesen, und zwar jene, die sich fauchend gegen das Experiment sträubten. Offensichtlich ließen dadurch die Kräfte ihres Darms nach. Cannon begann sich dafür zu interessieren, ob es Angst war, die die Verdauung der Katzen hemmte, und entwickelte ein neues Experiment: Dabei versetzte er die Katzen zunächst in Angstsituationen, indem er einen Hund an die Käfige heranführte, und nahm dann den Tieren Blut ab. Beim Vergleich der Proben mit denen von Kontrolltieren, die er nicht in Angst versetzt hatte, stellte der Forscher fest, dass das Blut der bedrohten Katzen hohe Mengen des Hormons Adrenalin enthielt.

Schon zu Beginn des vorigen Jahrhunderts war bekannt, dass Adrenalin sowohl den Blutdruck als auch den Blutzuckerspiegel steigen lässt und außerdem die Darmbewegung hemmt. Cannons Erkenntnisse verbanden diese Effekte mit Emotionen: Offenbar sorgte die Angst vor einer existenziellen Bedrohung bei den Tieren schlagartig für Kampf- oder Fluchtbereitschaft. Sobald die Gefahr vorüber war, sank der Adrenalinwert im Blut der Katzen wieder, die Körperfunktionen normalisierten sich.

Cannon ahnte bereits, dass der Stressmechanismus auch beim Menschen entsprechend funktioniert, der moderne Mensch diesen archaischen Mechanismus allerdings nur noch selten wirklich benötigt. »Es ist deshalb nicht überraschend«, erklärte er bereits 1936 einem ärztlichen Publikum, »dass Ängste, Sorgen und Hass zu schädlichen und hochgradig beunruhigenden Folgen führen können.« Den heute so populären Begriff »Stress« verwandte Cannon allerdings noch nicht, das tat erst der Biochemiker Hans Selye (1907–1982). An der McGill University in Montreal setzte er Ratten Kälte, Hitze und Lärm aus, die darauf mit schrumpfenden Lymphknoten und Magengeschwüren reagierten.

Auch Selye übertrug seine Erkenntnisse auf den Menschen: Offenbar habe auch der menschliche Organismus, so seine Vermutung, ein System, das Belastungen wie Kälte, Hitze, Schlafentzug, Schmerzen und Trauer in bestimmte Symptome umwandle. Dieses System bezeichnete Selye mit dem englischen Wort für Belastung oder Druck: *stress*.

Heute weiß die Medizin, dass Stress nicht absolut zu definieren und nicht für jeden Menschen gleich ist. Und man kennt inzwischen zahlreiche Wege und Strategien, wie Menschen individuell mit ihren Stressoren umgehen lernen können. Zwar ist die Anpassung an regelmäßige körperliche Stressreaktionen oder Dauerstress schwierig und meist langwierig. Doch trotz des über Millionen Jahre entwickelten archaischen Systems kann auch der moderne Mensch lernen, wie er die dauerhafte Überreaktion seines Körpers dämpfen oder gar vermeiden kann.

Eine unmittelbare, quasi natürliche Wirkung auf Stress hat körperliches Training, auch im Wettkampf. Zwar bedeutet Sport zunächst ebenfalls Anspannung, bei der – wie auch in stressauslösenden Situationen – alle Stresssysteme stark aktiviert werden. »Zunächst werden die bei Sport durch Stresssysteme zur Verfügung gestellten Energieträger in der Muskulatur abgebaut. Danach folgt eine Entspannung, insofern ist Sport in der Regel sehr gesundheitsfördernd, insbesondere durch die Nach-Sport-Effekte«, sagt Professor Schächinger. Sicher ist auch: Körperliches Training führt zu einem gesunden Hormonmuster, das Stresshormon Cortisol nimmt ab, das Herz und das Kreislaufsystem werden trainiert. Schon eine halbe Stunde Sport dreimal die Woche zeigt eindeutige Effekte.

Klinische Vergleichsstudien legen auch nahe, dass sportliche Spaziergänge von mindestens 30 Minuten am Tag gegen Depression genauso gut wirken wie herkömmliche Antidepressiva. Bei allen sportlichen Aktivitäten ist es allerdings wichtig, dass die Belastungen für das Individuum das richtige Maß treffen, zu intensiver Sport ist nicht sinnvoll. So ist bei gestressten Personen, wenn sie etwa erhöhte Blutdruckwerte aufweisen, zu beobachten, dass sie bei körperlicher Aktivität einen Belastungshypertonus aufweisen, der negative Gesundheitsfolgen hervorrufen kann.

Neben sportlicher Bewegung können auch Meditation, Yoga und die Ausübung religiöser Praktiken eine wichtige Rolle beim Stressabbau spielen, da solche Praktiken mittelfristig bestimmte Strukturen im Gehirn zu verändern scheinen. So haben gerade neuere Studien gezeigt, dass seelische Ruhe und geistige Übungen im Hippocampus neue Nervenzellen entstehen lassen. Das widersprach der geltenden Lehrmeinung, wonach das Gehirn, wenn es lernt, zwar seine Arbeitsweise ändert, nicht aber die Struktur seiner Zellen und Gewebe. Doch der Psychiater und Medizinnobelpreisträger Eric Kandel von der Columbia University hat dazu mit seiner Kollegin Daniela Pollak eine aufschlussreiche Untersuchung durchgeführt.[3]

In einem Experiment brachten sie Mäusen zunächst bei, einen bestimmten Ton mit »Sicherheit« in Verbindung zu bringen, um diese so konditionierten Mäuse anschließend gezielt unter Stress zu setzen, nämlich in eine Wanne voll Wasser. Die wasserscheuen Tiere gerieten in Panik und zappelten, um nicht unterzugehen. Als die Forscher den Mäusen das Signal »Sicherheit« vorspielten, legte sich die Panik jedoch.

Im nächsten Schritt untersuchten Kandel und Pollak, ob die Konditionierung auch das Gehirn der Nager verändert hatte, und sie wurden im Hippocampus fündig. Der Stoff

BDNF (Brain Derived Neurotrophic Factor), der das Entstehen von Nervenzellen fördert, fand sich in erhöhten Mengen, und es waren auch schon viele neue Nervenzellen entstanden. Kandel fragte sich, ob solche Erfahrungen auch das menschliche Gehirn entsprechend verändern könnten. »Mich hat schon immer interessiert, wie die Psychoanalyse funktioniert«, sagte er in einem Interview. »Weil es eine Lernerfahrung ist, muss es dafür eine biologische Grundlage im Gehirn geben.«

Einen Schritt weiter kam hier Richard Davidson vom Waisman Laboratory for Brain Imaging and Behavior, als er 2004 buddhistische Mönche untersuchte, um herauszufinden, wie das Meditieren Strukturen im Gehirn beeinflusst.[4] Während die Mönche versunken dasaßen, brachte das Elektroenzephalogramm ein heftiges Muster von Hirnaktionsströmen hervor, 30-mal so stark wie das gewöhnlicher Studenten. Normalerweise werden diese Hirnwellen mit kognitiven Höchstleistungen in Verbindung gebracht.

Solche Effekte sind nicht nur bei tibetischen Mönchen zu beobachten. Sara Lazar vom Massachusetts General Hospital hat eine Studie mit 35 Anwälten, Journalisten und Ärzten durchgeführt.[5] 20 von ihnen waren überzeugte Meditierende und verbrachten jeden Tag fast eine Stunde mit entsprechenden Geistesübungen, die restlichen 15 Testpersonen hatten noch nie meditiert. Nachdem man die Gehirne aller Probanden im Kernspintomografen durchleuchtet hatte, wurde klar: Die Meditierenden verfügten über eine auffällig dickere Hirnrinde (Kortex) als die Nichtmeditierenden.

Diese Erkenntnisse legen den Schluss nahe, dass es einen Ausweg aus krankmachendem Dauerstress geben kann: Wenn man schon die steigenden Anforderungen oder die fehlende Anerkennung im Beruf nicht beeinflussen kann, so kann man doch versuchen, sein Gehirn durch Übungen wie Meditation, Gebet oder auch Muße auf Entspannung zu konditionieren. Die deutsche Psychologin und Yogalehrerin Britta Hölzel hat ebenfalls im Massachusetts General Hospital in Boston eine Studie durchgeführt, um herauszufinden, inwiefern solche Entspannungsübungen die Struktur des menschlichen Gehirns positiv verändern.[6] Ihre 26 Versuchspersonen erfüllten zwei Voraussetzungen: Sie fühlten sich äußerst gestresst – und keiner von ihnen hatte jemals zuvor versucht, durch Meditieren gegenzusteuern.

Vor Beginn des Experiments untersuchten Hölzel und ihre Mitarbeiter zunächst das Gehirn der Testpersonen, denen sie dann ein achtwöchiges Trainingsprogramm aus Achtsamkeitsübungen verschrieben. Ziel solcher Übungen, die auf buddhistische Formen zurückgehen, ist es, die Aufmerksamkeit auf den gegenwärtigen Moment zu lenken und jedes Wegdriften zu verhindern. Die Probanden mussten einen Abend pro Woche gemeinsam in der Gruppe 90 Minuten lang meditieren, an den übrigen Tagen zu Hause, mindestens 45 Minuten lang. Nach acht Wochen untersuchten die Forscher die Gehirne ein zweites Mal und maßen im Magnetresonanztomografen die Dichte des Gehirns in den betreffenden Bereichen: Die hatte zum Teil deutlich zugenommen, was die Forscher dahingehend deuteten, dass sich bestimmte Areale durch die Meditation erneuert haben mussten: Neue Verbindungen wurden hergestellt, Neuronen wurden größer und bildeten neue Fortsätze aus. Im Hippocampus reiften womöglich sogar zusätzliche Nervenzellen heran. Das Ergebnis legt nach Einschätzung der Forscher nahe, dass ein gestresster Mensch sein Gehirn durch Meditation regelrecht umtrainieren kann.

Die bislang größte Langzeitstudie darüber, wie sich Meditation auf die Gehirnstruktur auswirkt, aber auch auf das Immunsystem, auf die Reaktionsfähigkeit sowie auf das Herz-Kreislauf-System, lief bis Sommer 2014 am Max-Planck-Institut für Kognitions- und Neurowissenschaften in Leipzig. Mehr als 300 Probanden wurden vor, während und nach einer Phase neunmonatigen mentalen Trainings untersucht. Beteiligt an der Studie waren fast 50 Wissenschaftler und Meditationslehrer; Ergebnisse werden für 2015 erwartet.

Aus den bisher vorliegenden Studien wird bereits deutlich, dass das Gehirn den Stressauslösern nicht so hilflos ausgeliefert ist, wie es lange vermutet wurde. Vielmehr hat es ein erstaunliches Potenzial zur Regeneration, die physiologischen Stresseinflüsse auf das Nervensystem sind offenbar umkehrbar. Dauerhafter Stress setzt den Nervenzellen zwar mächtig zu – diese jedoch erweisen sich als erstaunlich wandlungsfähig und können sich durchaus wieder erholen, und zwar nicht nur durch Meditieren.

Prof. Schächinger nennt Studien, die nahelegen, dass insbesondere auch religiöse Praktiken auf das Gehirn stressreduzierend wirken. Er verfolgt diese Ansätze mit großem Interesse, obwohl er sich selbst nicht als gläubig bezeichnet. »Mich interessiert aber der psychologisch-medizinische Aspekt dabei, und da sehe ich drei mögliche Wirkweisen.« Zum einen trete man im Gebet in vielen Religionen mit »dem Höchsten und Wertvollsten« in Verbindung. »Das an sich kann als wertsteigernd und wohltuend empfunden werden.« Zum anderen könne der Gläubige der eigenen Einschätzung zufolge mit dem Gebet Einfluss auf seine Situation nehmen und so eine gewisse Kontrolle erlangen. »Zum Dritten, und das scheint mir die eigentliche Wirkung – das gilt gleichermaßen für Meditation wie für religiöse Übun-

gen, die sich nicht einem handelnden Gott gegenüberse-
hen –, helfen solche Übungen dabei, das Bewusstsein zu lösen von der persönlichen Stressstory.« Es ist dann quasi die
Gegenbewegung einer Depression: Statt einer Verengung
der Gedanken auf negative Erfahrungen und Befürchtun-
gen entsteht eine geistige Wegbewegung von der persönlichen Stressbelastung. »Dass das möglich ist, dass ich mich
von meinen Ängsten und Sorgen distanzieren kann, ist eine
tolle Lernerfahrung!«

Ob das aber wirklich funktioniert: Stress reduzieren
durch Wegschauen? »In dieser konkreten Situation«, so
der Stressforscher, »ist das Wegrichten der Gedanken mehr
als ein Wegschauen, denn es zeigt mir, dass ich Kontrolle
besitze, dass ich meine Gedanken und Gefühle steuern
kann.« Eine solche Erfahrung sei wichtiger als ein einfa-
ches Weglaufen vor einer Spinne oder Schlange. »Wenn ich
es schaffe, trotz Stress und Belastung zu meditieren oder
zu beten, dann bewegt sich der Geist weg vom Stressauslöser hin zu anderen Objekten der inneren Aufmerksamkeit.«

Nach dieser Erklärung hilft auch Muße beim inneren
Wegschauen, geistigen Wegbewegen: die bewusste Beschäftigung mit Noten, Rezepten, Farben, Werkstoffen beim Musizieren, Kochen, Malen oder Basteln. Für Professor Schächinger klingt das plausibel, obwohl hierzu noch keine Studien vorliegen. Entscheidend sei sicherlich eine bewusste
und regelmäßige Übung. Je besser das innere Gedanken-
lenken eingeübt wird, desto leichter fällt es. Zugleich kondi-
tioniert der Gestresste die entsprechende Übung mit Wohl-
gefühl, denn der Körper entspannt zwangsläufig, wenn der
Geist auf anderes als den Stressauslöser blickt.

Am Ende der Übung steht dann eine letztlich unschätzbare Lernerfahrung, denn sie wirkt dem Stressauslöser entgegen. Denn klar ist, dass der Stressauslöser durch Meditation und Muße nicht aus der Welt zu kriegen ist, genauso wenig wie eine frühere Stressprägung. »Die erlernten persönlichen Stressauslöser bekommt man wahrscheinlich nicht mehr raus, denn es hat ja, biologisch gesehen, eine wichtige Funktion, wenn Kampf- oder Fluchtverhalten in ganz bestimmten Situationen unmittelbar gestartet werden kann. Das soll ja gerade für das ganze Leben halten, insofern wäre es unvorteilhaft, wenn man das löschen könnte.« Daran sehe man auch, dass nicht die Mechanik des Systems selbst den Stress ausmache, sondern der Kontext, die persönliche Stresserfahrung.

Wem es aber gelingt, ein inneres Wegschauen einzuüben, sei es durch Meditieren, durch Malen, Musizieren oder Durch-die-Stadt-Spazieren, der macht eine eminent wichtige Lernerfahrung: Professor Schächinger: »Ich merke dann: Ich kann mich da ja rausnehmen aus der Stresssituation. Ich kann ja etwas anderes tun, als nur an meine Stressoren zu denken.« Eine solche Lernerfahrung lösche nicht, was man sich in den Jahrzehnten seines Lebens an Stressauslösern eingeprägt habe, aber sie modifiziere sie. Hinzu komme ein Kontrollerleben, eine Erfahrung, dass man sich dem Stress entziehen könne.

Was sich in den Worten des Psychologen zunächst einfach anhört, ist allerdings in der Praxis sehr schwierig. »Sie arbeiten ja gegen eine vermeintlich lebenswichtige Funktion an.« Da hilft nur geduldiges Üben, denn auch wenn es sich seltsam anhört: Selbst Nichtstun muss gelernt sein. »Wir haben über die Wirkung verschiedener Spielarten von Muße keine wissenschaftlichen Untersuchungen, aber es liegt auf der Hand, dass es einiges an Training erfordert, den Geist durch die eine oder andere Variante dazu zu bringen, sich wegzubewegen, heraus aus der Stresssituation«, sagt er. Wenn das aber gelinge und wenn man diese Erfahrungen mit zunehmendem Lernerfolg immer wieder abrufen könne, dann könne Muße seiner Überzeugung zufolge ein sehr gutes Rezept gegen Stress ein. »Man muss aber immer im Kopf behalten: Es gleicht nicht einer Tablette, die man aus Gewohnheit nimmt, sondern es erfordert aktives bewusstes und ausdauerndes Training.«

Bevor der Stresspatient aber damit beginnen kann, muss er sich bewusst machen, was seinen Organismus immer wieder ohne existenzielle Not so anspringen lässt. Dazu muss er in sich hineinspüren und für sich herausfinden, was ihn stresst, was ihm wehtut, was ihm Angst macht, was ihn so negativ berührt. Er wird sein persönliches Reaktionsmuster darauf nicht aus der Welt bekommen, aber er kann Strategien entwickeln, damit umzugehen: von der Vermeidung, vielleicht auch einer Umdeutung, bis zur objektiven oder subjektiven Beseitigung des Stressauslösers. Und mit jedem Schritt wird er Lernerfahrungen machen, die ihm das nächste Mal helfen.

Der Schlüssel zu alldem ist aber, dass man sich bewusst macht, was einen stresst. Diesen Schritt hat der Stressforscher schon geschafft, er kennt seine Stressoren. »Auch wenn es sich ungewöhnlich anhört für einen Wissenschaftler: Papiere stressen mich, Akten, administrative Vorgänge, die sich auf meinem Schreibtisch häufen, eigentlich Kleinkram, der manchmal unnötig kompliziert ist, aber erledigt werden muss.« Er hat für diese Fälle aber auch eine einfache Übung parat: eine bewusste Konzentration auf frühere positive Erfahrungen, gerade auch mit negativem Stress. »Denn eines dürfen wir nicht vergessen: Eine persönliche

Entwicklung hin zu einem geduldigen und empathischen Menschen ist nicht im Schlaraffenland möglich, sondern nur durch das Meistern von Problemen und Leid. Dieses Wachsen der Persönlichkeit an Stress haben wir wissenschaftlich noch nicht richtig verstanden, aber es existiert!«

 Übung: Dem Stress entfliehen

Wenn Sie Stress haben, zeigt Ihnen das Ihr Körper: Ihr Blutdruck steigt, auch der Puls, Ihre Muskeln spannen sich an, der Nacken versteift, Ihre Aufmerksamkeit fokussiert auf Ihren stressauslösenden Faktor: Ihren Chef vielleicht? Ihre Kinder? Ihren Partner? Es ist Ihre Erfahrung, Ihre Lebensgeschichte, die Sie bei bestimmten Dingen mit Stress reagieren lassen, bei anderen nicht. Manchmal ist Stress gut, er macht aufmerksam, schlagfertig, er kann sogar lebensrettend sein. In unserer Zeit jedoch sind all die biologischen Funktionen, die mit Stress einhergehen, oft unnötig und führen zu körperlicher Belastung, vor allem wenn sie chronisch werden.

Dabei haben Sie sich nicht nur Ihre ganz persönlichen Stressauslösepunkte in Ihrem Leben antrainiert – sondern auch Wege und Mechanismen, den Stress abzuschalten und wieder zu entspannen. Wenn Sie das nächste Mal mit wem auch immer Stress haben: Rufen Sie sich in Erinnerung, wann und wie Ihnen Entspannung gelungen ist. War das auf einer Reise? Beim Sport? Beim Yoga? In der Meditation? In der Natur? Vor dem Fernseher? Bei schöner Musik? Gutem Essen? Mit dem Partner oder der Partnerin?

Denken Sie sich jetzt in den Moment zurück, den Sie mit völliger Entspannung verbinden. Wo waren Sie da? Mit wem? Was war um Sie? Was haben Sie gesehen? Gehört? Gerochen? Gespürt? Versetzen Sie sich zurück in diese Situation! Malen Sie sie sich aus – so plastisch wie nur möglich! Schwelgen Sie in Ihrer Erinnerung, versuchen Sie, sich an möglichst viele Einzelheiten der Situation zu erinnern!

Pause

In diesem Moment waren Sie ganz entspannt. Ganz gelassen und ruhig. Nichts hat Sie aufgeregt. Nichts beunruhigt, nichts besorgt. Sie können das also: entspannt sein. Sie haben es schon erlebt, dass Sie Ihren Stress abschalten.

Was einmal gelang, geht auch öfter: Sie haben den Mechanismus dafür in sich gespeichert. Wenn Sie Stress erleben, denken Sie einfach daran, dass auch Sie ein Rezept dagegen in der Hand haben. Sie brauchen sich bloß hinzusetzen und statt an Ihren Stressauslöser an Ihren letzten Moment der Entspannung zu denken. Geben Sie sich dieser Erinnerung hin, geben Sie ihr Raum, schmücken Sie sie aus, sie ist Ihr Schatz! Sie ist Ihre Pille gegen den Stress.

Endlich krank

»Du bist jetzt krank«, sagte die Kollegin, der sie soeben eine ganze Menge Arbeit aufgehalst hatte. Christine Hoch* widersprach: »Ich erkläre dir noch den Stand des Messekonzepts.« – Die Kollegin schüttelte den Kopf. – »Geht ganz schnell, nur die wichtigsten Dinge.« – »Nein, du gehst jetzt nach Hause und legst dich ins Bett.«

Dabei brauchte sie das gar nicht. Sie war zwar krankgeschrieben, aber überhaupt nicht bettlägerig. Sie sollte sich sogar bewegen, nur eben nicht mehr in Richtung ihres Arbeitsplatzes in einem Unternehmen in Rosenheim, für das sie in der Marketingabteilung arbeitete. Wer würde nun ihre Arbeit tun? Ihre Aufgaben erledigen? Das wichtige Projekt zu Ende bringen? Die anstehende Messe war alle zwei Jahre mit Abstand die wichtigste Veranstaltung ihres Bereichs mit Kundenbesuchen aus allen Ländern, in denen ihre Firma tätig war.

Christine Hoch erwies sich an ihren Arbeitsplätzen stets als außerordentlich zuverlässig, pflichtbewusst und gründlich, sie bohrte dicke Bretter: mit Ausdauer, Disziplin und kaum Fehlern. Jahrelang hatte sie für ihren früheren Arbeitgeber, ein Berliner Softwareunternehmen, die Marketingkommunikation des wichtigsten Geschäftsbereichs verantwortet und sich in die komplexen Funktionen der Systeme für spezielle logistische Anwendungen so gut eingearbeitet, dass sie den Kollegen, die die Software verkaufen sollten, oftmals überlegen war in der Kenntnis der einzelnen Funktionen. Selbst die Entwickler der Programme nahmen ihre Anregungen ernst.

* Name geändert.

181

Christine bereitete es überhaupt keine Schwierigkeiten, 40-seitige Produktbroschüren in mehreren Sprachen zu verantworten, die vielen Korrekturversionen, die durchs Haus gingen, im Blick zu behalten, die Hefte selbst zu redigieren, den Produktionsprozess zu steuern, und der Wahrscheinlichkeit eines Lottogewinns hätte es entsprochen, nach ihrer Endkorrektur in einer der Sprachversionen noch einen Fehler zu entdecken. Alle zwei Jahre verantwortete Christine ein mehrtägiges Treffen der Anwender der IT-Systeme ihres Arbeitgebers. Mit großem Engagement stellte sie jedes Mal sowohl ein anspruchsvolles fachliches Tages- sowie ein unterhaltendes Abendprogramm für die mehreren Hundert Teilnehmer zusammen. Es war die wichtigste Leistungsschau des Softwarespezialisten seinen Kunden gegenüber, und sie lag allein in den Händen von Christine.

Selbst als das Unternehmen nach dem Internetboom um das Jahr 2000 in die Krise schlitterte, kurz vor der Insolvenz stand und etwa einem Drittel der Belegschaft gekündigt werden musste, darunter ihren beiden Kollegen in der Marketingabteilung, hielt das Unternehmen an Christine fest. Ihr Chef wusste und schätzte, wie sie arbeitete. Er wusste aber auch, dass er sie dabei weitgehend in Ruhe lassen musste. Sie brauchte ihren eigenen Takt, ihren Raum und ihre Zeit, um die Dinge Stück für Stück, wohl auch etwas stoisch, so abzuarbeiten, wie sie es für richtig hielt. Gar nichts hielt sie von den wichtigtuerischen Marketingfuzzis mit ihrem leeren Gerede und den ständig neuen Ideen, Konzepten und Messages. Vor allem von dem aus ihrer Sicht völlig unnötigen Zeitdruck, den diese Leute verbreiten, indem sie dauernd Neues anfangen, auf jeder Welle reiten und nichts zu Ende bringen.

Christine war enorm fleißig, leistete viele Überstunden,

bummelte nie, was sie aber gar nicht mochte, war, wenn sie dauernd gestört wurde und nicht abarbeiten konnte, was sich in ihrer Arbeitspipeline befand. Mit diesem Arbeitsethos ging sie nach ihrem Umzug nach Rosenheim im Jahr 2007 auch an den neuen Job bei einem mittelständischen Zulieferer für Industrieproduktionen. Im Nachhinein dachte sie oft an das erste Vorstellungsgespräch mit ihrer künftigen Chefin. »Ich hatte damals schon ein komisches Gefühl, dass mit der Frau etwas nicht stimmte. Ich hätte das Arbeitsverhältnis nie eingehen dürfen.«

Zunächst ging es aber gut, denn ihr direkter Vorgesetzter schirmte sie ab. Als der aber ging und Frau Huber ihre unmittelbare Chefin wurde, offenbarte sich, was Christine zuvor nur gespürt hatte, dass nämlich ihre Chefin etwas an sich hatte, womit Christine nicht umgehen konnte: »Sie drang ins Private ein, horchte aus und verwendete alles, was sie erfuhr, später bei passender Gelegenheit wieder.« Christine wiederum brauchte ihren Bereich, in den sie nicht jeden und schon gar nicht jeden Arbeitskollegen hineinließ. Von privaten Problemen und Problemchen hörte man sie im Büro niemals erzählen.

Dazu kam ein Rollenkonflikt auf ungleichen Ebenen. Denn fachlich konnte die Chefin in keiner Hinsicht mit Christine mithalten, was Christine ihr auch deutlich machte, um ihre Arbeit von Interventionen frei zu halten. Wenn die Chefin aber irgendwo, berechtigt oder nicht, einen Fehler oder einen Kritikpunkt zu entdecken glaubte, nutzte sie ihn aus, so weit sie konnte. »Sie machte aus jeder Kleinigkeit eine Staatsaffäre, konnte nichts gut sein lassen, etwas abschließen, alles, was aus ihrer Sicht einen Mangel darstellte, wurde immer wieder aufs Neue aufgewärmt und gegen einen verwendet.« Auf diese Weise fand sich Christine ihrer neuen Chefin gegenüber in dauernder Alarmstellung wieder, dachte aber lange, zu lange, dass sie einen Weg finden könnte, mit der neuen Bedrohung ihrer Arbeitswelt umzugehen, indem sie sich auf ihre Arbeit und das rein Fachliche zurückzöge und damit deutlich machte, dass sie ihrer Chefin machtpolitisch in keiner Weise gefährlich werden würde.

Diese Strategie ging aber nicht auf. Oft war sie abends, wenn sie zu ihrem Freund nach Hause kam, so erschöpft und ausgepumpt, dass sie sich nur noch aufs Sofa legen konnte und, nachdem sie gedöst hatte, bald darauf schlafen ging. Manchmal rannte sie zum Ausgleich stundenlang durch die Gegend, am Wochenende durch die bayerischen Berge, doch die Chefin war stets hinter ihr, verfolgte sie in fast all ihren Gedanken. Es gab in jener Zeit nur wenige Momente, in denen Christine nicht an sie dachte, in denen sie sie nicht nervte.

»Schatz, du glaubst gar nicht, was heute wieder los war«, begann oft das abendliche Gespräch mit ihrem Freund. Der hatte erst nicht verstanden, was in Christine vorging, obwohl er sie schon so lange kannte. Er konnte für sich auch nicht nachvollziehen, wieso die Chefin seine Freundin so sehr in Beschlag nahm. Doch er unternahm vieles, um Christines Blick wegzulenken von der Frau, hin auf andere, schöne Dinge. Er ließ sich viele Witze einfallen, um Christine zum Lachen zu bringen. Er kochte abends häufig, um ihr eine Freude zu machen, und er fing an, ihr Morgen für Morgen eine Brotzeit fürs Büro mitzugeben. Ein wenig Freude, meinte er, müsse doch etwas von dem Druck, den sie offenbar empfand, neutralisieren. An Wochenenden lud er sie in den Tierpark ein, und im Garten baute er ihr ein Schwimmbecken auf für Erfrischungen im Sommer.

Christine genoss diese Mußemomente mit ihm, sie er-

laubten ihr, stundenweise die ewig gleichen Gedanken auszuschalten, wegzudrängen. Etwas länger als für Stunden
schaffte sie es nur ein einziges Mal in diesen Jahren, 2009
während einer Reise zum Nordkap. Obwohl er sich Sorgen
machte, erkannte ihr Freund die Tragweite des Problems,
das sich anbahnte, nicht. Christine strahlte ja immer diese
Stärke aus, diese praktische, problemlösende Art, dieses Zu-
packende, ihr Selbstbewusstsein. Auch diesen ironischen
Humor, den er so mochte. Manchen erschien sie unnahbar,
wer sie näher kannte, wusste aber, wie empfindsam und
empfindlich sie war. »Jammern gab es bei uns zu Hause
nicht«, sagt sie, »ich habe sehr früh gelernt zu funktionieren, meine Pflicht zu erfüllen.«

Als es ihrer Firma 2009, nach der Finanzkrise, schlecht
ging und das Unternehmen Kurzarbeit anmelden musste,
ging es Christine mit einem Schlag großartig. Sie wurde
auf 80 Prozent ihrer bisherigen Arbeitszeit gesetzt, durfte
keine Überstunden machen und musste alle aufgelaufenen
Urlaubstage nehmen. Per Anweisung nach Stechuhr nach
Hause zu gehen, so etwas war wie für sie gemacht. Und an
einem Tag in der Woche durfte sie gar nicht in die Firma
kommen. Verboten! Kurzarbeit war für Christine die quasi-
amtliche Erlaubnis, nein, Anweisung, nicht mehr zu 100
Prozent funktionieren zu müssen. »Das war schrecklich
schön! Mein freier Tag war Freitag. Ich habe mir dann immer das Fahrrad genommen und bin einfach irgendwohin
geradelt, in alle Himmelsrichtungen aus der Stadt hinaus,
wo ich noch nie war, um zu schauen, wie es da ausschaut.
Bis dahin kannte ich von Oberbayern nicht viel mehr als unsere Wohnung, den Garten und die Firma.«

Im Jahr 2010 leitete Christine ein Sonderprojekt zur Po-
sitionierung der Marke ihres Unternehmens auf wichtigen

Messen. Es war eine anspruchsvolle Aufgabe, bei der Verantwortliche aus vielen Bereichen zusammengebracht, moderiert und zu konkreten Ergebnissen gebracht werden sollten. Niemand wollte dieses Projekt wegen seiner Komplexität leiten, einige drückten sich mit fadenscheinigen Gründen, am Ende war es Christines Pflichtbewusstsein, das sie die Aufgabe übernehmen ließ. Freilich hätte sie sie auch mit wesentlich weniger Einsatz erledigen, die Sitzungen eher indifferent durchmoderieren und oberflächliche Ergebnisse protokollieren können. So wie es die meisten in ihrem Fall mit einer solchen Aufgabe getan hätten.

Wenn Christine aber etwas machte, machte sie es voll und ganz, etwas anderes ließen ihre Ansprüche an sich selbst nicht zu. Sie arbeitete im Dezember, als zwei Influenzawellen durchs Unternehmen zogen, trotz Fiebers durch. An den drei Weihnachtstagen lag sie im Bett, aber zwischen Weihnachten und Neujahr ging sie wieder ins Büro, als Einzige des Projektteams. Der Rollout war schließlich für Januar geplant, und es standen noch so viele Dinge offen.

Sie hätte es eigentlich längst wissen müssen, dass da etwas schieflief mit und in ihrem Körper. Unter Asthma litt sie bereits seit Jahren, aber so schwer hatte sie sich mit dem Atmen noch nie getan. Selbst bei leichten Anstrengungen ging ihr jetzt rasch die Puste aus. Zum Jahreswechsel 2010/11 kam sie kaum mehr die Treppe hoch, ohne auf halber Strecke durchzuatmen. Dazu kam ein Tinnitus. Kein Arzt konnte ihr sagen, was los war mit ihr, alle behandelten nur immer die Symptome: Rauschen im Ohr, Schwindel, Kreislauf. Niemand hatte eine Erklärung für dieses diffuse Bild. Bis Christine nach drei Monaten Tour durch zahlreiche Arztpraxen beim Kardiologen landete. Schon nach dem einfachen EKG sagte dieser: »Das sieht nicht gut aus.« Weitere Untersuchungen brachten dann zutage, dass Christine eine verschleppte Herzmuskelentzündung hatte. Einzige Therapie: Ruhe, und zwar richtig lange.

Mit einer Krankschreibung für zunächst fünf Wochen verließ sie die Praxis. Andere wären mit diesem Papier sofort nach Hause gefahren, Christine aber fuhr in die Firma. Sie ging zur Personalchefin, einer erfahrenen, klugen Dame, die die problematische Art ihrer Chefin kannte und ihr riet: »Sie brauchen jetzt nicht in Ihre Abteilung zu gehen.« Doch Christine bestand darauf, sie wollte ihre Projekte ordentlich den Kollegen übergeben. Als sie beieinanderstanden, kam plötzlich ihre Chefin hinzu, die von der Krankschreibung erfahren hatte, und bat Christine in ihr Büro zum Vieraugengespräch. Sie begann es weder mit einer Frage nach dem Gesundheitszustand noch mit einem Wort des Bedauerns, sondern mit einem Kritikpunkt, den sie vor einigen Wochen schon angesprochen hatte.

»Das möchte ich noch einmal thematisieren, das geht so nicht.« – »Frau Huber, ich muss hier nicht sitzen«, antwortete Christine. – »Doch, wir sollten das ausdiskutieren, bevor Sie gehen.« – »Ich möchte nichts ausdiskutieren, ich bin krankgeschrieben.« – »Es ist mir aber wichtig, dass wir noch einmal darüber sprechen.« – »Ich gehe jetzt«, sagte Christine, verließ das Büro ihrer Chefin und wollte nur noch heulen. Oder schreien. Oder beides. Eine solche Wut kam in ihr hoch, es war der schlimmste Moment, den sie in diesem Büro erlebt hatte. Sie ging dann noch einmal zu ihren Kollegen, um die Übergabe fortzusetzen, doch die weigerten sich: »Du bist jetzt krankgeschrieben, wir schaffen das schon.« Bevor Christine nach Hause fuhr, suchte sie noch einmal die Personalchefin auf, um ihr mitzuteilen: »Ich kann keinen Tag länger für diese Frau arbeiten.«

Dann war sie krank. Der Schalter war umgelegt, so wie damals in der Kurzarbeit, aber nicht nur für einen Tag, sondern für viele Wochen, von »on« auf »off«, von »1« auf »0«, denn genauso digital empfand Christine den abrupten Wechsel ihres Lebensmodus. Am ersten Tag schlief sie bis Mittag und wunderte sich beim Aufwachen darüber, dass sie das konnte. Und noch mehr wunderte sie sich darüber, dass danach die Firma und die Chefin nicht sofort in den Vordergrund traten. Das war alles wie weggeschoben, und eine neue Welt tat sich auf. Christine schnappte sich an den folgenden Tagen immer öfter ihr Fahrrad und radelte in die Voralpenlandschaft, in der zeitlich genau passend der Frühling Einzug hielt.

Am Chiemsee fand sie etwas nördlich von Prien eine Stelle, zu der sie in den kommenden Wochen immer wieder kommen sollte. Dort saß sie oft stundenlang auf einem Baumstumpf, schaute ins Wasser, zu den Bergen im Hintergrund, lief barfuß am Ufer entlang und wühlte mit den Händen im Sand. Und sie stellte fest: Es gab dort am Ufer des bayerischen Meeres sogar Schnecken im Schlamm mit wunderschön gewundenen Häusern! Sie verbrachte oft Stunden am See, ohne irgendetwas zu lesen, ohne auch nur irgendwelchen konkreten Gedanken nachzuhängen. Dann radelte sie wieder zurück in die Stadt und freute sich, wie schön das Leben war.

Zum eigentlichen Raum ihrer Muße wurde für Christine seit ihrer Krankschreibung der kleine Garten hinter dem Reihenhaus, das sie seit ein paar Jahren gemietet hatten. Sie verbringt inzwischen einen erheblichen Teil ihrer Freizeit im Garten und kann, wenn sie Spaten oder Schere in der Hand nimmt, von allem abschalten und an nichts als ihre Pflanzen denken. Vom Nützlichen freilich lässt sie auch im Garten noch nicht ganz ab. Ihre Beete hat sie nach Lehrbüchern angelegt, strategisch wie ein Projekt: Was wächst wo am besten, wann, mit welcher anderen Pflanzen zusammen und in welcher Fruchtfolge? Noch ist Christine mehr Nutz- als Ziergärtnerin.

Dabei hat sie längst auch dort den Blick für das vermeintlich Sinnlose entdeckt: Manchmal wundert sie sich, dass sie einfach nur dasitzen kann und den Bienen dabei zusehen, wie sie von Krokus zu Krokus fliegen. Sie hat festgestellt, wie unterschiedlich Krokusblüten geformt sein können. Sie beobachtet die Amsel, die zwischen ihren Beeten umherhüpft auf der Suche nach einem Samenkorn. Oder studiert die Bewegungen des Regenwurms, der sich an der Krume entlangwindet. Wenn sie sich bei solchen Beobachtungen ertappt, freut sie sich, denn sie zeigen ihr, wie gut es ihr inzwischen geht.

In der Firma hat ihr die erfahrene Personalchefin mittlerweile zu einer neuen Stelle verholfen, außerhalb des Einflussbereichs der früheren Chefin. Christine hat nun neue Aufgaben, neue Kollegen, einen neuen Chef, der eine andere Fehlerkultur lebt und klug genug ist, seiner Mitarbeiterin den Raum zu geben, den sie braucht, um ihre Talente zur Geltung zu bringen.

Vor allem aber hat Christine sich eine neue Haltung ihrer Arbeit gegenüber antrainiert. »Ich muss inzwischen nicht mehr immer zu 100 Prozent funktionieren. Es reicht auch, wenn es manchmal nur 80 sind. Ich schaffe es immer öfter, den Rechner im Büro einfach mit der Uhr auszuschalten, weil Feierabend ist, egal, ob die Arbeit getan ist oder nicht, so, wie das alle anderen auch tun.« Die 20 Prozent, die sie sich damit frei räumt, gehören jetzt ihrem Freund – und ihr selbst.

7 Unternehmensführung: Handeln durch Innehalten

Wie können wir in der heutigen Zeit die Begriffe »Unternehmen«, »Führung« und »Muße« noch zusammen nennen und sehen? Ist nicht alles dem zeitlichen Optimierungsgebot unterworfen? Ist nicht solche Zeit, in der wir nichts »tun«, nichts machen, nichts managen, eine unfruchtbare, eine vertane, eine verlorene Zeit? Wir glauben, immer etwas tun und »machen« zu müssen, damit sich die Dinge so entwickeln (also verändern!), wie wir es wollen. Dabei merken wir nicht, wie sehr wir einem Weltbild folgen, das davon ausgeht, wir müssten Energie einsetzen, um Veränderung zu erzeugen. Wir sind überzeugt, dass die Dinge so bleiben, wie sie sind, wenn wir nichts »tun«.

Doch unser Leben als Mensch ist an die Zeit gekoppelt, sie läuft unerbittlich weiter und ruft von selbst ein ununterbrochenes Werden und Vergehen hervor. Vor dem Hintergrund der Zeit bleibt nichts, wie es ist, sogar der Stein verwittert. Schon circa 500 v. Chr. erkannte Heraklit: »*panta rhei*« – »Alles fließt« – und »Du kannst niemals zweimal in denselben Fluss steigen«. Platon präzisierte etwa 100 Jahre später, dass alles im Fluss ist und nichts gleich bleibt; es gibt nur ein ewiges Entstehen und Verwandeln. Doch diese Philosophen der griechischen Antike meinten nicht nur ein bloßes Kommen und Gehen, sondern sie fassten das gesamte Sein als etwas Dynamisches, sich ständig Veränderndes innerhalb einer dem Menschen letztlich nicht erkenntlichen größeren Ordnung auf. Das Lebendige des Lebens ist ebendieses Fließen in der Zeit, ein ewiger göttlicher Formenwechsel.

Auch Goethe sagt in seinem Gedicht »Eins und Alles«:

Es soll sich regen, schaffend handeln,
Erst sich gestalten, dann verwandeln;
Nur scheinbar steht's Momente still.
Das Ewige regt sich fort in allen!
Denn alles muss ins Nichts zerfallen,
Wenn es im Sein beharren will.[1]

Und für die moderne Systemtheorie formuliert Fritz B. Simon: »Wer derselbe bleiben will, muss sich verändern«[2] – ein Satz, der als sogenanntes Paradox der Veränderung nicht nur für uns Menschen, sondern auch für Unternehmen und Organisationen gültig ist.

Wenn das Leben also aus ununterbrochener Veränderung besteht und es daher Veränderungsenergie genug enthält, dann müssen wir nichts dafür »tun«, dass Veränderung und Weiterentwicklung eintreten. Im Gegenteil: Wenn wir genau hinsehen, setzen wir unsere Energie tatsächlich oft dafür ein, dass sich Dinge *nicht* verändern, dass sie beständig bleiben. Wir brauchen Energie, um unsere lieb gewonnenen Beziehungen zu anderen Menschen stabil zu halten, viele treiben Sport, um länger gesund zu bleiben, wir pflegen unsere Wohnungen, Häuser und Autos, damit sie sich langsamer verändern und uns möglichst lange erhalten beziehungsweise werthaltig bleiben ...

Dort, wo wir aber Weiterentwicklung und Veränderung wünschen, müssen wir sie nur zulassen und lenken. Wir können darauf vertrauen, dass das Leben die Energie zur Veränderung bereits in sich hat, wir müssen dafür nicht »Gas geben«. Vielmehr geht es um die Richtung der Veränderung (und damit um Entscheidungen). Vor diesem Hintergrund ist es wenig sinnvoll, Veränderungsprozesse mit Druck zu versehen und durchzusetzen. Ein solcher Druck trägt eher zu Manipulation und in der Folge zu Frustration bei.

»Jetzt muss sich endlich etwas verändern!« ist ein Wunsch, den viele stressgeplagte Menschen und Führungskräfte auf den Lippen tragen. Die einzig sinnvolle Antwort lautet: »Dann lass uns hinschauen, wie du es fertigbringst, dass es sich trotz deines Wunsches (bisher) nicht verändert!« Welches Verhalten, welche Handlungen von uns selbst, welche Unentschlossenheiten in uns haben es bislang verhindert, diejenigen Entscheidungen zu treffen, die uns aus der misslichen Situation herausführen würden? Heißt es nicht: *Love it, change it or leave it*? Was würde es beispielsweise für Sie bedeuten, wenn Sie in Ihrem Freundeskreis, Ihrer Umwelt nicht mehr als der arme, unter Stress Stehende wahrgenommen würden? Was hieße es für Sie, auf dies und das zugunsten innerer Gelassenheit, Muße und Ruhe zu verzichten?

Veränderungsorientierte Menschen geben nicht Gas in Richtung Veränderung, sondern sie nehmen den Fuß von der Bremse, die bislang die Veränderung verhindert. Daher wird es einer achtsamen Führungspersönlichkeit vor allem darum gehen, dieser ohnehin vorhandenen Veränderungsenergie Raum zu geben. Das heißt für sie, einen Schritt zurückzutreten, innezuhalten und genau hinzusehen, zu beobachten, *was* sich verändert und *wie* es sich verändert, um dann über diese Beobachtungen zu reflektieren, Entscheidungen zu treffen und damit den Entwicklungs- und Veränderungsprozess führend und steuernd mitzugestalten.

In der Praxis ist der erste Schritt, die Notwendigkeit einer sofortigen Reaktion zu hinterfragen. Es gilt der Satz: »Das Dringliche ist selten wesentlich, und das Wesentliche ist selten dringlich.« Denken Sie einmal darüber nach, auf welche und vor allem auf wie viele Ihrer eiligen Entscheidungen der letzten Tage dieser Satz zutrifft. Führungskräfte halten sich oft dann für effektiv, wenn eng getaktet eine Frage oder Problematik nach der anderen wie am Fließband auf den Tisch kommt, sofort entschieden wird und dann die nächste Frage bearbeitet wird. Solche Entscheider gelten in manchen Unternehmen auch tatsächlich als effektiv, energisch und kraftvoll, allzu oft werden gerade sie mit Karriere und Macht belohnt.

Systemisch und aus dem Blickwinkel »Wohl des Unternehmens« ist ein solcher Entscheider eher kritisch zu sehen. Er lässt sich nicht die Zeit für die notwendigen Zusatzfragen (Beobachtungen), wie zum Beispiel: »Wie kommt es zu dieser Fragestellung, diesem Problem? Warum zu diesem Zeitpunkt? Für wen ist die Situation günstig, für wen ungünstig? Welche Interessen sind im Spiel?« Diese Beobachtungen sollte er wertfrei und unvoreingenommen angehen und dabei davon ausgehen, dass alles auch ganz anders sein könnte, als es ihm auf den ersten Blick scheint. Und auch bei seinen anschließenden Reflexionen über das Beobachtete kann er sich neugierig auf die Suche machen, ob es außer den im Vordergrund stehenden Alternativen »Entweder/Oder« auch ein »Sowohl/als auch« oder ein »Weder/noch« gibt.

Diese Form der Entscheidungsvorbereitung wird Tetralemmaarbeit (griechisch: *tetra* = vier) genannt und findet sich heute vornehmlich bei Fritz B. Simon und besonders anschaulich bei Matthias Varga von Kibéd. Das Tetralemma entstammt einer altindischen Logik aus dem Sanskrit (circa 800 v. Chr.) und diente der Kategorisierung von Haltungen und Standpunkten. So zeigte es beispielsweise in der Rechtsprechung die möglichen Standpunkte eines Richters zu dem jeweiligen Konflikt auf: Er kann der einen Partei, der anderen, beiden oder keiner von beiden recht geben.[3] Der Begriff »System« kann auch als der jeweils eigene Blickwinkel auf ein Thema verstanden werden: Ich sehe die Alternative »Entweder« und die Alternative »Oder«. Was habe ich im Hinblick auf »Sowohl/als auch« an gemeinsamen Möglichkeiten der beiden Alternativen übersehen? Und was habe ich im Hinblick auf »Weder/noch« an völlig anderen Ideen und Möglichkeiten übersehen?

Was hat eine solche Haltung von Führungskräften mit Muße zu tun? Zunächst entkoppelt sie das Wesentliche von der Dringlichkeit und gibt dem Entscheider den notwendigen inneren Raum, den er für eine gute Entscheidung braucht. Diese Haltung belohnt das Innehalten, nicht das beschleunigte Handeln, und sie erweitert den Horizont. Diesen erweiterten Horizont nimmt nicht nur diese Führungskraft wahr, sondern sie strömt von ihr aus – zunächst in ihr unmittelbares Umfeld, dann auch mittelbar in die weiteren Strukturen. Nicht der »Schnellschuss« gilt dann als Vorbild, sondern die kraftvolle Entscheidung, die auf das Innehalten, das zunächst wertfreie Beobachten und das anschließend hinterfragende Reflektieren folgt. Eine solche Entscheidungsfindung wird zu Recht als »achtsam« bezeichnet.

Damit wird auch klar, dass es bei achtsamem Führen nicht darum geht, es allen recht zu machen, lieb zu allen zu sein oder quasi eine »Business- oder Teamfamilie« zu bilden, wie sie von Fritz B. Simon in seinem amüsanten Buch *Gemeinsam sind wir blöd* beschrieben wird.[4] Im Gegenteil: Ein achtsamer Entscheider, der sich ein möglichst buntes Bild der Situation verschafft hat, ist ein systemisch kraftvoller Entscheider, der nicht allen das Gleiche, sondern jedem das Seine gibt. Und das muss nicht immer das sein, was den anderen im ersten Moment erfreut, das können und werden oft auch ganz klare Forderungen oder Abgrenzungen sein müssen. Aber: Es wird dann so kommuniziert werden, dass sichtbar wird, welche Beobachtungen und Überlegungen, zum Teil auch welche Gefühle dazu geführt haben, dass genau diese Entscheidung getroffen wurde.

Es geht also darum, die Vielfalt der Alternativen dadurch ins Leben zu rufen, dass wir verschiedene Blickwinkel einnehmen und nicht aufgrund von Vorannahmen darauf verzichten (und schon »wissen«, wie die Dinge sind). Achtsamen Führungskräften sind innere Stimmen suspekt, die sagen: »Ist doch klar!«, »Der/die ist eben so«, »Das ist doch alternativlos« etc., solche Stimmen machen sie misstrauisch. Denn bei offener Betrachtungsweise und auch für alle anderen um sie herum kann und wird sich die Situation zumindest teilweise anders darstellen. Eine solche Stimme sollte immer eine Warnlampe aktivieren, ein rotes Licht, das meint: »Vorsicht, Falle!« Und dann heißt es: Innehalten!

Doch was ist »Innehalten«? Innehalten bedeutet, eine achtsame Haltung gegenüber sich selbst, gegenüber der Situation (einschließlich der anderen beteiligten Menschen) und vor allem gegenüber sich selbst *in* der Situation einzunehmen. Was aber ist eine »achtsame Haltung«?

Eine erste Antwort finden wir bei dem bekannten vietnamesischen Mönch und Zen-Meister Thich Nhat Hanh. Seine Schule wird auch als »Sati-Zen« bezeichnet, wobei »Sati« im Mittelindischen der (vedische) Begriff für »Achtsamkeit« ist. Für Thich Nhat Hanh ist Achtsamkeit die Fähigkeit, im täglichen Leben augenblicklich mit allen Sinnen präsent zu sein und somit ganz in der Gegenwart, im Hier und Jetzt zu leben.[5] Für ihn spielt die Achtsamkeit auf die eigenen Gefühle in jeder Situation eine wichtige Rolle, denn Gefühle haben etwas Mitreißendes und Verführendes,[6] das in seinen Auswirkungen begrenzt wird, wenn wir unsere Bewusstheit auf diese augenblicklichen Gefühle richten.

Eine zweite Definition von Achtsamkeit gibt Jon Kabat-Zinn, ein US-amerikanischer Molekularbiologe, Arzt und Begründer einer anerkannten Burn-out-Therapie, die sich als eine auf Achtsamkeit beruhende Stressreduzierung (MBSR: *mindfullness based stress-reduction*) bezeichnet. Er definiert den Zustand der Achtsamkeit als eine bestimmte Form von Aufmerksamkeit, die sich auf den gegenwärtigen Augenblick bezieht und diesem, ohne zu werten, »gegenübersteht«.[7]

Wie fühlt sich das an, was heißt das? Es ist zunächst ein Heraustreten aus unserem »Autopiloten«, mit dem wir so oft unterwegs sind: Wir fahren Auto und denken über morgen oder gestern nach; wir sind in einem Gespräch und hören mit einem Ohr zu, während ein Teil unseres Gehirns sich mit der Frage beschäftigt, was wir heute Abend essen werden; wir sind beim Einkaufen und haben die noch unerledigte berufliche Herausforderung im Kopf ... Die von Thich Nhat Hanh und Jon Kabat-Zinn geforderte »Präsenz« bedeutet hingegen ein »Ganz-da-Sein« im jeweiligen Moment, gekoppelt mit dem Versuch, alles (wirklich alles!) wahrzunehmen, was im Augenblick um uns herum und mit beziehungsweise in uns selbst geschieht. Eine solche Haltung können alle Menschen erlernen, aber sie bedarf anhaltender Übung:

Stellen wir uns vor, dass wir in der Dämmerung unterwegs sind und uns »einfach so« orientieren. Das soll dem entsprechen, wie wir ganz allgemein oft im Alltag unterwegs sind. Diese »normale« alltägliche Bewusstheit verlassen wir, sobald wir uns auf etwas konzentrieren wollen oder müssen. Wir holen eine Stabtaschenlampe hervor und stellen ihren Lichtstrahl ganz scharf, damit ein einziges Objekt besonders erhellt und angestrahlt wird und alles andere im Dämmerlicht bleibt. Die ganze Aufmerksamkeit richtet sich mit dem gebündelten Lichtstrahl auf das Objekt, wir konzentrieren uns darauf, alles andere tritt zurück. Wenn Konzentration dem scharf gebündelten Strahl der Taschenlampe entspricht, so ist Achtsamkeit mit dem Weitstellen des Lichtstrahls vergleichbar. Es wird insgesamt heller, mehr wird erkennbar, nichts Einzelnes tritt hervor, sondern alles kommt gleichzeitig auf die Bühne des Bewusstseins und erhält eine umfassende Präsenz.

Konzentration (Bündelung) und Achtsamkeit (weit gestellte Wahrnehmung) unterscheiden sich vor allem im psychovegetativen Energiehaushalt: Konzentration verbraucht Energie und macht müde, Achtsamkeit erzeugt Energie und macht wach und kreativ. Diesen achtsamen und präsenten Zustand können wir anhand einer von der bekannten Achtsamkeitsforscherin Angelika C. Wagner[8] entwickelten Übung erlernen, die Sie am Ende dieses Kapitels finden. Das »visuelle, auditive und körperorientierte Weitstellen« können Sie in vielen Situationen wiederholen. Zunächst macht es Sinn, sich regelmäßig einige Momente Zeit zu nehmen, also in die Übung täglich etwas Zeit zu investieren, zum Beispiel morgens nach dem Aufstehen, mittags in einer Pause oder abends zu einem Ihnen geeignet erscheinenden Zeitpunkt. Entscheidend ist anfänglich die Regelmäßigkeit.

Mit etwas Übung werden Sie dann merken, dass Sie in nahezu allen Situationen – und wenn es nur ganz kurz ist, nur für einige Sekunden – diese weit gestellte Achtsamkeitshaltung einnehmen können. Sogar in Situationen, die wir als unübersichtlich und stresserfüllt erleben, in denen wir Druck spüren und gar nicht mehr wissen, wie alles gehen soll, können Geübte durch ein bewusstes Weitstellen für eine kurze Zeit eine Entspannung der inneren Situation herbeiführen – und die Dinge ordnen sich.

Führungskräfte erwerben mit dieser Übung die Schlüsselkompetenz systemischer Führungsqualität, nämlich Achtsamkeit. Und sie benötigen für diese Übung: Muße. Es macht keinen Sinn, in diese Wahrnehmungsübung, die ja in eine innere Haltung vorübergehender Absichtslosigkeit führen will, in der festen Absicht zu gehen, jetzt effektiv und zielgerichtet zu üben – ein paradoxes Vorhaben, denn Wahrnehmen und absichtsvolles Denken sind Zustände, die sich gegenseitig ausschließen! Muße, eine nicht mit beruflichen oder freizeitlichen »Muss-unbedingt-Zielen« versehene Zeit, ist der Zustand, in dem diese Achtsamkeitsübung versucht und geübt werden kann.

Hier liegt auch der Schlüssel für Führungskräfte: Die Fähigkeit, die beschriebene Achtsamkeitshaltung (auch kurzfristig und kurzzeitig) einzunehmen, ermöglicht es ihnen sowohl in Entscheidungssituationen als auch in Krisen und im Umgang mit Mitarbeitern, offen zu sein für die Einnahme auch anderer Blickwinkel auf die Situation und damit auch ein Gespür für die subjektiven Wirklichkeiten anderer zu entwickeln. Wenn sich Führungskräfte selbst wahrnehmen können, dann können sie auch die anderen um sich herum wahrnehmen. Es ist, als würden Sie einen Schritt zurücktreten und versuchen, »von oben« auf die Situation zu blicken. Was sehen Sie da? Sie sehen sich, den/ die anderen und das, was »zwischen Ihnen« ist, also wie Sie kommunizieren und ob die Kommunikation fruchtbar ist, ob zwischen den anderen und Ihnen wirklich ein Kontakt besteht etc.

Übertragen auf die Eingangsüberlegungen, heißt das, dass auch sichtbar und beobachtbar wird, was sich im System verändert oder verändern will. Das Wissen darum ermöglicht uns, durch unsere Entscheidungen diese ununterbrochene Veränderung zu steuern und ein Stück weit zu lenken. Das (achtsam!) Beobachtete kann dann in einem zweiten Schritt reflektiert werden. In dieser Reflexion und Überlegung können wir dann sehr bewusst die vorher sichtbaren Blickwinkel einnehmen und die jeweils möglichen Auswirkungen der Entscheidung auf alle davon betroffenen Menschen, Teams und das Unternehmen, auf die Konkurrenz etc. prognostizieren.

Ein solcher Entscheider ist sich auch bewusst, dass er nur einen kleinen Ausschnitt der entscheidungsrelevanten Erkenntnisse haben kann, denn er weiß nicht, was zum Beispiel andernorts gleichzeitig entschieden wird, das von Relevanz für die Folgen seiner eigenen Entscheidung sein wird und ihm gänzlich unbekannt ist. Wie viele Millionen einzelner Entscheidungen auf der ganzen Welt wären anders getroffen worden, wenn die Pleite von Lehman Brothers auch nur eine Stunde vorher bekannt und um die Welt transportiert worden wäre? Uns beeinträchtigt bei unseren Entscheidungen nicht nur die allseits bekannte Unmöglichkeit eines Blicks in die Zukunft, sondern auch die Unmöglichkeit eines Blicks in die Gleichzeitigkeit an anderen Orten.

Achtsame Entscheider verabschieden sich daher von der Vorstellung, »richtig« oder gar »rational« entscheiden zu können, und akzeptieren, dass ihrer Entscheidung nur das von ihnen Beobachtete und darüber Reflektierte zugrunde liegen kann. Ob ihre Zukunftsprognose dann so eintrifft oder nicht (die Entscheidung also »richtig« oder »falsch« war), ist für sie weniger wichtig als die achtsame Beobachtung, was infolge der Entscheidung um sie herum geschieht. Mit dieser inneren Haltung geht es dann, wenn es anders kommt, nicht um »Schuld«, sondern um erneute Entscheidung. So reiht sich in einer systemisch achtsamen Führungsstruktur ein Block *Beobachten* → *Reflektieren* → *Entscheiden und Kommunizieren* an den nächsten und so fort. Es ist ein fortwährender zirkulärer Vorgang, der aus diesen aneinandergereihten Elementen besteht.

Eigentlich ist diese von der »Schuld falscher Entscheidungen« befreiende Erkenntnis ungeheuer erleichternd und führt zurück in die Eigenverantwortlichkeit: Nur das für die anstehende Entscheidung *mir* Bekannte, von *mir* Herausgefundene, von *mir* als relevant Erachtete kann ich *meiner* Prognose zugrunde legen, zur Alternativenbildung verwenden und in *meiner* Entscheidung berücksichtigen. Dann ist später die Frage unsinnig, ob ich »recht gehabt« habe. Die einzig sinnvolle Frage ist, ob sich die Dinge so entwickeln oder so kommen, wie ich bei meiner Entscheidung vermutet habe. Das finde ich aber nur dann frühzeitig heraus, wenn ich (wiederum aus möglichst vielen Blickwinkeln und zunächst wertungsfrei) beobachte, was nach der Entscheidung geschieht. Ich bleibe mir bei dieser Beobachtung bewusst, dass die Zukunft immer unsicher ist und durch meine Entscheidung nicht »objektiv« sicherer geworden ist. Auch wenn nach meiner Entscheidung meine eigene Energie, die ganzer Teams und Abteilungen, vielleicht sogar des Unternehmens für den Eintritt des Erfolgs arbeitet, wird er allenfalls wahrscheinlicher, aber nicht sicher.

Dann kann ich mir aber auch nicht auf die Schultern klopfen, wenn es so kommt, und muss mich nicht schämen oder schuldig fühlen, wenn es nicht so kommt. Ich bin vielmehr frei, erneut in den Prozess des Beobachtens, Reflektierens und Entscheidens einzutreten, und bleibe damit ein Lernender. Und wir lernen nur aus Unerwartetem! Bei einer solchen Sichtweise wird es wichtig, abweichende Entwicklungen möglichst früh zu erkennen: »Hinschauen, nicht wegschauen!« und »*Fail early and learn quickly!*« sind passende Leitsätze für achtsame Führungskräfte.

Viele Unternehmen – vom inhabergeführten Familienunternehmen bis zum Weltkonzern in der Hand von Kapitalanlagegesellschaften – kennen eine solche systemische Fehlerkultur nicht, dort führt der Erfolg in den Himmel, der Misserfolg in die Hölle – und zwar für die handelnden Menschen, die eigentlich nur ihre Pflicht getan haben: zu entscheiden, als entschieden werden musste. Die *Fremd*achtung ist an den Erfolg gekoppelt, ihm folgt die Karriere oder ihr Knick, ihm folgen die Boni oder die Mali. Zumeist wird in einer solchen Kultur aber auch die *Selbst*achtung mit dem Erfolg gekoppelt, er erfüllt den Entscheider mit Stolz oder mit Schuldgefühlen und Scham. Übersehen wird dabei, dass der Eintritt des Erfolgs im Moment der Entscheidung nur vermutet und erhofft werden kann, aber keinesfalls sichergestellt. Wenn aber das Wohl und Wehe von Menschen von nur vermuteten und erhofften Ereignissen abhängig ist, wird der Stress spürbar, mit dem diese Menschen in die Zukunft sehen und gehen.

In einer systemischen und achtsamen Führungskultur sind Fremdachtung und Selbstachtung nicht mit dem Erfolg gekoppelt (»Was hat wer entschieden?«), sondern mit dem »Ob« und »Wie« der Entscheidung. Der einzige wirkliche Fehler besteht dann darin, nicht zu entscheiden, wenn entschieden werden muss (»Ob«); denn dann geschehen die Dinge einfach aus der dem Leben innewohnenden Veränderungsenergie heraus, ohne dass auf die Richtung der Veränderung Einfluss genommen wird. Das »Wie« beurteilt sich in einer solchen Kultur nach der Fähigkeit, die Entscheidungssituation aus einer Vielzahl von Blickwinkeln einschließlich der vermutlichen Auswirkungen auf die systemische Umwelt (Mitarbeiter, Markt, Kapitalausstattung, Kosten, Gewinn, Konkurrenten, Ökologie, Nachhaltigkeit etc.) betrachten zu können. *Diese* Fähigkeiten führen zu Karriere, Ansehen und innerer Zufriedenheit.

Eine solche innere Führungshaltung beruht auf Achtsamkeit, und diese wiederum beruht auf Übung, die ihrerseits ausreichend Zeit für Muße voraussetzt. Sie entsteht in den seltensten Fällen von außen, sie wird von den typischen Unternehmensberatern und Organisationsentwicklern dieser Welt nicht in den Unternehmen implementiert. Eine solche Kultur wird vielmehr durch achtsame Führungskräfte ausgestrahlt, und sie ist ansteckend, zunächst für das Team, dann für die Abteilung und so fort. Die oben beschriebene Haltung der Achtsamkeit und ihre Offenheit für das, was *ist* (nicht: für das, was sein soll oder sein darf!), hält den Menschen in ständigem Kontakt mit sich selbst (Innenorientierung) und mit allen Menschen und Systemen um sich herum (Außenorientierung). Der Achtsame weiß nicht nur

das, was er »Erfahrung« nennt und was sachlich zu berücksichtigen ist, sondern er spürt auch die eigenen und frem-
den Emotionen im Zusammenhang mit seiner Führungs-
aufgabe. Er ist und wirkt authentisch. Man will mit ihm
gehen, ihm folgen, mitmachen. Das ist »Führen mit Sog«
und nicht »Führen mit Druck«.[9]

Muße und Achtsamkeit bedingen einander. Die von festen Zweckbestimmungen freie Zeit damit zu verbringen,
sich in der Welt zu spüren, sich und die Welt zu genießen,
ist nicht nur unglaublich erholsam, es lässt uns auch wieder
zum Bestandteil des ursprünglichen Lebens werden, in das
wir primär nicht geboren sind, um zu funktionieren, sondern um glücklich zu sein. Und dass Führungskräfte mit einer achtsamen inneren Anbindung eine Ausstrahlung haben, die die Identifikation der Mitarbeiter mit den Zielen
der Führungskraft begünstigt, liegt auf der Hand.

*Übung: Visuelles, auditives und körperorientiertes
Weitstellen*

Wir beginnen mit einer Übung des visuellen Weitstel-
lens: Ich versuche, meinen ganzen Blickwinkel von
ganz links nach ganz rechts auf mich wirken zu lassen, und kann alles gleichzeitig wahrnehmen, ohne
etwas in den Vordergrund zu holen. Der Blick empfindet vieles als unscharf, aber nichts wird von der
visuellen Wahrnehmung ausgeschlossen. Von ganz
links bis ganz rechts sehe ich alles und lasse zunächst meine Augen hin und her wandern. Bald
kann ich den Blick einfach nach vorne gerichtet lassen und nehme dennoch von links bis rechts alles

wahr. In diesem Zustand kann ich den Augenblick spüren und ganz anwesend sein.

Eine weitere Übung ist das auditive Weitstellen. Wir kennen drei Formen des Hörens: Allgemein »hören« wir, was um uns herum an Geräuschen zu hören ist. Wenn wir uns auf ein Geräusch oder das Sprechen einer Person konzentrieren, spricht man von »Horchen«. Die dritte Form ist das »Lauschen«, das sich in die Stille richtet. Auch hier kann ich (eng gestellt) auf ein Geräusch, einen Ton konzentriert sein oder (weit gestellt) alles hören und wahrnehmen, was gleichzeitig an meine Ohren herangetragen wird. Ich höre in diesem auditiv weit gestellten Bewusstsein »die Symphonie aus Alltagsgeräuschen« und kann sie auf mich wirken lassen.

Auch der gesamte Körper kann in diese Achtsamkeitsübungen einbezogen werden: Ich versuche, meinen Körper im Raum, mich im Raum zu spüren, meine Atmung, die Luft um mich herum, die Kleidung auf meiner Haut, die Körpertemperatur, die Füße auf dem Boden etc. Mit etwas Geübtheit können wir mit dieser »somatosensorisches Weitstellen« genannten Übung auch unseren Puls und weitere körperliche Zustände spüren und wahrnehmen.

Besonders wirksam ist diese Übung, wenn Sie hierbei abwechselnd weit stellen, dann wieder ein Objekt fokussieren und wieder weit stellen. Das geht sowohl visuell als auch auditiv und körperorientiert. Wenn Sie so zwei- oder dreimal hin und her gewechselt sind, sollten Sie zum Abschluss der Übung in der weit gestellten Phase eine Zeit lang verweilen.

Müßiggang

Das Verhältnis zwischen Muße und Müßiggang konnte bei aller Hochschätzung der Muße immer schon ambivalent sein. Schon bei Benedikt von Nursia, dem wir das hohe Arbeitsethos des christlich geprägten Mitteleuropas verdanken, ist die lateinische Wortfamilie *otium, otiositas, otiosus* negativ besetzt. Vom Ursprung her beinhaltet es zunächst Ruhe, freie Zeit, Muße, dann erst Nichtstun, Schlaffheit. Der letzte Inhalt wurde später weiterentwickelt zu Müßiggang, Nutzlosigkeit, ohne Beschäftigung für das Allgemeinwohl.

Wer Muße hat, wer nichts tut, kann leicht träge werden, ohne Ziel dahinleben und von jeder Laune und Schwierigkeit mitgerissen werden, sodass er nicht mehr Herr seiner selbst und stattdessen Sklave seiner Instinkte wird. Das ist die Angst des Mönchsvaters Benedikt, die er in dem Satz zusammenfasst:»Müßiggang ist der Feind der Seele.« Deshalb verordnet er eine ausgeglichene Balance zwischen der Zeit für die Handarbeit und einer Zeit, die frei ist für die Lesung. Die gelehrte Nonne Aquinata Böckmann, eine ausgewiesene Kennerin der Benediktsregel, meint, man wird unsere heutige Problematik von Muße und freier Zeit nicht ins sechste Jahrhundert, die Zeit Benedikts, hineintragen können.[10] Bei wachsendem Stress brauchen wir sogar Übung und Willenskraft, um uns Freiräume zu schaffen, in denen wir einfach da sind, nicht agieren müssen und uns entspannen können.

Diese Notwendigkeit bestand in der Antike und dem beginnenden Mittelalter wohl nicht. Der Lebensrhythmus war in den der Natur eingebunden, er war ausgewogen, die Nerven wurden nicht so strapaziert wie heute. Es bestand im

sozialen Kontext vielmehr die Gefahr der Faulheit und Trägheit, die für Mönche auch Auswirkungen auf ihr geistliches
Leben hatte. Die gefürchtetste aller Auswirkungen hat einen Namen: *acedia* mit der Bedeutung stumpfe Gleichgültigkeit, mürrisches Wesen, üble Laune. Bei den Mönchen
bezeichnete sie die geistliche Unlust. In der klösterlichen
Literatur wird sie folgendermaßen beschrieben:

Wenn die *acedia* jemanden packt, dann bewirkt sie den
horror loci, die Langeweile in der Zelle, man verachtet die
Brüder. Sie macht einen träge und untätig, sie lässt einen
nicht in der Zelle bleiben und sich der Lesung hingeben.
Der davon Befallene seufzt und meint, er könne hier an diesem Ort keine Fortschritte machen, er malt sich Phantasien
von weit entfernten Klöstern aus. Alles, was er hat, wird
ihm zur Quelle der Unlust. Zu Mittag befällt ihn Müdigkeit und so großer Hunger, dass er zu erliegen scheint. Er
schaut herum, ob kein Bruder kommt. Er wird immer trä-
ger und unfähiger, etwas Sinnvolles zu tun. Diese Unlust
äußert sich verschieden: in Betrübnis, Trostlosigkeit, Langeweile, Missmut und Gelähmtsein einerseits, in Ausweichen, Zerstreuungen und Unruhe andererseits.

Dann heißt es, von der *acedia* kommen Unschicklich-
keit, Unruhe, Herumlaufen, Unbeständigkeit des Geistes
und Leibes, Vielreden und Neugierde her. Sie wird perso-
nalisiert: Als Dämon der Mitte befällt sie den Mönch um
die Mittagszeit, aber auch zur Lebensmitte, und man kann
sagen in fast allen Mitten geistigen Tuns. Der Anfang hat
einen eigenen Charme; und wenn das Ende nahe ist, gibt
man nicht so schnell auf. Aber die Mitte ist eine schwierige
Wegstrecke. Die Begeisterung des Anfangs ist vorbei, das
Ziel noch weit. Oft folgt die *acedia* auch auf Etappen intensiver Anstrengung und Erfahrung. Manchmal stellt sie sich

ganz plötzlich ein mit der Frage: »Was soll das überhaupt?« Die Erschlaffung kann durch Ausweichen überspielt werden, sei es in Nichtstun und Dösen oder durch Überaktivität, Flucht in Arbeit, Projekte und Änderungen.

Es braucht nicht viel Kenntnis oder Phantasie, um auf den ersten Blick feststellen zu können, dass es sich bei der *acedia* und ihren Symptomen um auch heute bekannte Phänomene handelt. Die Mönchsliteratur war die erste, die sie ausführlich beschrieben hat. In der Antike und im Mittelalter nannte man sie »Melancholie«, heute wird sie als »Depression« bezeichnet. Darunter fällt auch das sogenannte Burn-out-Syndrom, das wir aber eher mit beruflicher Über- oder Unterforderung in Verbindung bringen als mit Müßiggang im Sinn von im Nichtstun verlorener Zeit.

Auch die russische Literatur des 19. Jahrhunderts befasst sich mit dem Nichtstun und dem daraus resultierenden Ennui. Der Titelheld etwa in Iwan Gontscharows Roman *Oblomow* (erschienen 1859) ist Ilja Iljitsch Oblomow, der den Typus des begabten, gebildeten russischen Adligen verkörpert. Durch seinen Stand und die Lebensgewohnheiten seiner Gesellschaftschicht wird er aber zu einem Leben in ausgiebiger Faulheit und völliger Passivität verführt. Es handelt sich hier um den unmittelbaren Nachfahren des »überflüssigen Menschen«, der in vielen Werken des frühen 19. Jahrhunderts zu finden ist.

Oblomow, der durch seinen Reichtum in der Lage ist, seine Introvertiertheit und Untätigkeit zu pflegen, kann sich nicht aus der erstickenden Ruhe, Trägheit und Schläfrigkeit, die in der Darstellung seines Lebens immer wieder aufgegriffen werden, befreien. Oblomow ist die Verkörperung des russischen Landadels, der sich zu keiner sinnvollen Tätigkeit aufraffen kann und schließlich an seiner eigenen Le-

thargie zugrunde geht. Auch gegen dieses sicher zum Zerr-
bild geronnene Klischee ist die Oktoberrevolution von 1917
siegreich angetreten. Sie wollte, wie von Karl Marx vorge-
dacht, den Menschen aus seiner Entfremdung und Knech-
tung durch den Kapitalismus befreien, hat dadurch aber
das Proletariat nur noch mehr an den Arbeitsprozess ge-
fesselt. In der Bindung des Selbstwertgefühls an den praktischen Materialismus und dessen Folgen für die moderne Gesellschaft sind sich der radikale Sozialismus und der
von ihm bekämpfte Klassenfeind durchaus nahe.

Deshalb gilt es heute umso mehr, dem Müßiggang wieder zur Ehrenrettung zu verhelfen und ihm den negativen
Anstrich von Arbeits- und Leistungsverweigerung zu nehmen. Wir teilen unsere wach verbrachte Zeit ein in Arbeitszeit und Freizeit. Schon die Wortwahl deutet an, worauf wir
das Gewicht legen: auf die Arbeit, die andere Zeit ist nur davon frei. Der moderne Mensch zieht sein Selbstwertgefühl
aus der Arbeit. Dafür spricht auch die Formel vom Arbeits-
platzbesitzer im Gegensatz zum Arbeitslosen. Dieser ist
zum Nichtstun verdammt und bekommt dafür noch Geld –
so die gängige Meinung, die von oben herab über die Menschen ohne feste Anstellung urteilt. Ein Beschäftigungslo-
ser wird den Müßiggang, zu dem er gezwungen ist, wohl
selten als eine Zeit der Muße empfinden.

Damit nähern wir uns dem Sinn der Worte an. Müßiggang hat dann eine positive Konnotation, wenn er freiwillig
und bewusst geschieht. Er kann durchaus im Nichtstun bestehen. Es kann sich auch um eine Zeit gewollten Faulseins
handeln. Wir haben den Mut verloren zuzugeben, dass wir
gelegentlich auch gerne faulenzen. Jeder trägt sein Beschäftigtsein wie eine Monstranz vor sich her. Nur ja nicht zeigen, dass man genügend Zeit hat, um sich auch ein Quänt-

chen Faulheit zu gönnen. Natürlich ist Faulheit als Lebenseinstellung im Zuge des Diktums von Benjamin Franklin »*Time is money*« jeglicher Berechtigung beraubt worden. Und immer faul zu sein bringt ja tatsächlich im Lauf der Zeit das Gefühl der Langeweile und der Nutzlosigkeit hervor. Aber sich immer wieder einmal Zeitfenster des Faulseins zu gönnen hilft der Erfrischung und Erholung von Geist und Körper.

Einen wichtigen, wenn nicht sogar den wichtigsten Beitrag dazu liefert der Schlaf. Wir wagen es kaum noch, den Schlaf als etwas Positives zu benennen. Schon von klein auf werden wir mit Merksätzen erzogen wie »Morgenstund hat Gold im Mund« oder »Der frühe Vogel fängt den Wurm«. Damit werden wir aufgefordert, früh und munter aus dem Bett zu springen und freudig unser Tagwerk zu beginnen. Doch Ulrich Schnabel fragt seine Leser: »Was haben Cicero, Mark Twain, Winston Churchill, Albert Einstein und John Lennon gemein?« Antwort: »Sie waren allesamt große Freunde der (Bett-)Ruhe und liebten ihren Schlaf.« Der französische Schriftsteller und Philosoph Michel de Montaigne hat sogar seinen Diener angewiesen, ihn mitten in der Nacht zu wecken, damit er das Vergnügen, wieder einzuschlafen, noch einmal genießen konnte. Winston Churchill, der britische Held des Zweiten Weltkriegs und Hitler-Bezwinger, hielt seinen Mittagsschlaf heilig. Er war sich sicher, den Krieg nur durchgestanden zu haben, weil er jeden Tag ein Schläfchen einlegte.

Und auch andere Kulturen haben weniger Probleme damit, den Schlaf als positiv anzuerkennen. Man braucht gar nicht bis nach Japan zu blicken, wo das Mittagsschläfchen im Büro ein gut eingeführter Brauch ist. Auch die Südeuropäer halten bis heute an der Siesta fest.

Praktische Tipps

- Haben Sie kein schlechtes Gewissen, wenn Sie gelegentlich einmal nur faul sein wollen.
- Fragen Sie sich ehrlich, wie oft Sie Beschäftigtsein bloß vortäuschen.
- Haben Sie sich schon einmal gefragt: »Was soll das überhaupt?« Wenn ja, dann sollten Sie innehalten!
- Gönnen Sie sich ausreichend Schlaf. Er ist die natürlichste Methode der Erholung.

8 Muße und Arbeit

Arbeit und Muße werden vielfach als Gegensatz gesehen.
Denn Muße, so ist mindestens die landläufige Vorstellung
und Erfahrung, gehört nicht zur Arbeitserfahrung, sondern
in eine Zeit außerhalb davon. Auch die Vorstellung von Arbeit als Muße ist uns fremd, weil sehr viele Menschen sich
in der Arbeit unterordnen und unter Bedingungen arbeiten müssen, die in der Tat an alles andere als an Muße erinnern.

Da Arbeit und Freizeit für sehr viele Menschen zwei
wichtige Pole der Erfahrung sind, hat die Mußeforschung
drei verschiedene oder mögliche Formen der Beziehung
zwischen Arbeit und Freizeit herausgearbeitet.[1]

Die beiden Lebensbereiche werden dann oft als Gegensatz erlebt, wenn Menschen schwere und gefährliche Arbeiten zu leisten haben. Nach der Arbeit verlassen sie den Arbeitsplatz möglichst schnell und fliehen oft in eine durch
Konsum (zum Beispiel Alkohol) herbeigeführte Entspannung und Entlastung.

Ein neutrales Verhältnis zwischen Arbeit und Freizeit
tritt dann ein, wenn Menschen monotone und passive Arbeiten zu erledigen haben. Am Arbeitsplatz führt dies oft zu
einer apathischen und gleichgültigen Haltung. Diese Ten-

denz überträgt sich paradoxerweise häufig auf die Freizeit-gestaltung.

Schließlich wird eine Art positive Übertragung aus der Arbeit in die Freizeitgestaltung festgestellt. Menschen, die in der Arbeit hohes persönliches Engagement aufweisen, übertragen dies auch auf die Freizeit, verfügen über ausge-dehnte soziale Netzwerke, in denen sie vielfältigen Freizeit-angeboten nachgehen.

In vom Christentum geprägten Kulturen wird Arbeit mehr oder weniger bewusst als Last, vielleicht als Fluch, mindestens als unangenehme Dimension der *Conditio humana* gesehen. Wer viele Stunden am Tag am Fließband steht oder im Bergwerk arbeiten muss, wer Arbeit als not-wendigen Broterwerb sieht und eine Tätigkeit ausführen muss, die ihm oder ihr absolut nicht liegt, wird der landläu-figen Interpretation zustimmen und weitab davon sein, in der Arbeit Aspekte der Muße sehen zu können. In der sozia-listischen Ideologie werden viele Formen der Arbeit tatsäch-lich als Entfremdung (Adorno) und Entwürdigung gesehen.

Allerdings gibt es im Grunddokument, das die europäi-sche Lebenseinstellung wesentlich mitgeprägt hat, der Bibel, viele Texte, die von Ausgleich und Maß im Verhältnis Ar-beit – Freizeit – Muße sprechen (vergleiche etwa Jesus Sirach 2, 12–17: die Illusion menschlicher Weisheit; Jesus Sirach 2, 18–23: die Illusion der Bedeutung menschlicher Arbeit) und einen sehr kritischen Blick auf den Umstand werfen, warum viele Menschen (so) viel arbeiten.

»Denn ich beobachtete: Jede Arbeit und jedes erfolgrei-che Tun bedeutet Konkurrenzkampf zwischen den Men-schen. Auch das ist Windhauch und Luftgespinst. Der Un-gebildete legt die Hände in den Schoß und hat doch sein Fleisch zum Essen. Besser eine Hand voll und Ruhe, als beide Hände voll und Arbeit und Luftgespinst« (Kohelet 4, 4–6).

Wenn in einem Buch, das nicht nur zu den wichtigen Büchern der Bibel zählt, sondern ohne Zweifel zu den großen Büchern der Weltliteratur, steht, dass hoher Arbeitseinsatz meistens mit mittelmäßigen Motiven verbunden ist, stellt sich die Frage, warum solche Texte, die vielleicht etwas zynisch sind, aber eben durchaus eine tiefe Weisheit enthalten, nicht mehr Einfluss auf die Entwicklung eines gesunden Ausgleichs zwischen Arbeit, Freizeit und Muße in der christlichen Kultur, die die europäische Weltanschauung wesentlich mitgeprägt hat, ausgeübt haben.

Sich zu Tode zu arbeiten ist die einzige gesellschaftlich anerkannte Form des Selbstmordes.[2] Ein großes Problem der westlichen Kultur ist die Tatsache, dass die Arbeit unkritisch und unreflektiert den ersten Rang in der Bedeutung dessen, was im Leben wirklich zählt, einnimmt. Weil das aber in Wirklichkeit nicht sein kann, weil der Mensch nicht lebt, um zu arbeiten, sondern höchstens arbeitet, um zu leben, entsteht ein starkes Bedürfnis, die freie Zeit als Distanz zur Arbeit und als Entlastung von ihr zu leben.

Paradoxerweise bindet aber auch das starke Distanzbedürfnis, welches Monotonie, kontinuierliche körperliche oder psychische Anstrengung und ein lautes stressiges Arbeitsambiente auslösen können, an die Arbeit. Denn wenn ich alles tun muss, um den Abstand von der Arbeit zu zeigen und zu spüren, ist es gerade die Arbeit, über die ich mich definiere und mit der ich dadurch unbewusst verbunden bin. Grundsätzlich ist es aber so, dass fast keine Arbeit an sich entwürdigend und belastend sein muss. Es ist die Einstellung zu ihr, die einen großen Teil der Qualität des Erlebens der Arbeit bestimmt.

Weil es einerseits die Beobachtung gibt, dass die Arbeit immer mehr in die Freizeit der Menschen hineinreicht, und andererseits die Freizeitaktivitäten einen großen Teil des Marktes und der Produktion lenken, ist es interessant und wichtig, das Verhältnis und die gegenseitige Bestimmung von Arbeit und Freizeit als Muße zu beleuchten.

Ein Unterschied zwischen Arbeit und Muße ist, dass der größte Teil der Menschen »für etwas« arbeitet. Für etwas, was über die momentane Zielsetzung der Arbeit hinausgeht: Wir arbeiten für unser Gehalt, die Karriere, unsere Familie, die Selbstverwirklichung. Das heißt, dass das Ziel der Arbeit nicht direkt in der Arbeit an sich liegt. Muße aber – und das ist wohl der wesentliche Unterschied – hat ihr Ziel in der unmittelbaren Verwirklichung.

Allerdings ist in der Beschreibung der Muße, als Gegensatz zur Arbeit, darauf hinzuweisen, dass den meisten Menschen die mentalen und ideologischen Voraussetzungen fehlen, Muße im eigentlichen Sinn zu leben. Dies hat damit zu tun, dass sich der Mensch – vor allem im westeuropäischen Kulturraum – bis in die letzten Jahrzehnte hinein über die Arbeit definiert hat und deshalb nur das Bedeutung hatte, was in der Arbeit geschah und in der Freizeit im Hinblick auf die Arbeit getan und geplant wurde. Freizeit, Muße und es sich einmal gut gehen zu lassen waren vielfach mit Unbehagen, wenn nicht mit Schuldgefühlen verbunden.

Dieser Umstand, dem wir mehr ausgeliefert sind, als wir meinen, und dem wir öfter unbewusst zum Opfer fallen, als uns lieb ist, hat einmal mit der parareligiösen und etwas typisch deutschen Einstellung zu tun, dass das Leben ein Jammertal und ein Fluch sei, in denen man nur mit Fleiß und Ausdauer bestehen könne. Andererseits mit der Einstellung, dass wir nur in der Arbeit schöpferisch und kreativ sein können beziehungsweise nur jene Kreativität sinnvoll und wichtig ist, die mit der Arbeit zu tun hat. Wenn sich mehr Menschen mit der Tatsache auseinandersetzen würden, dass wir in Zeiten der Muße viel kreativer sind und Arbeit nicht die einzigen, vielleicht nicht einmal die wesentlichen Felder menschlicher Verwirklichung absteckt, würden wir die Bedeutung der Muße für Kreativität und ganzheitliche Lebensentwicklung ganz anders einschätzen.

Die Wahrnehmung der Bedeutung und des sich daraus entwickelnden Verhältnisses Arbeit – Muße ist unbewusst und subjektiv. Es gibt Menschen, die aus der Welt und den Anforderungen der Arbeit fliehen würden, wenn sie nur könnten; es gibt Menschen, die eine lange Phase der Arbeitslosigkeit hinter sich haben und alles tun würden, endlich Arbeit zu haben und zu wissen, wofür oder wozu sie aufstehen und aus dem Haus gehen; und es gibt Menschen, die im Vorpensionsalter oder in der Pension in Panik geraten, weil sie nicht wissen, was sie mit der freien Zeit anfangen sollen, die andere sehr gerne hätten.

In all diesen Fällen ist festzustellen, dass arbeiten zu müssen – oder auch nicht – einen großen Einfluss darauf hat, wie wir uns selbst im Leben wahrnehmen und wertschätzen und wie es uns wirklich geht. Ein ausgeglichenes Verhältnis zwischen Arbeit und Muße hat nicht nur mit dem tatsächlichen Ausgleich zwischen diesen Wirklichkeiten zu tun, sondern auch mit dem Stellenwert, den wir ihnen jeweils zuweisen.

Damit Arbeit und Muße in ein lebensstiftendes und kreatives Verhältnis zueinander kommen können, ist es hilfreich, auf die inneren Motive und Wahrnehmungen zu schauen, die uns in diesem Zusammenhang bewegen. Mit einer Arbeit verbinden wir im Normalfall mindestens zwei Ziele: Wir arbeiten für unser Brot und dafür, uns selbst zu verwirklichen.

Die moderne Gesellschaft stellt die Menschen, die sie für die verschiedenen Berufe motivieren will, aus der Perspektive der Produktion, des Produkts und der Verdienstmöglichkeit dar. Wer Arbeit organisiert, sieht alles aus der Perspektive der Ergebnisse und fragt sich: Wen brauche ich, um ein Produkt herzustellen? Das können Häuser, Autos, Kleider, Wohlbefinden und Gesundheit sein. Was müssen jene, die diese Produkte herstellen, können, um dies möglichst gut und effektiv zu machen, und wie können sie das, was sie brauchen, möglichst schnell und gut lernen?

Aus der Sicht der Arbeitgeber und Unternehmen ist dies eine durchaus verständliche Philosophie. Trotzdem greift sie zu kurz, und mindestens die Gesellschaft, die Erziehung und die Politik müssten intervenieren, damit der Mensch nicht auf der Strecke bleibt. Denn es geht nicht nur um die Produkte, sondern auch um jene, die sie herstellen. Und in diesem Zusammenhang muss gefragt werden, was eine Arbeit mit Menschen tut und wie weit es in ihr Möglichkeiten der Selbstverwirklichung gibt. Langfristig werden jene Unternehmen, die sich Gedanken darüber machen, wie Arbeit die Arbeitenden beeinflusst, einen Schritt voraus sein. Letztendlich ist die Berücksichtigung dieser Perspektiven auch Achtsamkeit gegenüber einer Dimension der Arbeit, die vielfach übersehen wird und doch große Auswirkungen hat.

Wenn die Gesellschaft und die Unternehmen beginnen, über diese Bereiche nachzudenken, dann werden sie sich fragen müssen, ob Arbeit Möglichkeiten der Selbstverwirklichung für die Menschen, die sie verrichten, mit sich bringt. Selbstverwirklichung hat mit der Realisierungsmöglichkeit eigener Werte, Fähigkeiten und Bedürfnisse zu tun. Natürlich ist es zunächst schwer, diese Perspektiven unternehmerisch zu vertreten. Sie stellen einen Aufwand dar, der sich zunächst für das Produkt nicht rechnen lässt. Mittel- und langfristig aber kommt es durch die Möglichkeit, dass Menschen sich in einer Arbeit verwirklichen können, zu einem ganz anderen Engagement und einer inneren Bindung an ihre Tätigkeit und das Unternehmen.

Hier mag die Unterscheidung Job oder Beruf beziehungsweise Arbeit oder Berufung hilfreich sein. Einen Job und eine Arbeit übe ich aus, weil ich Geld verdienen will oder muss; einen Beruf oder eine Berufung lebe ich, weil ich mich darin verwirklichen kann und einen Beitrag für das Wohl der Gesellschaft leisten will. Job und Arbeit kann ich jederzeit wechseln, wenn ich das, was ich mit ihnen verbinde, zum Beispiel möglichst leicht und viel zu verdienen, irgendwo anders finde. Dabei ist die damit verbundene Intention nicht abzuwerten. Es muss aber gesagt werden, dass Einsatzfelder, welche vorwiegend als Job oder Arbeit gesehen und erlebt werden, sehr oft auf Kosten der Entwicklung und der Selbstverwirklichung der Arbeitenden gehen. Beruf und Berufung kann und will ich wahrscheinlich nicht so schnell wechseln, weil eine innere und persönliche Bindung zwischen dem Arbeitenden und dem Produkt entsteht.

Eine ähnliche Gegenüberstellung wie zwischen Job und Berufung ist auch in der Betrachtung der Freizeit und der Muße zu sehen. In der Sozialforschung wird behauptet, dass der moderne Mensch im Lauf seines Lebens insgesamt 22 Jahre mehr Freizeit genieße als der Mensch vor 100 Jahren.[3] Was aber tut der Mensch in dieser Zeit, um die er so hart gerungen hat, und was tut diese Zeit mit ihm?

In vielen Sprachen wird die Zeit, die der Mensch nicht mit Arbeit verbindet, mit der Vorsilbe »frei« definiert. Damit ist eine wichtige Dimension der menschlichen Würde beschrieben, die den meisten Menschen erst in den letzten Jahrhunderten, wenn nicht Jahrzehnten zuteilwurde.

Freizeit bedeutet, dass jemand diese Zeit für sich gestalten kann und weder Arbeitgeber noch Gesellschaft oder Staat einen Anspruch oder eine Verfügung über diese Zeit haben. Diese Erfahrung macht die Freiheit, die Würde und die grundsätzliche Unabhängigkeit bewusst. Diese Zeit eröffnet in unserer Gesellschaft ein weites Spektrum an Möglichkeiten der Selbstverwirklichung, der Entwicklung und der Entspannung.

»Freizeit« kann aber auch die Frage auslösen, ob sie den Menschen frei oder freier macht. Die postindustrielle Gesellschaft produziert unendlich viele Angebote für die Freizeit. Diese Angebote müssen vermarktet werden. Es muss gezeigt werden, dass der Mensch diese Produkte braucht. Wenn die Werbung in der Lage ist, diese Überzeugungsarbeit zu leisten – und das ist vielfach der Fall –, wird immer mehr von der freien Zeit investiert, um die Angebote der Freizeitindustrie in Anspruch zu nehmen. Da die Strategie der Freizeitindustrie mehr und mehr aufgeht, beeinflusst sie mehr und mehr, was Menschen in ihrer Freizeit tun können und sollen und wie viel Geld sie dafür ausgeben.

Da Angebot, Nachfrage und Inanspruchnahme der Freizeitangebote öffentlich ausgetragen und zum Teil als Status verstanden werden, verliert die Freizeit immer mehr die Dimension der Freiheit und der Muße. Das heißt, die Zeit, in der der Mensch nicht arbeitet, wird nicht zur Zeit, in der er sich aussuchen kann, was er gerne tun würde oder was ihm jetzt guttun würde. Die freie Zeit wird immer mehr von

Freizeitangeboten geplant und verplant und vom Bedeutungsdiktat der Freizeitmoden bestimmt. Je mehr der moderne Mensch solche Angebote in Anspruch nimmt, umso höher ist – mindestens scheinbar – der wahrgenommene Status in der Gesellschaft. Dadurch aber hat der Mensch immer weniger »Freizeit«.

Diese Problematik beginnt schon in der Kindererziehung. Entwicklungspsychologen weisen darauf hin, wie wichtig »freie« Zeiten sind, wo Kinder spielen können oder das machen, was sie gerade möchten. Wenn sie von der Schule kommen, möchten sie – vor allem wenn sie klein sind – etwas spielen und sich entspannen. In den meisten Fällen aber müssen sie sofort essen, um gleich darauf die Hausaufgaben zu machen, damit sie dann zum Sport- und/ oder Musikunterricht gehen können.

Die Freizeitindustrie bewirkt auch, dass immer mehr Menschen nicht nur für den Broterwerb, sondern auch für eine kostenaufwendige Freizeit arbeiten. Im Konsum der Freizeitangebote, so spielt es uns die Werbung jeden Tag vor, ist der Ort der Selbstverwirklichung und des wahren Lebens. Damit aber wird die Arbeit immer mehr zum Job, den ich im Hinblick auf die Freizeit, die immer weniger zur freien und frei machenden Zeit wird, erledige, und der Aspekt der Selbstverwirklichung und der Berufung wird immer weiter zurückgedrängt. So entsteht eine paradoxe Beeinflussung und Behinderung der beiden Bereiche Arbeit und Freizeit, die unter anderem durch die Bewusstmachung der Bedeutung der Muße aufgelöst, zumindest aber entlastet werden kann.

Der bekannte Religionspädagoge Gabriel Moran behauptet, dass Job und Freizeit Vorgaben seien, welche in der modernen Gesellschaft fast alle Menschen haben und verwalten können. Aus diesen aber Berufung und Muße zu machen ist eine wichtige und nicht leichte Aufgabe, denn der Mensch wird nicht frei, weil er freie Zeit hat, sondern wenn und weil er sich in dieser Zeit – aber natürlich auch während der Arbeit – seiner Einmaligkeit, Freiheit und Verantwortung bewusst wird.[4] Weil diese Entwicklung des Menschen einen großen Einfluss auf seine Kreativität hat, ist die Erfahrung der Muße im eigentlichen Sinn auch von großer Bedeutung für die Erfahrung der Arbeit als Berufung.

Einen bestimmten Teil der Freizeit zur Muße zu machen will bewusst gemacht und gelernt sein. Die Voraussetzung dafür ist, dass wir in dieser Zeit bei uns selber sind, eine bestimmte Art der Sammlung und des inneren Friedens erfahren und ausstrahlen. Diese Erfahrungen brauchen eher Bereitschaft und Anleitung als besondere Vorgaben und Techniken. Sie können diese Erfahrung machen, wenn Sie am Strand des Meeres oder am Ufer eines Flusses sitzen, im Wald ruhig und achtsam spazieren gehen und dabei wahrnehmen, was um Sie herum und mit Ihnen geschieht; Sie können mit einem lieben Menschen bei einem Glas Wein, Bier oder Tee sitzen und ganz bei sich, ganz bei ihr/ ihm und im Frieden sein.

Damit in der Freizeit auch Raum für Muße ist, was grundsätzlich ja für alle möglich ist oder wäre, muss die Wirkung und Bedeutung der Muße allen Schichten zugänglich gemacht werden. Denn heute braucht Muße nicht mehr das Privileg weniger zu sein, sondern sie könnte zu einer kostbaren Erfahrung für alle werden, wenn Freizeit weniger als Konsum vorgegebener Produkte und Abläufe propagiert würde, sondern auch als Zeit des Bei-sich- und Mit-sich-Seins.

Freizeit wird, weil sie immer wieder in ihrem Verhältnis

zur Arbeit gesehen wird, sehr oft quantitativ beschrieben. Freizeit als Muße hat eher mit qualitativen Aspekten der Zeiterfahrung zu tun: Es geht um das innere und subjektive Erleben. Aus diesem Erleben mag sich die Erkenntnis ergeben, dass Muße der beste und höchste Besitz des Menschen ist.[5] Der Mensch, der nicht in der Lage ist oder die Fähigkeit und Bereitschaft hat, ab und zu »nichts zu tun«, ist nicht frei.[6] In einer Zeit, in der Sklave-Sein dem Frei-Sein gegenübergestellt wurde und frei zu sein ein großes Privileg darstellte, behauptete Cicero, dass niemand frei sei, wenn er nicht ab und zu den Mut habe und sich die Freiheit zum Nichtstun nehme. Aristoteles hat dies nochmals etwas anders definiert und behauptet, dass Muße »die Freiheit von der Notwendigkeit, beschäftigt sein zu müssen«, sei.[7]

Die Wurzel für die englische und französische Bedeutung des Wortes Muße *(leisure, loisir)* stammt vom Lateinischen *licere* (das heißt: Es ist erlaubt, man darf, es ist vergönnt) ab. Im Weiterdenken dieser Bedeutung kann behauptet werden, dass nur der ein freier Mann und die eine freie Frau ist, der/die sich die Muße als Nichtstun gönnt, gewährt und nimmt. In diesem Sinn ist Muße die Zeit, in der der menschliche Geist in sich aufsteigt und sich entwickelt; es ist die Gelegenheit zu Selbstwahrnehmung und des Empfindens, frei zu sein. Dass es in diesem Zusammenhang wichtig wäre, Schulen der Muße oder Gelegenheiten der Muße zu bieten, ist klar. Denn die Grundproblematik in diesem Zusammenhang ist heute ja nicht mehr, dass wir nicht die Gelegenheit zur Muße haben, sondern dass wir sie uns nicht gönnen, weil wir meinen, es sei verlorene Zeit oder eine Erfahrung, auf die wir kein Recht hätten.

Muße als Haltung der Eigenständigkeit und Freiheit scheint erst in unserer Zeit wichtiger und wichtiger zu werden. Denn immer mehr Beobachter werden sich bewusst, dass »die industrielle Revolution eine tragische Täuschung und die technologische Gesellschaft die Perversion der Tugenden des entspannten Gesprächs, der sexuellen Leidenschaft, der geistigen Reflexion und des ästhetischen Genusses darstellen«.[8] Als Reaktion auf diese Pervertierung übertragen immer mehr Menschen Bedürfnisse der Freizeit auf die Arbeit. Es genügt vielen nicht mehr, Arbeit zu haben, sondern sie soll aufregend, stimulierend und herausfordernd sein und uns glücklich machen.[9]

Wenn die industrielle Revolution und die moderne technologische Gesellschaft die menschlichen Tugenden pervertiert haben und immer mehr Menschen fordern, dass die Arbeit das leisten soll, was ihnen die Freizeit offensichtlich nicht oder zu wenig bieten kann, wird es zur großen Aufgabe der Muße, den Menschen zu einer ausgleichenden und sinnstiftenden Freizeit- und Arbeitsdeutung zu verhelfen.

 Übung: Muße und Arbeit

> Ein Problem, welches ein gesundes Verhältnis zwischen Arbeit und Muße verhindert, ist das unbewusste Gefühl, dass wir eigentlich kein Recht haben, nichts zu tun, oder dass im Grunde genommen nur die Arbeit eine sinnvolle Beschäftigung ist.
>
> Ich lade Sie ein, sich immer wieder wirklich freie Zeiten zu organisieren und zu beobachten, was es mit Ihnen macht, wenn Sie nichts tun: nicht arbeiten, nicht lesen, nicht über Beziehungen reden und denken, nicht Freizeitangebote konsumieren.

Nehmen Sie sich die Zeit für solche Erfahrungen, und spüren Sie, was Sie fühlen und denken. Vielleicht:

- Eigentlich sollte ich etwas Sinnvolles »tun«.
- Wenn meine Kollegen oder Kolleginnen mich sehen würden ...
- Diese Zeit bringt wirklich nichts.

Wenn Sie mutig und kritisch sind, stellen Sie fest, dass dies nur Gedanken sind, die aus einer Macher- und Produktionskultur stammen.

Genauso könnten Sie, und das würde ich Ihnen empfehlen, über die Gedanken andere Gefühle auslösen, etwa:

- Ich bewerte diese Zeit einmal nicht und beobachte, was sie mit mir tut.
- Wie schön, einmal wirklich frei zu sein und sich wirklich zu sagen, das ist eine Zeit, in der ich mich als den oder als die erfahre, die ich auch noch bin.
- Ich bin viel mehr und anders, als ich mich in der Arbeit und in meinen Beziehungen erfahre.
- Ich spüre, je öfter ich diese Freiräume und Freizeiten lebe, dass eine neue Bewusstseinsdimension in mir entsteht.

Bleiben Sie so lang wie möglich in dieser Wahrnehmung, und verankern Sie sie in Ihrer Tiefe. Je öfter Sie diese Übung machen, desto bewusster wird Ihnen, dass Sie tiefere Quellen für Ihr Leben haben, dass es Bereiche in Ihrem Inneren gibt, die Ihnen bewusst machen, dass das Wesentliche des Lebens ein Geschenk ist und uns jederzeit zur Verfügung steht.

Sachertorten

Vielleicht war es die Geschichte mit den Sachertorten, die
Marion Schulz* deutlich machte, dass es so nicht weitergehen konnte. Als persönliche PR-Referentin eines als kap-
riziös geltenden weiblichen Vorstandsmitglieds war sie einen Tag vor Beginn der gemeinsamen Geschäftsreise schon
nach Wien vorausgereist. Sie wollte die Örtlichkeiten prüfen,
mit allen Beteiligten sprechen, Eventualitäten in Betracht
ziehen, damit keine Missgeschicke und in ihrer Folge keine
Eskalationen oder Peinlichkeiten entstehen konnten. So wie
bei jener Veranstaltung, auf der ihre Chefin sprechen sollte,
aber wegen eines Staus zehn Minuten zu spät im Saal war.
Die Moderatorin hatte einen anderen Redner gebeten zu beginnen, und dieser stand schon am Rednerpult, mitten in
seinem Vortrag, als Marions Chefin in den Saal platzte und
für alle laut hörbar rief: »Ich bin doch jetzt dran!«

In Wien sollte ihre dreitägige Geschäftsreise starten,
dann Zürich, anschließend München. Marion saß in der
Bahn und schaute abwechselnd auf ihren Blackberry und
die niederösterreichische Landschaft. Konzentrieren auf
die Unterlage, die vor ihr lag, konnte sie sich nicht, denn
sie rechnete – wie stets, wenn sie unterwegs war – mit plötzlich aufpoppenden Problemen, meist in Form von E-Mails,
in denen alles zuvor Besprochene und Vereinbarte umge-
stürzt wurde. Diesmal war es ein Anruf von Frau Dr. M.s
Sekretärin in der Zentrale. Die Sache schien im Vergleich
zu dem, was Marion erwartet hatte, harmlos: »Die Chefin
braucht noch Sachertorten«, sagte sie, als sei das Anliegen
das Normalste in der Welt. »Sie hat sich gedacht, dass es

* Name geändert.

doch nett wäre, die Torten als Geschenke zum Meeting am nächsten Tag in Zürich mitzubringen.«

Das fand Marion auch, sicher, allerdings hatten sie vor, mit dem Flugzeug nach Zürich zu reisen, mit ihrem Gepäck und den ganzen Unterlagen – und dann noch zwölf Sachertorten? Wieso sollte ausgerechnet sie die nun beschaffen? Der Konzern hatte auch in Wien ein Büro, und die Mitarbeiter dort hatten bestimmt Erfahrung mit der Besorgung und dem Versand von Sachertorten. Selbst von einem Tag auf den anderen, alles nur eine Frage des Preises. So aber saßen am übernächsten Tag zwei Damen mit zwei riesigen Tüten in der Erste-Klasse-Lounge des Wiener Flughafens, darin, edel in Holzkisten verpackt, je sechs Sachertorten. Sofort kam eine Mitarbeiterin der Lounge herangeeilt und bot Hilfe an: Ob die Damen Unterstützung bräuchten beim Boarding, man könne sie mit den Tüten auch zum Gate fahren. Frau Dr. M. ließ sie kaum ausreden: »Nein danke, das ist nett, aber wir schaffen das schon.«

Ihr Flug wurde aufgerufen, und die beiden Damen packten ihre Tüten, die nun doch etwas zu schwer erschienen und etwas zu tief hängend. Das fiel Frau Dr. M. erst jetzt auf, zum Flughafen hatte der Fahrer sie gebracht. Sie wandte sich an nun an die Mitarbeiterin von vorhin: »Können Sie uns bitte jemanden organisieren, der die Taschen trägt?« Leider ging das nun nicht mehr, das hätte man vorher anmelden müssen. »Na ja, wir schaffen das schon«, sagte Frau Dr. M., wusste zu diesem Zeitpunkt aber noch nichts von den Laufwegen von Terminal zu Terminal, denn der Flughafen wurde gerade ausgebaut. »Welcher Architekt hat denn das geplant, das gibt's doch nicht«, fing sie zu schimpfen an und wechselte ihre Sachertortentasche alle paar Schritte von einem Arm zum anderen.

Irgendwann stellte sie sie auf den glatt polierten Boden und fing an, den Beutel mit ihren Pumps vor sich herzukicken. Marion hielt ihre Torten pflichtbewusst in der Luft, bis sie das Gate erreichten, vor dem eine lange Schlange stand. Frau Dr. M. bewegte sich äußerst selbstbewusst an den Wartenden vorbei auf die Absperrung zu, bis eine Mitarbeiterin der Fluggesellschaft sie aufhielt. »Es tut mir leid, Sie müssen sich noch etwas gedulden, wir fangen gleich mit dem Boarden an.« – »In Zürich muss mir jemand mit den Tüten helfen, die trage ich nicht noch einmal so weit.« – »Das ist sicherlich kein Problem, aber sagen Sie das bitte der Besatzung im Flugzeug, die melden das dann in Zürich an.«

Doch das hatte Frau Dr. M. schon nicht mehr gehört, sie hatte, ohne die Antwort abzuwarten, ihr Smartphone aus dem Blazer gezogen und die Nummer ihres Büros gewählt. Lautstark begann sie zu telefonieren: »Die sind hier völlig unfähig, das zu organisieren, übernehmen Sie das! So, ich steig jetzt ein.« Als sie ihre Sachertortentüte dann auf die Boarding-Schranke knallte und durchgehen wollte, ging der Alarm los, denn das Boarding hatte immer noch nicht angefangen.

Als Marion schließlich einstieg, sah sie, dass die Tüte ihrer Chefin, die wie meistens auf dem Platz 1 A saß und ihr zuwinkte, im Garderobenschrank der Businessclass verstaut war. Der war aber bereits voll, die Stewardess hob entschuldigend die Schultern. Also schleppte Marion ihre Tüte zu ihrem Sitz hinter dem Vorhang: 19 C. Noch ehe sie Platz genommen hatte, klingelte ihr Handy. Die Chefsekretärin war dran, ziemlich aufgeregt und wichtigtuerisch, wie sie es immer war, wenn sie Aufgaben von sich wegdelegieren wollte: Ob Marion Geld dabeihabe, wollte die Sekretärin wissen. In Zürich sei der VIP-Service leider nicht möglich, und der normale Gepäckdienst koste 20 Franken.

Dass ihre Chefin auf Reisen grundsätzlich nie Geld dabeihatte, sondern wie selbstverständlich davon ausging, dass ihre Mitarbeiter solche nebensächlichen Dinge regelten, wusste Marion längst, und so hatte sie wie immer schon im Vorfeld einen Betrag Schweizer Franken besorgt. Sie zog einen 20-Franken-Schein aus ihrem Portemonnaie und verstaute ihn in der Außentasche ihrer Jacke.

Als sie in Zürich mit ihren sechs Sachertorten aus dem Flugzeug kam, sah sie ihre Chefin erneut telefonieren. Diese lachte, winkte ihr zu und zeigte ihre Hände: »Hallo, Frau Schulz, schauen Sie mal, da war ein Mann, der hat mir meine Tüte abgenommen, ist das nicht nett?« In diesem Moment wäre Marion beinahe in Gelächter ausgebrochen oder in Schreien oder Weinen oder in alles zugleich. Weil die Sache so absurd, so lächerlich war, als sie nun mit ihrer riesigen Sachertortentüte vor ihrer freudestrahlenden Chefin stand. »Ich dachte mir, das muss die doch raffen, wie bescheuert sie sich verhält, das tat sie aber nicht.«

Marion war Anfang 40 und hatte ihre Laufbahn fast ausschließlich in dem Konzern verbracht. Eine der vielen Umstrukturierungen, die das Unternehmen innerhalb weniger Jahre vollzog, brachte sie auf die attraktiv dotierte Stelle der persönlichen PR-Referentin des Vorstandsmitglieds Frau Dr. M. Die erwies sich nach außen als geschickte Fürsprecherin für die Rolle von Frauen im Unternehmen, für »Diversity«, wie das auf Businessdeutsch heißt und in den Unternehmen wahnsinnig wichtig genommen wird. Und auch in den Medien, in denen sie damit erhebliche Resonanz erfuhr, zeitweise mehr als mit ihrem eigentlichen Vorstandsressort. Weibliche Vorstandsmitglieder sind in Deutschland immer noch selten, und so wurde ihre Chefin von den Medien gefeiert, zu Konferenzen eingeladen und von Organisationen hofiert.

Doch mit dem öffentlichen Erfolg begannen die innerbetrieblichen Schwierigkeiten. Dass Frau Dr. M. im Unternehmen zunehmend aneckte – und mit ihr ihre persönliche Referentin –, lag zum einen an ihren Erfolgen in der Öffentlichkeit und dem Neid, den sie damit von den Herren der anderen Vorstandsressorts auf sich zog. Es lag aber auch an ihrer Person. Marion hatte in ihrer Laufbahn einige schwierige Vorgesetzte gehabt, und sie war mit allen klargekommen: Cholerikern, Ellenbogenmenschen, Intriganten – jener Mischung von Typen, wie sie sich in Konzernzentralen und Stabsstellen rund um die wirklich Mächtigen oft versammeln.

So hatte Marion es auch als Teil ihres Jobs, als Ausdruck ihrer Professionalität verstanden, ihre neue Chefin, die einerseits so überzeugend öffentlichkeitswirksam und andererseits so offensichtlich lebensunfähig war, zu unterstützen, sosehr sie konnte, und ihr Hürden aus dem Weg zu räumen, wo immer welche absehbar waren. Sie war bereit, ihre Marotten zu ertragen, sie rundum zu versorgen und zu betreuen, weit über ihre Jobbeschreibung und übliche Arbeitszeiten hinaus, sodass sie öffentlich makellos auftreten konnte. Das war ein Jahr lang ziemlich gut gelungen.

Bald aber zeigten sich Schwierigkeiten in der Zusammenarbeit. »Frau Dr. M. ist eine Frau, die weder zuhören noch artikulieren kann, was sie eigentlich will. Sie will heute dies und morgen das. Das hatte ich dann immer mehr zu erspüren als zu erfahren. Mein Job war es aber, ihr ein paar Dinge so vorzubereiten, wie sie es wollte. So befand ich mich in einem ständigen Ratemodus, wie und womit ich es ihr recht machen könnte. Die Chance dazu stand immer nur bei 50 Prozent. Die andere Hälfte bedeutete, dass die nächste Katastrophe drohte. Denn sie hat alle Eigenschaften, die man zickigen Frauen nachsagt. Sie ist eine verwöhnte Diva, merkt das aber nicht.«

Die Situation wurde umso kritischer, je mehr ihre Chefin im Innenverhältnis des Unternehmens unter Druck geriet. »Immer öfter kam es vor, dass aufgrund ihrer Fehler nicht der Esel verdroschen wurde, sondern der Sack, also ich. Denn ich hatte vor ihr zu stehen und sie zu verteidigen, wenn sie angegriffen wurde, ich war ihre Sprecherin.« Irgendwann ging Marion nur noch mit Beklemmung und Angst ins Büro. Sie saß dann oft stundenlang angespannt an ihrem Platz, voller Nervosität, und konnte sich auf nichts konzentrieren. In solchen Momenten erlebte sie sich und ihren Körper so, wie er immer auf Stress reagierte: Marion fühlte sich dann wie unter Strom. Wie elektrisch aufgeladen, vibrierend, zuckend, als ob ein Blitz nach dem anderen einschlüge.

Sie wusste, dass sie in solchen Situationen schwierig für ihr Umfeld wurde, sie wusste sich aber gegen diese negative Elektrizität, die sich ihres Körpers bemächtigte, nicht abzuschirmen. Ihr Freund merkte viel schneller als Marion, dass etwas mit ihr passierte. Sie wurde reizbar, aggressiv und hypernervös. Noch vor dem Schlafengehen, schon im Bett, kontrollierte sie ihren Blackberry, ob nicht noch ein weiteres Unheil passiert war. Morgens nach dem Aufwachen griff sie als Allererstes zu dem Telefon. »Es war die Art meiner Chefin, ihr Charakter, was den Stress bei mir auslöste. Diese Frau tickte nicht richtig, aber sie hatte mich irgendwie in ihrer Hand.«

Allerdings nur bis Freitagnachmittag. Wenn sich Marion

in der Tiefgarage ans Steuer setzte, Musik auflegte, den Zündschlüssel umdrehte, auf die Straße rollte, auf die Autobahn, dann entkam sie ihr, dann war sie von einem Moment auf den anderen frei. Frei von ihrem Büro, von ihrer Chefin, von den Anforderungen, die sie zunehmend als abstrus empfand, denen sie sich aber doch nicht zu entziehen vermochte. Für Marion war schon das Autofahren Muße. Mit den Kilometern Richtung Süden ließ sie Stück für Stück ihren Job los, weitete sich ihr Blick, kamen neue Gedanken, schienen Lösungen auf, wo vorher Enge und Panik herrschten.

2006 hatte sie mit ihrem Freund Urlaub am Gardasee gemacht. Sie waren auf ein Haus auf der Anhöhe über dem See mit großartigem Blick aufmerksam geworden, in dem damals noch ein älteres deutsches Paar wohnte, das aber kurze Zeit später zur Vermietung stand: ein Haus statt eines Hotelzimmers, was für eine verlockende Idee! Wenig später hatten sie es als festes Wochenenddomizil gemietet und begannen, ihre Wochenenden zunehmend in Italien zu verbringen. Marion hat Feuer gefangen: für den Gardasee, das Leben in Italien, das andere Haus, den Ausschalter für die Zumutungen und Belastungen ihres Jobs.

Ihr Freund und sie begannen, jedes freie Wochenende am Gardasee zu verbringen. Sie fuhren in den Süden, gleichgültig, ob die Sonne schien oder Schneetreiben herrschte, sie fuhren in den Nebel und in den Stau. Sie fuhren, obwohl sie in einer anderen Stadt lebten, als sie arbeiteten, und beide viel Zeit auf der Straße verbrachten. Obwohl sie eine herrliche Dachterrassenwohnung hatten, in der sie sich aber fast nie aufhielten. Trotzdem gab es für sie Woche für Woche nichts Schöneres als den Freitag und die Fahrt an den Gardasee.

Das Haus wurde für Marion zu einer Burg. Zum einzigen Ort, an dem sie einfach nur da sein konnte – ohne in Gedanken ganz woanders. Wenn sie am Freitagabend vor dem offenen Kamin saßen und bei einem Rotwein stundenlang ins Feuer schauten, dann waren ihre Chefin, ihr Büro, all die wichtigen Aufgaben für den großen Konzern viel weiter entfernt als nur hinter den Bergen. Dann war all die Anspannung der Woche abgefallen, dann fühlte sich ihr Körper plötzlich wieder gut an, sie begann loszulassen, zu entspannen, sich zu regenerieren, wieder Energie zu tanken. Und wieder Gelassenheit zu finden: »Zu Hause konnte es damals vorkommen, dass ich ausflippte, wenn mir beim Ausräumen der Geschirrspülmaschine ein Glas runterfiel. Ich fluchte, wurde nervös, ein solches Missgeschick konnte mich wahnsinnig aufregen. In Italien holte ich einfach einen Besen und kehrte in Ruhe zusammen.«

Am schönsten waren für Marion die Samstage. »Ich konnte ausschlafen, so lange ich wollte, aufwachen ohne Nervosität, frühstücken, ohne an die Arbeit zu denken, einkaufen gehen, nur zur Freude, nicht aus Pflichterfüllung, mit den Leuten auf dem Markt quatschen, einen Prosecco im Dorf trinken, die gute Laune der Italiener genießen. Einfach nur da sein für mich, für uns, nur leben und Freude haben am Augenblick, nur hier sein und nicht anderswo.« Italien war einfach anders. Zu Hause hätte sie am Samstag eingekauft, den Keller aufgeräumt, Schriftverkehr erledigt, Ablage gemacht, irgendwelche Aufgaben. In Italien mieteten sie sich einfach einen Roller und fuhren los, ohne Ziel, einfach durch die Landschaft, einfach abbiegen, wo es ihnen gefiel, und schauen, wo sie rauskamen. Dann setzten sie sich in eine Trattoria, bestellten etwas zu essen, nicht viel, nicht teuer, lauter gute Sachen – und mit ganz viel Zeit.

»Ich habe sicher keinen grünen Daumen, aber mir macht in Italien auch die Gartenarbeit wahnsinnig Spaß. Ich freue mich so sehr über unsere Obstbäume – Aprikosen, Feigen, Holunder. Ich fing an, die Früchte zu verarbeiten, zu Sirup, Säften, Marmeladen, da sieht man den Erfolg der Arbeit wenigstens.« Marion liebte in Italien sogar das Rasenmähen und Unkrautzupfen. Jede Woche dekorierte sie das Haus mit frischen Blumen und Kerzen.

»Nachmittags, wenn die Sonne nach Westen drehte, nahm ich mir damals oft einen Stuhl und setzte mich in den Garten. Ich hatte meistens ein Buch mitgenommen oder einen Stapel Zeitungen und Magazine von der Woche. Oft rührte ich die aber gar nicht an, sondern schaute nur auf den See und die Bergkante auf der anderen Seite. Oder auf die Pflanzen im Garten im Wind. Oder in die Wolken. Manchmal saß ich da eine Stunde oder länger und tat nichts anderes als schauen. Nichts lenkte mich ab, kein Gedanke irritierte oder beunruhigte mich. Es war so schön, einfach nur dazusitzen.« In Deutschland hätte sie das nie gekonnt. An Samstagen lief sie dort manchmal wie irre vor Nervosität durch die Wohnung, erledigte den Wochenendputz, empfand das Einkaufen als Last, auch das Kochen, das sie in Italien so genoss. Wochenenden in Deutschland waren Stress. Wochenenden in Italien das Paradies. Selbst das Putzen war in Italien entspannt.

Viele ihrer Freunde verstanden zwar sehr gut, dass die beiden es am Gardasee schön fanden, wunderten sich aber doch darüber, dass Marion und ihr Freund nahezu jedes Wochenende nach Süden fuhren. Wieso einen solchen Aufwand treiben, fragten sie. Schöne Orte für ein gemütliches Wochenende gebe es doch auch hier. Ob es das wert sei, für wenig mehr als 48 Stunden zweimal fünf Stunden auf der

Autobahn zu verbringen? Bei all dem Stau, bei schlechtem Wetter, im Sommer wie im Winter? Am Montagmorgen um drei aufstehen, damit der Sonntag noch voll ausgenutzt ist, im Dunkeln ins Auto steigen, zurück über den Brenner und pünktlich um neun am Schreibtisch in der Firma. Marion hat schon einmal nachgerechnet: In den letzten Jahren hat sie mehr als 1000 Stunden auf der Autobahn verbracht. Doch das zählte für sie nie als Argument. Eher andersherum: »Das waren 1000 Stunden für meine Freiheit. Ich wunderte mich oft über Bekannte, die selbstverständlich Hunderte von Kilometern vom Wohn- zum Arbeitsort pendeln. Oder am Wochenende zum Freund, zur Freundin in einer anderen Stadt. Die fahren die gleichen oder mehr Kilometer am Freitag und am Sonntag oder Montag, doch bei denen schüttelt keiner ungläubig den Kopf.«

Allerdings rückte spätestens auf der Fahrt am Montagmorgen das Büro mit jedem Kilometer unweigerlich näher. Natürlich hatte Marion ihr Diensttelefon auch in Italien stets dabei und auch immer angeschaltet, das war sie ihrem Job schuldig. Doch aus irgendeinem Grund meldete sich Frau Dr. M. zwar am Freitagabend noch häufig, nie aber am Samstag, daher wohl auch diese enorme Entspannung an diesem Tag. Am Sonntag jedoch kamen ab dem frühen Nachmittag wieder erste Anweisungen, Nachfragen, Aufträge. Je näher sie am Montagmorgen ihrem Büro kam, desto mehr verkrampfte ihr Bauch, desto enger wurde ihr Blick, desto mehr erlangte die übliche Büronervosität wieder Macht über sie.

Irgendwann war dann Schluss. Über Wochen hinweg war Marion nachts der linke Arm eingeschlafen, oft hatte sie den ganzen Tag damit zu tun, die Durchblutung wiederherzustellen, wie sie glaubte. An diesem Morgen aber ging gar nichts mehr. »Ich dachte, mein Arm ist gelähmt, bekam Panik und ging zum Arzt, obwohl im Büro wichtige Angelegenheiten warteten.« Der Hausarzt fand nichts und tippte auf Psychosomatik. Er schickte sie trotzdem zum Orthopäden, und der stellte mithilfe einer Magnetresonanztomografie zwei Bandscheibenvorfälle fest. Marion wurde operiert und für zwölf Wochen krankgeschrieben. Zum ersten Mal seit Jahren hatte sie nun – an Werktagen, in Deutschland – Ruhe vor ihrer Chefin. Nun war es nicht der Zündschlüssel ihres Wagens, sondern das ärztliche Attest, das den Schalter umlegte auf den Off-Modus: nicht erreichbar, nicht belangbar, nicht verantwortbar. Es war diese verordnete Zwangsauszeit, die Marion dazu brachte, eine grundsätzliche Änderung anzustreben.

Heute hat sie einen anderen Job, nicht mehr in Vorstandsnähe, nicht ganz so wichtig und wahrscheinlich auch noch nicht ganz dort, wo sie sich ihre berufliche Zukunft vorstellt. Sie hat beruflich zurückgesteckt, was ihr nicht leichtfiel, arbeitet und lebt inzwischen gesünder. Ihr Wochenendhaus am Gardasee haben ihr Freund und sie immer noch, und sie fahren in den Süden, sooft es ihnen möglich ist: zum Prosecco trinken, Obst ernten oder einfach nur zum Dasitzen und in die Luft schauen.

9 Akzeptanz durch Achtsamkeit in Partnerschaft und Familie

Um die Rolle und Aufgabe der Muße, ihre Chancen und Risiken im Bereich von Partnerschaft und Familie näher betrachten zu können, ist es sinnvoll, die beiden Begriffe zu klären. Und außerdem zu untersuchen, welche Beziehungsqualitäten Voraussetzung einer glücklichen Partnerschaft sind sowie welche Rahmenbedingungen für das fruchtbare Gelingen einer Familie in der heutigen Gesellschaft gewährleistet sein müssen.

Wenden wir uns zunächst der Partnerschaft und der Ehe als der gesellschaftlich institutionalisierten Form der Partnerschaft zu. Hierbei sei Partnerschaft im Sinn einer Liebesbeziehung zwischen zwei Menschen verstanden – gleich, ob hetero- oder homosexuell –, die in unserer Kultur aus eigenem Entschluss ein gemeinsames Leben führen wollen. »Gemeinsam« soll hierbei nicht zwingend ein Zusammenwohnen voraussetzen, aber es soll doch mehr sein als ein gelegentliches Verbringen gemeinsamer Zeit. Es geht um einen dauerhaften Zustand, in dem die Partner aufeinander bezogen sind. Unter Ehe sei die gesellschaftlich oder auch religiös eingegangene Form der Partnerschaft verstanden, der ein Bleibe- und Sorgeversprechen zugrunde liegt, die auch unter dem besonderen Schutz des Staates steht und deren Auflösung eines besonderen staatlichen Hoheitsaktes, der Scheidung, bedarf. Ein Bezug zur Muße besteht immer in einer glücklichen Partnerschaft, ob sie eine Ehe ist oder nicht.

Wenn als Ziel von einer »glücklichen Partnerschaft« die Rede ist, so resultiert das aus der Vorstellung, dass wir Menschen in der Tiefe unseres Wesens primär danach streben, glücklich zu sein. Dieses »Glücklichsein« ist nicht hedonistisch und vor allem auch nicht habenorientiert, sondern seinsorientiert gemeint.[1] Die höchste Erfüllung scheint darin zu liegen, von sich selbst sagen zu können: »Mein Leben ist glücklich. Ja, ich bin glücklich.« Nicht mit einem Ausrufezeichen, nicht mit dem Willen, andere zu beeindrucken, sondern einfach und schlicht – als ruhige Feststellung. Was kann uns in eine solche Haltung führen?

Glück in diesem Sinn ist das Ergebnis einer inneren Haltung der Akzeptanz dessen, was »ist«. Leid hingegen entsteht in dem Moment, in dem die Dinge anders sein sollen, als sie sind. Das klingt so simpel, der Versuch jedoch, eine solche Sicht der Welt einzunehmen, fällt uns tatsächlich oft sehr schwer. Mit der Geburt müssen wir das Werden und mit dem Tod das Vergehen akzeptieren, warum akzeptieren wir dann nicht dazwischen das Leben mit seinen ununterbrochenen Veränderungen? Das Leben lebt sich in jedem von uns anders und auf sich ständig verändernde Weise.

Wenn wir das akzeptieren können, was im Hier und Jetzt geschieht, und mit einer akzeptanzgeführten Haltung darauf reagieren, steht das Glück vor der Tür. Damit ist kein Fatalismus gemeint, der resigniert, »weil man ja eh nichts machen kann«, sondern eine solche Akzeptanz führt uns gerade in die Fähigkeit, angemessen und entschlossen auf die sich stellenden Lebenssituationen zu reagieren. Natürlich sind wir beispielsweise betroffen und im üblichen Sprachgebrauch unglücklich, wenn wir chronisch oder schwer erkranken. Und natürlich darf es unsere Aufgabe sein, der Krankheit mit medizinischen Mitteln auf allen Ebenen entgegenzutreten, aber auf einer tieferen Ebene können wir lernen zu akzeptieren, dass das Leben in uns nunmehr ein Leben mit dieser Krankheit sein wird.

In dieser inneren Tiefe können unglaubliche Kraft und wirkliches Glück auch in einer solchen Situation empfunden werden. Jeder Seelsorger und jeder Arzt kann hiervon unzählige Beispiele nennen, und für eine breitere Öffentlichkeit zeugt beispielsweise die offene Haltung des deutschen Bundespolitikers Wolfgang Bosbach nach seiner Krebsdiagnose von einer dennoch möglichen kraftvollen Lebensgestaltung. Das Leben mit der Krankheit so zu akzeptieren ist – zumindest für die Seele – heilend.

Aber auch ohne Erkrankung und gerade in Stresssituationen macht es einen Unterschied, ob man sich als Opfer der Umstände sieht oder sich als einen Menschen erlebt, der im Augenblick ebendie Aufgabe hat, mit einer besonders anstrengenden Situation umzugehen. Und auch im größten Glück, in der größten Freude kann ein akzeptanzorientierter Mensch die Situation einfach in vollen Zügen genießen. Es geht um ein Leben im Hier und Jetzt. Warum tun wir uns mit der Akzeptanz von Veränderung so schwer? Wahrscheinlich, weil jede Veränderung Unbekanntes bringt, weil Unbekanntes Unsicherheit bringt und weil wir Unsicherheit als unangenehm empfinden. Viele sehen dann den Ausweg in dem Versuch, die Unsicherheit sicher zu machen, sie beginnen zu agieren und zu handeln und stellen sich gegen die Veränderung. Würden sie jedoch zu akzeptieren lernen, dass Veränderung ein unausweichliches Lebensprinzip ist, so könnten sie eine hohe Kompetenz und Ressource für ein glückliches Leben erwerben: sicher zu sein im Umgang mit Unsicherheit.

Die Definition von Glück heißt dann tief in uns: »Was ist, darf sein.« Da das Leben ununterbrochen uns und alles um uns herum verändert, können wir den Satz noch erweitern: »... und es wird nicht so bleiben.« Khalil Gibran spricht in seinem *Propheten* davon, dass die Träne schon auf der Bettkante sitzt, wenn wir am Tisch die Freude genießen, und dass die Freude auf der Bettkante wartet, wenn die Träne mit uns am Tisch sitzt.[2]

Offenbar ist Glück in diesem seinsorientierten Sinn unabhängig davon, ob wir als Single oder in einer Partnerschaft leben. Auch wenn in mir der Wunsch nach einer glücklichen Partnerschaft lebendig ist, macht es ersichtlich einen großen Unterschied, ob ich unglücklich suche und suche oder mich als *derzeitigen* Single akzeptiere, mir selbst zunächst genug und für Kontakte und Kennenlernen offen bin. Das ist genau der Unterschied zwischen Einsamkeit und Alleinsein. Der Einsame fühlt sich vom Leben abgeschnitten, verlassen, verloren, er ist unglücklich. Wer hingegen sich selbst genug ist, bleibt im Kontakt mit seiner Umwelt, er schneidet sich nicht ab, sondern kann für sich die Verbindung mit der Welt spüren, fühlt sich eins mit seinem Leben, er ist glücklich. »All-ein«, schon das Wort zeigt diesen Unterschied zu »ein-sam«. Wer allein in diesem Sinn ist, kann sich – je nach seinen Lebensumständen und Wünschen – auch offen für eine Partnerschaft zeigen.

»Wir ergänzen uns wunderbar«, »Du bist mein Ein und Alles«, »Ohne dich wäre die Welt nur halb so schön« ... Wir kennen diese Sätze aus Film, Funk und Fernsehen, Literatur und verliebten Gesprächen. Sie lassen jedoch keineswegs zwingend auf eine reife und in der Tiefe liebevolle Beziehung deuten. Der bekannte Paar- und Familientherapeut Hans Jellouschek nennt als Leitmotiv vieler solcher Beziehungen: »Ich liebe dich, weil ich dich brauche.«[3] Der Partner soll die Seiten des anderen ergänzen, von denen dieser glaubt, dass sie ihm fehlen oder bei ihm nur schwach ausgeprägt sind. Diese Ergänzung fühlt sich wunderbar an, endlich entsteht etwas Rundes, die Freude am Leben wird überschwänglich – es ist wunderbar, nein: *Du* bist wunderbar, und *wir* sind wunderbar!

Allzu oft ist das ein tragischer Irrtum, da – systemisch genau betrachtet – jeder der Partner den anderen benutzt, um eigene Defizite auszugleichen. Trennt man die beiden, bleiben zwei unfertige Stücke, zwei Halbkugeln zurück. Sie leben in einer Symbiose, einem Aufeinander-angewiesen-Sein, daraus erwachsen mit der Zeit Ansprüche an den anderen, und Verletzungen entstehen, wenn diese Ansprüche nicht erfüllt werden. Der weitere Verlauf ist vorhersehbar und endet häufig erst nach vielen Jahren oder Jahrzehnten in einer unglücklichen und oft streitvollen Trennung oder Scheidung.

Ganz anders verlaufen Partnerschaften und Ehen zwischen zwei Menschen, die jeder in sich selbst ruhen und ihren eigenen Mittelpunkt, ihre eigene Lebenskraft kennen – die auch »all-ein« sein können. Jeder von beiden ist rund und braucht eigentlich den anderen nicht, um sich vollständig und von sich selbst akzeptiert zu fühlen. Es sind wirklich erwachsen gewordene Menschen, die das oben beschriebene seinsbezogene Glück »Was ist, darf sein« kennen und diese Einstellung oft auch leben gelernt haben. Nach Hans Jellouschek heißt das Motto dann nicht »Ich liebe dich, weil ich dich brauche«, sondern »Ich brauche dich, weil ich dich liebe«.[4] Nicht zwei Halbkugeln bilden jetzt eine Kugel, sondern zwei Kugeln begegnen sich auf Augenhöhe, und um sie herum entsteht etwas Neues, was man als größere umhüllende Kugel bezeichnen könnte. Aber ob Kugel oder nicht: Auf die Form und Vollkommenheit kommt es in einer derartigen Beziehung nicht entscheidend an, denn der andere wird nicht benutzt, sondern geliebt.

Zumeist unbewusst sind unsere Beziehungen zu anderen Menschen und damit auch zu unseren Liebespartnern von Bedürfnissen geprägt, die sich zueinander paradox verhalten, sich also auszuschließen scheinen: Da gibt es für die gegenseitige Bindung ein Bedürfnis nach Nähe, aber auch eines nach Distanz. Was unsere Selbstbestimmung angeht, wollen wir in der Beziehung Freiheit, aber auch Sicherheit. Bei größtmöglicher Freiheit gibt es aber wenig Sicherheit und umgekehrt.

Diese großen Beziehungsparadoxe Nähe vs. Distanz sowie Freiheit vs. Sicherheit sind in einer Partnerschaft zwischen reifen Menschen, die sich auf Augenhöhe begegnen, keine sich ausschließenden Gegensätze mehr, sondern in einer solchen Beziehung immer gemeinsam präsent: Wenn wir uns nah sind, wissen wir in uns doch, dass jeder auch für sich sein kann, ohne dass die Beziehung in Gefahr ist. Wenn wir momentan die Distanz betonen müssen oder wollen, ist uns doch die Möglichkeit der Nähe sehr bewusst, und die Distanz fühlt sich nicht kalt an. Wir können uns selbst sehr frei fühlen und dem Partner Freiheit lassen und fühlen uns doch sicher in der Beziehung. Aus dem Entweder-oder von Nähe und Distanz beziehungsweise Freiheit und Sicherheit wird jeweils ein Sowohl-als-auch. Martin Buber, der große jüdisch-humanistische Philosoph, hat den Satz geprägt: »Der Mensch wird am Du zum Ich.« Er meint ganz offensichtlich ein unabhängiges Du und ein unabhängiges Ich.

Sie mögen diese Darstellung von Glück und glücklicher Partnerschaft als euphoristisch und idealisiert empfinden, nachdem die alltägliche Welt in unendlich vielen Beziehungen um uns herum doch ganz anders aussieht. Diese Beobachtung hat bereits Paul Watzlawick dazu animiert, im Jahr 1983 seine berühmte *Anleitung zum Unglücklichsein* zu schreiben, dessen Lektüre uns wunderbar vor Augen führt, wie sehr wir unser Unglück und Leid dadurch verursachen, dass wir die Dinge nicht so akzeptieren, wie sie sind.

Daher kann eine Partnerschaft nur dann in der Tiefe glücklich sein und bleiben, wenn wir uns selbst so annehmen, wie wir sind (und nicht, wie wir eigentlich sein wollten), und wenn wir den Partner so annehmen, wie er ist (und nicht, wie er besser sein sollte). Aber wie kommen wir in diese Haltung?

Auch in der Liebesbeziehung geht es um Innehalten, gerade dann, wenn wir uns über uns selbst oder den anderen zu ärgern beginnen, wenn der Wunsch oder die Idee entsteht, uns oder ihn verändern und »eingreifen« zu wollen. Dann heißt es innezuhalten, einen Schritt zurückzutreten und sich selbst zu fragen: »Worum geht es jetzt wirklich?«, »Wie mag unser Problem in den Augen des Partners aussehen?« Das sind Fragen, die weiterhelfen. (Siehe dazu die Übung »Einfühlen in den Partner« am Ende des Kapitels.)

Gerade der empathische Versuch, durch die Augen des Partners auf das Thema zu blicken, ist ein Schlüssel für mehrere Erkenntnisse: Zunächst einmal wird es damit normal, dass unser Partner viele Dinge anders sieht als wir, und wir beginnen, ihn zu verstehen. Das ermöglicht uns, anders zu antworten und aufeinander einzugehen. Unsere Antwort wird wahrgenommen und anders beantwortet werden als eine konfrontative Haltung. Verstehen lädt den anderen zum Ebenfalls-verstehen-Wollen ein.

Doch hier lauert die Falle eines Missverständnisses: Verstehen heißt nicht Einverstanden-Sein! Sie können die Haltung und den Blickwinkel eines anderen Menschen verstehen, ohne selbst damit einverstanden zu sein. Zum anderen müssen Sie sich davon verabschieden, dass Ihre Sicht »richtig« und die Sicht des anderen »falsch« ist. Sie ist eben nur anders. Konflikte vom Sandkasten bis zum Krieg entstehen regelmäßig dadurch, dass die eigene Wirklichkeit als wahr und die andere Wirklichkeit als unwahr eingestuft wird. »Die Idee, die eigene Wirklichkeit sei objektiv wirklich, ist eine gefährliche Wahnidee«, sagt Paul Watzlawick in seinem Standardwerk *Wie wirklich ist die Wirklichkeit.*[5] Und Heinz von Foerster formuliert: »Wahrheit ist die Erfindung eines Lügners.«[6] Wie »wahr«!

Öffnen wir uns dem Anderssein des anderen, seinen Blickwinkeln auf die Welt, erweitert sich auch unsere Sicht, und wir können achtsam entscheiden, wie wir auf diese Unterschiedlichkeiten reagieren. Kommunikation und Dialog ersetzen das Rechthaben und die Vorstellung, mit der eigenen Ansicht auf dem richtigen Weg zu sein. Die gemeinsame Welt wird breiter, offener und bunter. Wenn ich trotz des Verstehens der Sicht des anderen »meinen« Weg weitergehen will, kann der andere das zumindest verstehen, und es wird nicht zur Katastrophe, wenn sich an *dieser* Stelle für *dieses* Vorhaben die Wege trennen. Allzu oft entdecken aber beide auch hier neue Möglichkeiten des Sowohl-als-auch oder des Weder-noch, also die von beiden zuvor übersehenen Alternativen des Tetralemma (siehe dazu auch Kapitel »Unternehmensführung: Handeln durch Innehalten«).

Diese achtsame innere Haltung der Akzeptanz und des Verstehens benötigt Zeiten der Muße, um wahrzunehmen und zu spüren, um zu reflektieren und mit unseren inneren Bildern zu spielen. Muße bringt genau diese Offenheit in unseren Blickwinkel, die Möglichkeit, einmal die »andere Brille« aufzusetzen und den dadurch entstehenden neuen Blickwinkel auf uns wirken zu lassen. Eine liebevolle Beziehung sehnt sich nach Muße, sie braucht Muße, schon um den Partner und sich selbst im Miteinander und in Ruhe zu erleben.

Lassen sich diese Grundsätze auch auf die Familie übertragen? Die Antwort lautet: Ja, aber es kommt einiges hinzu. Zunächst jedoch müssen wir uns dem Begriff der Familie zuwenden, ihre Ansprüche und Aufgaben klären.

Im antiken Griechenland sprach man von der *oikía*, dem Zuhause des männlichen erwachsenen Griechen, dem alles, was dort lebte, gehörte. Im römischen Altertum verstand man unter *familia* die Hausgemeinschaft, das Wort ist abgeleitet vom lateinischen *famulus*, was Haussklave bedeutete. *Familia* beschrieb nicht das System mit Eltern, Kindern und Großeltern, sondern den Besitz des Mannes, zu dem die Frau, die Kinder, die Sklaven, die Freigelassenen und das Vieh zählten. Erst im 18. Jahrhundert übernahm der deutsche Sprachgebrauch das Wort »Familie«, bis dorthin sagte man auch hier: »Das ist mein Haus« und meinte: »Hier sind die Meinigen«, Frau und Kinder, aber auch Dienstboten, eben alle, für die der Hausherr verantwortlich war und auch rechtlich haftete. Dieses streng patriarchalisch ausgerichtete Familienbild führte zunächst in die bürgerliche Kleinfamilie der zweiten Hälfte des 19. und der ersten Hälfte des 20. Jahrhunderts. Dann aber veränderte sich das Familienbild vor allem in der zweiten Hälfte des 20. Jahrhunderts grundlegend: Die Frauen begannen, sich zu emanzipieren, und die Kinder folgten ihnen.

Doch das über 2000-jährige Familienbild erweist sich als hartnäckig: Der weiblichen Emanzipation muss 2014 die Politik mit einer Quotenregelung für Unternehmensführungen zu größerem Durchbruch verhelfen, die Einkommensverhältnisse sind immer noch zulasten der Frauen ungleich. Bis in die späten Siebzigerjahre durften Lehrer ihre Schüler schlagen, das bayerische Oberste Landesgericht hielt noch Anfang der Achtzigerjahre körperliche Züchtigung durch Lehrer für gewohnheitsrechtlich zulässig. Eltern ist in Deutschland erst seit dem Jahr 2000 (!) körperliche Gewalt gegenüber Kindern gesetzlich verboten. Und das ist keineswegs überall in das Familienbewusstsein vorgedrungen! Die Veränderung hält an, es entstehen unzählige neue Familienformen wie Patchworkfamilien, nichteheliche Lebensgemeinschaften mit Kindern, Adoptivfamilien, Stieffamilien, Regenbogenfamilien und mehr.

Was verstehen wir dann heute unter Familie? Kennzeichnend für eine Familie ist stets das Zusammenleben von zwei Generationen. Ein kinderloses Paar bildet keine Familie, aber ein alleinerziehender Elternteil mit Kind(ern) wird als Familie bezeichnet. Für das Entstehen dieser Lebensform ist also ein Kind konstitutionell erforderlich. Damit wird sichtbar, dass zu den Bedürfnissen der Partner in einer Partnerschaft oder Ehe die spezifischen Bedürfnisse des Kindes hinzutreten, das zunächst klein und in allem hilfsbedürftig ist, ungestörte Bindungsfähigkeit und Vertrauen in das Leben entwickeln soll und sich dann, erwachsen werdend, dem eigenen Leben zuwenden will. Jedenfalls im Idealfall könnte es so verlaufen.

Die Familie ist aber auch systemisch ein Gebilde, das

sich von anderen Beziehungen mehrerer Personen zueinander deutlich unterscheidet, wenn man sie an den für partnerschaftliche Beziehungen oben schon erwähnten paradoxen Beziehungspolen Nähe und Distanz einerseits sowie Sicherheit und Freiheit andererseits verorten will. Wo finden wir dort die Familie?

Zunächst sei das erste Paar paradoxer Beziehungsqualitäten betrachtet: Die Nähe steht für Sich-nahe-Sein, und sie kann von Liebe, aber auch von Ablehnung gekennzeichnet sein. Man ist sich eben gegenseitig nahe und mag sich oder »sitzt sich auf der Pelle«. Die Distanz hingegen ist eher von Entfernung zueinander geprägt, die Beteiligten sind sich als Personen gleichgültiger, man kennt sich eben und ist irgendwie in Beziehung miteinander. Im Ergebnis ist die Familie eindeutig dem Nähepol zuzuordnen.

Das zweite Qualitätspaar sind Sicherheit und Freiheit. In einer Beziehung herrscht viel Sicherheit, wenn die Rollen des Einzelnen klar definiert sind, wenn weitgehend vorhersehbar ist, wie sich die Beteiligten in bestimmten Situationen verhalten werden. Dabei weiß man auch sehr genau, wie man andere im System erfreuen oder ärgern kann. Freiheit steht dagegen für die Möglichkeit, sich die augenblicklich einzunehmenden Rollen und Positionen aussuchen und sie auch wechseln zu können, das Verhalten der Einzelnen ist nicht wirklich vorhersehbar, weder für sie selbst noch für die anderen Gruppenmitglieder. Offenkundig verorten wir eine Familie eher beim Sicherheitspol: Es ist klar, wer der Vater ist, wer die Mutter, und (nicht nur) die Kinder wissen meistens genau, »was jetzt kommt«. Familien versuchen, sich stabil zu halten, und vergeben ihre Rollen im Regelfall nicht wechselnd.

Die Familie ist also ein System der Nähe und der Sicherheit. Das wird besonders deutlich, wenn wir uns überlegen, wie wir Gruppen von Menschen nennen, bei denen diese Pole Nähe/Distanz und Freiheit/Sicherheit anders kombiniert sind: Da nennen wir eine Gruppe mit viel Nähe und viel Freiheit ein Team, eine Gruppe mit viel Distanz und viel Freiheit einen Haufen. Eine Gruppe mit viel Distanz und viel Sicherheit ist eine Truppe, denn man weiß bei ihr genau, was nach »Rechts um!« passiert, auch wenn sich die Beteiligten dabei persönlich nicht nahestehen.

Nähe und *Sicherheit* sind also Merkmale, aber auch Aufgaben einer Familie. Sie sind der Rahmen für die Entwicklung des Kindes, das hier für sein Leben lernt, wie Bindungen entstehen und wie es ihm in Bindungen ergeht. Ist die Nähe warm, aber nicht erdrückend, und ist die Sicherheit geborgen, aber nicht einengend, entsteht eine vertrauensvolle Fähigkeit zu sicherer Bindung, wie der bekannte Psychoanalytiker John Bowlby, der nicht auf der Grundlage der Freud'schen Triebtheorie, sondern aus Denkansätzen der Systemtheorie heraus arbeitete, schon in den Sechzigerjahren des vergangenen Jahrhunderts dargestellt hat.[7]

Was braucht es, um diese Aufgabe der Familie zu erfüllen, ihren Mitgliedern Nähe und Sicherheit zu bieten? Die Schlüsselkompetenz heißt auch hier: Achtsamkeit. Unsere Familien werden dann ein für die erwachsenen Partner und die Kinder, aber auch für alleinerziehende Mütter oder Väter und deren Kinder fruchtbarer Raum des Wachsens und Lebens, wenn wir achtsam mit den anderen Familienmitgliedern umgehen. In dem Wort »acht-sam« ist die Silbe »-sam« von Bedeutung, denn sie steht – wie zum Beispiel auch bei »aufmerksam« oder »sparsam« – für »eifrig darin sein«. Acht-sam zu sein heißt also, eifrig darin zu sein, den oder die anderen zu achten, ihnen mit Achtung zu begegnen. Dafür müssen wir präsent sein, »ganz da« sein – mit all unseren Sinnen wahrnehmen, was zwischen uns und den anderen in der Familie geschieht. Es geht wieder um dasselbe Akzeptieren dessen, was »ist«, wie wir es aus den Überlegungen zur Partnerschaft schon kennen, und um den Verzicht auf unsere Vorannahmen und Vorurteile. Das erfordert auch Zeiten, in denen wir Ruhe haben und in denen jeder bei sich sein kann.

Die heutigen Familien sind jedoch oft davon gekennzeichnet, dass es wirklich keinen Moment der Stille gibt. In vielen Haushalten läuft ununterbrochen der Fernseher, manchmal auch im Hintergrund beim Essen oder während man sich unterhält. Die gemeinsame Freizeit muss »sinnvoll« verbracht werden, womit nicht eine Zeit der Muße, eine Zeit des Ausruhens, Entspannens oder Nichtstuns gemeint ist, sondern Sport, Unternehmung, Machen und Tun, weil es sonst »langweilig« wäre, es wäre »vertane Zeit«, ungenutzte Zeit. Ereignis reiht sich an Ereignis, und die Menschen kommen nicht zur Ruhe. Auch die Kinder müssen beschäftigt werden, man muss ihnen als Eltern etwas bieten – so ist der Glaube, der die Eltern dabei antreibt.

Wer aber achtsam mit sich, seinem Leben und seiner Familie umgeht, schätzt zwischendurch die »Lange-Weile«, er kennt den Wert der Wahrnehmung mit allen Sinnen. Dafür ist es auch nicht notwendig, in einer Meditation das »Still sitzen und sonst nichts« zu üben, sondern es genügt, sich zu öffnen, wahrzunehmen und, je nachdem, auch zu genießen. Es geht eben darum, das zuzulassen, was wir dann spüren, und nicht darum, es wegzudrücken oder zu verdrängen.

Das Leben hält vermutlich ebenso viel Angenehmes wie Unangenehmes für uns bereit. Aber viele Menschen würden ihre Geburtsurkunde gerne als Eintrittskarte in den Streichelzoo verstanden wissen: Das Angenehme soll mitgenommen werden, und das Unangenehme soll draußen bleiben! Muße und Achtsamkeit hingegen sollen Zeit zum Wahrnehmen und Spüren beider Seiten bringen, denn das weggedrückte und verdrängte Unangenehme ist ja nicht »weg«, sondern nur verdrängt. Es wird uns wieder begegnen, manchmal noch unangenehmer. Das Wahrgenommene, Gespürte und Erlebte hingegen stößt Veränderung an, es gilt auch hier der Satz »... und es wird nicht so bleiben«. In einem achtsamen Familienleben wechseln sich daher Aktivitäten mit Zeiten der Muße, Spannung mit Entspannung ab, ohne dass ein zeitliches Verhältnis hierzu definiert werden müsste. Beides findet statt.

Sehen wir uns beispielsweise eine Mutter und ihren fünfjährigen Sohn an: Natürlich wird sie mit ihm in der Freizeit auch Ausflüge machen und ihm vieles zeigen. Dabei wird es darauf ankommen, pünktlich am Bahnhof zu sein, weil der Zug abfährt, Öffnungszeiten zu berücksichtigen und sich auf alle weiteren Notwendigkeiten einzustellen. Das ist wichtig, lehrreich und schön und mag ein Erlebnis werden, vielleicht ist es für alle Beteiligten auch erholsam oder anstrengend. Wenn die Mutter aber einfach mal nichts tut, nur dasitzt, zum Fenster hinausschaut oder liest, lernt das Kind, wie es sich in dieser Zeit mit sich selbst beschäftigen kann. Sie kann ihm auch beim Spielen zusehen und dabei unglaublich viel über sich selbst und darüber lernen, wie wir Menschen »ticken«. Kinder sind oft noch so unkontrolliert, wenn sie spontan reagieren, ihre Gefühle sind so schnell und unverborgen sichtbar.

Wie viele Kontrollmechanismen lassen Erwachsene über ein aufkommendes Gefühl laufen, bevor sie es äußern! Wie oft bricht andererseits ein Gefühl in Erwachsenen nach außen durch und führt in Konflikte oder Situationen, bei denen sie sich dann anschließend sagen: »Hätte ich mich doch zurückgehalten oder nachgedacht!« Bei Kindern sind diese Mechanismen noch nicht oder noch nicht so ausgeprägt vorhanden, zumindest wenn sie in einer achtsamen Familienumgebung aufwachsen dürfen. Daher sollten nicht nur die Erwachsenen den Kindern ein Vorbild sein, sondern sie sollten auch in Zeiten der Muße erkennen können, wie viel die Kinder ihnen vorbildhaft zeigen.

Muße ist eine wesentliche Voraussetzung für Achtsamkeit, die ihrerseits die Basis für eine glückliche Partnerschaft und für eine fruchtbar gelingende Familie darstellt. Muße und Achtsamkeit fördern eine innere Haltung der Akzeptanz gegenüber uns selbst, unserer Umgebung und dem, was ist. Auf der Reise dorthin werden wir wohl nicht wirklich ankommen, aber gerade auf dieser Reise ist der Weg das Ziel. Und der Weg ist immer genau unter unseren Füßen!

 Übung: Achtsamer Umgang mit den eigenen Konflikt-positionen

Diese Übung ist nicht einfach, sie soll Ihnen helfen, nach einem Konflikt mit einem Menschen, der Ihnen sehr nahesteht, in eine achtsame Bearbeitung der Konfliktursachen einzutreten. Die Übung ist aber ebenso geeignet, Ihnen in einer »Pause« des noch existenten Konflikts einen achtsamen Blick auf das Konfliktgeschehen zu ermöglichen. Bei einiger Übung kann so auch schon in der Anfangsphase eines Konflikts seine Eskalation vermieden werden.

249

Sie haben sich gestritten und sind noch etwas aufgewühlt, wütend, ärgerlich, traurig, gekränkt oder beschämt. Suchen Sie sich einen ruhigen Platz für sich alleine, und nehmen Sie dort eine ganz entspannte Haltung ein. Spüren Sie genau hin, wie sich die Reste der Konfliktgefühle (Ärger, Trauer, Scham etc.) dieser entspannten Haltung entgegenstellen, und akzeptieren Sie diese Gefühle: »Es ist ja ganz verständlich, dass ich jetzt noch verärgert bin! Ja, so ist es, und das darf auch sein.« Versuchen Sie, sich dennoch mit diesem Gefühl zu entspannen. Wiederholen Sie diese Sätze ruhig, bis es Ihnen gelingt, dieses Konfliktgefühl wirklich zu akzeptieren.

Rufen Sie sich aus dieser Distanz – wie wenn Sie einen Film ansehen würden – das Entstehen des Konflikts noch einmal in Erinnerung: Welche Äußerungen Ihres Konfliktpartners waren die ersten, die für Sie so unakzeptabel waren, dass Sie unbedingt widersprechen mussten? Spielen Sie sich diese Äußerungen noch einmal vor, wie wenn Sie die Situation als Video ansehen könnten.

- Was hat Ihr Konfliktpartner erwartet?
- Was hat Sie daran gehindert, zunächst einmal zu ergründen, was er wirklich will?
- Was könnte er »eigentlich« wollen?
- Oder wusste er, dass seine Äußerung für Sie unakzeptabel ist und dass Sie streitig reagieren würden? Wenn Sie das vermuten, fragen Sie sich jetzt doch einmal, warum Sie ihm den Gefallen getan haben, so zu reagieren, wie er es sich vorgestellt hat. Was wäre gewesen, wenn Sie ihm genau das gesagt und ihn gefragt hätten, wie er sich vor die-

sem Hintergrund einen fruchtbaren Gesprächs-
verlauf vorstellen würde?

Phantasieren Sie also, und spüren Sie dabei genau
hin, wann in Ihnen wieder Ärger, Trauer, Schmerz
oder Scham aufkommt. An welchen Punkten, bei
welchen Vorstellungen? Welche Haltungen in Ihnen,
welche Positionen wären in Gefahr, wenn Sie sich
nicht wehren würden? Wo haben Sie Angst, verletzt
zu werden? Seien Sie bei diesen Gedanken ganz präsent – mit allen Sinnen –, achten Sie auf Ihren Körper und seine Reaktionen. Alles, was da auftaucht,
kommt aus Ihrer Tiefe, aus Ihrem Leben und darf
zunächst einmal sein, es gehört zu Ihnen und hat
Sie schon oft geschützt. Vielleicht gelingt Ihnen aber
dennoch ein Blick weiter in sich selbst hinein auf das,
was diese Abwehrgefühle schützen: Welche Seite in
Ihnen könnte verletzt werden, und was würde das für
Sie bedeuten? Wirklich? Ist diese Seite in der Tat so
verletzlich, oder befürchten Sie das nur? Was könnte
es für Sie, für Ihr Leben bedeuten, wenn Sie es auf einen Versuch ankommen ließen und Sie keine Verletzung erleiden würden? Und diese Frage können Sie
auch offenlassen ...

Lösen Sie sich jetzt wieder aus diesen Phantasien
über den Konflikt, und warten Sie einfach ab, ob und
wie sich die nächste Begegnung »ent-wickelt«. Je
nachdem, was Sie in dieser Achtsamkeitsübung erlebt haben, können Sie das der anderen Seite auch
mitteilen, vielleicht sind Sie über die positive Reaktion überrascht. Wenn diese aber ausbleibt, haben
Sie wenigstens einiges über Ihre eigene Beteiligung
an dem Konflikt erfahren.

Bei dieser Übung geht es nicht darum, die eigene Sicht der Dinge aufzugeben, sondern nur darum, die andere Seite zu verstehen.

Erinnern Sie sich zurück an eine der letzten konfliktreichen Auseinandersetzungen in Ihrer Partnerschaft, und versuchen Sie, sich nochmals ganz in die Erinnerung, die Stimmung hineinzuversetzen, spüren Sie, wie Sie sich geärgert haben, als er/sie genau *das* zu Ihnen gesagt hat, obwohl er/sie doch wissen musste, dass das Ihr roter Knopf ist.

Wenn Sie da ganz eingetaucht, in Ihrer Erinnerung wieder mitten im Konflikt sind, versuchen Sie in Ihrer Vorstellung fiktiv in den Körper des Partners zu schlüpfen, durch seine Augen auf den Konflikt zu blicken.

Auch wenn es schwerfällt: Versuchen Sie sich vorzustellen, das Geschlecht zu wechseln, ein Mann beziehungsweise eine Frau zu sein. Stellen Sie sich auch vor, wie es sich in diesem anderen Körper im Moment anfühlen mag, dann, wie es wohl früher war, diese Mutter, diesen Vater gehabt zu haben (die Sie ja in der Rolle der Schwiegereltern oft gut kennen), damals in dem Haus/der Wohnung gelebt zu haben.

Dann stellen Sie sich die Ausbildung des Partners, seine berufliche Situation vor, die Belastungen des Tages mit den Kindern, im Büro. Was mag der Partner an Freude erlebt haben, worüber mag er sich vor dem Konflikt geärgert haben?

Lassen Sie das auf sich wirken, und blicken Sie jetzt mit diesem Blick des Partners und dann wieder

mit Ihrem eigenen Blick auf den Konflikt, der Sie so
geärgert hat – und jetzt sieht die Sache plötzlich ganz
anders aus!

Gelassenheit

Das deutsche Wort »Gelassenheit« wurde zur Wende vom
13. zum 14. Jahrhundert von einem Dominikanermönch geprägt. Der Theologe und Mystiker Meister Eckhart verwendete es in seinen Predigten vor Klosterfrauen. Für ihn bezeichnete *gelazenheit* die Frucht des »Lassens«. Es geht um
das Loslassen-Wollen. In dieser Haltung drückt sich der
rechte Umgang mit Gott und seiner Schöpfung aus. Alle
Bindungen des Individuums an den Mitmenschen, an sich
selbst, an die ganze Welt, die uns umgibt, ja selbst an Gott
sind loszulassen.

Wenn man daran hängt, droht man, unfrei zu werden.
Dadurch entstehen anstelle von freien Beziehungen dann
Fixierungen, ein Aus- und Benutzen der Dinge und Menschen. Auch Gott wird leicht durch das An-sich-binden-
Wollen zum Objekt eigener Wünsche und Projektionen.
Auch von sich selbst heißt es loszulassen, der Mensch soll
sich nach Meister Eckhart ganz in Gott hinein verlassen,
um überhaupt fähig zu werden, einem Gegenüber in Freiheit zu begegnen.

Der Mystiker deutet die Vaterunser-Bitte *fiat voluntas tua*
(»dein Wille geschehe«) als das klassische Gebet um die
rechte Gelassenheit des gläubigen Christen. Der evangelische Theologe Joachim Kunstmann meint, dass »Gelassenheit« für die Erfahrung von Gottes bergender Nähe vermutlich sogar ein besserer Begriff als »Glaube« sei. Für ihn ge-

hört sie neben der wachen Aufgeschlossenheit für das Leben und der Freiheit von innerer Unruhe zu den Instrumenten einer modernen christlichen Lebenskunst.

In unserem heutigen Sprachgebrauch ist Gelassenheit fast gleichzusetzen mit Gleichmut, innerer Ruhe, Gemütsruhe. Es handelt sich um die Fähigkeit, vor allem in schwierigen, aufregenden Situationen die Fassung und eine unvoreingenommene Haltung zu bewahren. Damit ist sie das Gegenteil von Unruhe, Aufgeregtheit und dem heute allgegenwärtigen Stress. Sie wird sich als Frucht eines Lebens einstellen, das sich der Wichtigkeit und Bedeutung der Muße für ein Leben in Balance bewusst ist.

Die Philosophie hat sich, lange bevor sie zu einem zünftigen Fach gerann, das eher strohern von den Universitätskanzeln tönt und in den Kammern der Professoren als theoretisches Denkgebäude entworfen wird, vor allem als Anleitung zu einem gelingenden Leben verstanden. Daher war die Gelassenheit von Anfang an ein Thema der »Weisheitsfreunde«, wie das Wort »Philosoph« in seiner ursprünglichen Bedeutung übersetzt werden müsste.

Die großen Weisen der Lebenskunst sind in der Antike bei den Stoikern und den Anhängern Epikurs zu finden. Obwohl sie verschiedene Ansätze verfolgen, ist beiden doch eines gemeinsam: Um gelassen zu werden, muss man frei werden von innerer Unruhe, frei von Verwirrung und Aufregung, von Lärm und Getöse ringsum, von Furcht und Schrecken. Sie benennen das mit dem griechischen Ausdruck *ataraxia*. Dies führt zur Seelenfestigkeit und zum Gleichmut.

Epikur verwendet dafür das Bild der Meeresstille. Für ihn ist Gelassenheit auch Freiheit von den verschiedenen Ängsten, die den Menschen bedrängen. Er zählt drei auf: die Angst vor dem Leiden, die Angst vor den Göttern und die Angst vor dem Tod. Vor den Göttern brauche man keine Furcht zu empfinden, denn als vollkommene Wesen lassen sie sich nicht von Sorgen bedrücken und bereiten anderen keine Sorgen. Für den rechten Umgang mit dem Tod hat er ein ganz einfach klingendes Rezept: »Das schauererregendste aller Übel, der Tod, betrifft uns überhaupt nicht; wenn wir sind, ist der Tod nicht da; wenn der Tod da ist, sind wir nicht. Er betrifft also weder die Lebenden noch die Verstorbenen, da er ja für die einen da ist, die anderen aber nicht mehr für ihn da sind. Der Weise indes weist weder das Leben zurück, noch fürchtet er das Nichtleben; denn weder ist ihm das Leben zuwider, noch vermutet er, das Nichtleben sei ein Übel.«

Der Stoiker Seneca beschreibt die Seelenruhe als Zustand, in dem das Ich über sich selbst die größte Macht hat und sich selbst zu eigen ist. Der solcherart Gelassene kann das Widerstrebende, das Üble, Schmerzliche und sogar das Widerliche gelassen hinnehmen, aber auch das Angenehme und Lustvolle, jedoch ohne Erregung und ohne sich daran zu klammern; man kann es mühelos wieder loslassen.

Gelassenheit führt damit zu Offenheit für das Unvorhersehbare. Mit Gelassenheit kann man konstatieren: Das einzig Beständige ist die Veränderung. Die Zukunft ist immer ungewiss. Gelassenheit führt zu einer Sicherheit darin, mit Unsicherheiten umzugehen.

Sie verhilft zum Blick von außen oder von oben: Weder Gleichgültigkeit noch Nachlässigkeit, sondern Geduld im Umgang mit anderem und anderen prägen einen gelassenen Menschen. Man kann sich selbst, anderen Menschen und den Dingen Zeit lassen, bis der richtige Augenblick (Kairos) gekommen ist. Ein Beispiel dafür liefert der berühmte französische Philosoph und Publizist Michel de

Montaigne in seinen *Essais,* die er im 17. Jahrhundert nieder-
geschrieben hat. Er ist der Protagonist schlechthin für eine
»gelassene« Lebensführung.

Ein Zeitgenosse Montaignes, der spanische Jesuit Balta-
sar Gracián, lehrte in seiner Aphorismensammlung *Hand-
orakel und Kunst der Weltklugheit* die Kunst des Seinlassens.
Man muss sich lösen von sich selbst und Gott in sich wirken lassen, um inneren Frieden, Abgeschiedenheit von aller Welt, Ruhe und Stille zu finden.

Die Gelassenheit als zu erstrebende Haltung wurde im
Mittelalter und in der Neuzeit allmählich entmachtet. Das
Christentum verkündete sie zwar als Folge der Gotteskind-
schaft, setzte aber ein unerhörtes Bemühen um das jensei-
tige Heil frei, das in religiösen Aktivismus umschlug. Diese
Konzentration auf das Jenseits wurde durch die Aufklärung
seit dem 17. Jahrhundert zugunsten des Diesseits zurückgedrängt. Das angestrengte Bemühen verstärkte sich dadurch
aber, nun auf die rationale Durchdringung und die Gestaltung des Hier und Jetzt gerichtet. Die Epoche des »Sturm
und Drang« liefert dafür die künstlerische Folie. Der Gelassenheit wurde vorgeworfen, gefühllos und teilnahmslos
zu sein und es der vorwärtsstürmenden Leidenschaftlich-
keit der aufbrechenden Generation gegenüber an Verständnis mangeln zu lassen. Man denke nur an die Wirkungs-
geschichte von Goethes *Leiden des jungen Werthers* oder von
Schillers *Räubern.*

Im 19. Jahrhundert schließlich erreichte der Siegeszug
der angestrengten Arbeit über die Gelassenheit ihren Höhe-
punkt. Der Philosoph Wilhelm Schmid bezeichnete sie als
»wütend-optimistische Umarbeitung der Welt mit wissen-
schaftlich-technischen Mitteln«. In unseren Tagen wird dieser Sieg der Technik vor allem durch die Informations- und

Kommunikationstechnologie spürbar. Er führt zu der allseits bemerkbaren und oft beklagten Beschleunigung des Lebens. Dagegen gilt es, Gelassenheit zurückzugewinnen.

Schon Martin Heidegger, einer der einflussreichsten Denker des 20. Jahrhunderts, hat sich einer philosophischen Auseinandersetzung mit der Technik gewidmet und ihre großen Errungenschaften, aber auch die durch sie drohenden Gefährdungen dargestellt. Er empfiehlt eine gewisse Ausgeglichenheit im Umgang mit der technischen Welt und nennt sie »Verhaltenheit«, seine Interpretation der Gelassenheit. Man solle die technischen Gegenstände in die tägliche Welt herein und zugleich draußen lassen. Man lasse sie auf sich beruhen als Dinge, die keinen Anspruch auf Absolutheit haben. Diese Distanz, die benützt, ohne sich vereinnahmen zu lassen, drückt sich für ihn in der Haltung des »Wartens« aus: Warten, ohne etwas Bestimmtes zu erwarten.

Und ist es nicht so? Wir haben verlernt zu warten. Beim Arzt, beim Friseur, bei der Autoreparatur, bei allen möglichen Dienstleistungen, die wir in Anspruch nehmen, vereinbaren wir Termine, um ja nicht warten zu müssen. Wartezeiten betrachten wir als verlorene Zeiten, anstatt sie als geschenkte Zeitfenster oder Pausen anzunehmen.

Joseph Ratzinger, der große Theologe des ausgehenden 20. Jahrhunderts und spätere Papst Benedikt XVI., wünschte sich seine priesterlichen Mitarbeiter als Menschen, die *hilaritas* ausstrahlen. Dieses lateinische Wort muss man im Deutschen auflösen und als »heitere Gelassenheit« übersetzen. Die *hilaritas* wird in der Antike auf Münzen als Göttin dargestellt, in der Rechten einen Palmzweig haltend, in der Linken ein Füllhorn. Manchmal hat sie auch auf jeder Seite in Kind beigesellt. Wunderschöne Symbole: Der Palmzweig als Zeichen für den Sieg, aber auch für Friede und Freude, das Füllhorn steht für die Überfülle des Glücks, und die Kinder sind traditionellerweise Symbole des Anfangs und der sich ergebenden Möglichkeiten.

Man kann sie aber durchaus ganz modern auch deuten als Erziehungsauftrag zur Gelassenheit. Die Heiterkeit wird dabei als wichtiges Attribut der Gelassenheit verdeutlicht. Es gilt nicht nur der Spruch »Wo man singt, da lass dich nieder«, es kann auch gut heißen: »Wo man lacht, da ist gut sein.« Viel Verkrampfung im alltäglichen Miteinander kann durch ein herzliches Lachen gelöst werden. Es bewirkt ein Loslassen von inneren Verengungen und Verhärtungen. Ein ansteckendes, herzliches Lachen verbindet untereinander mehr und hilft Probleme oft leichter zu lösen als noch so gut geführte Gespräche, vor allem wenn es befreiend und freundschaftlich gemeint ist.

10 Muße und Beziehungen

Der Mensch hat in seinem Leben zwei Grundthemen: Arbeit und Beziehung, hat Sigmund Freud behauptet. Dorothee Sölle hat aus dieser Erkenntnis das Buch *Lieben und Arbeiten* geschrieben, und wenn wir über das nachdenken, was uns immer wieder beschäftigt, uns Freude macht, aber auch belastet, so scheint es wirklich so zu sein, dass sich die wichtigsten Themen und Problemfelder unseres Lebens um diese Brennpunkte ansammeln lassen. Wenn Muße aber auch ein wichtiges Thema des modernen Menschen anspricht, dann müssen wir die Erfahrung der Muße am Beziehungsthema abklopfen und fragen, wann und wie sie Beziehung bereichern beziehungsweise verhindern kann. Die umgekehrte Frage ergibt sich natürlich auch: Wie können unsere Beziehungen die Qualität der Muße beeinflussen?

Beziehung ist aber mindestens aus drei Perspektiven zu reflektieren, weil wir drei Formen von Beziehung brauchen: die Beziehung zu einer größeren Gruppe, die intime oder familiäre Beziehung und die Möglichkeit zu haben und zu nutzen, allein sein zu können und zu wollen. Gerade das Alleinseinkönnen ist eine unumgängliche Voraussetzung für gute Beziehungen.

Wenn wir unser Leben aus ganzheitlicher Sicht betrachten, stellen wir fest, dass wir auch zu bestimmten Lebensthemen und Problemen spezifische Beziehungen entwickeln. Die Funktion der Muße ist immer wieder, uns aus der Gefahr der Umklammerung einzelner Bereiche und Bezogenheiten herauszuführen und uns unser Leben aus einer Metaperspektive wahrnehmen zu lassen.

Denn es gibt keinen Bereich, der uns davor bewahrt, ihn überzubetonen: Sehr oft ist es die Arbeit, die so wichtig ist, dass wir die übrigen Bereiche vernachlässigen; aber auch Beziehungen und scheinbar wichtige Aufgaben und Themen besetzen und besitzen uns oft ganz und lassen alle anderen Bereiche in den Hintergrund treten; manche Menschen sind so um die eigene Gesundheit besorgt, dass sie vorwiegend mit dem beschäftigt sind, was sie essen sollen und nicht dürfen, welche Bewegung ihnen guttun würde und welcher Lebensstil wahrscheinlich die Ursache dafür ist, dass es ihnen schlecht geht; und andere vernachlässigen Arbeit, Beziehung und Gesundheit und meinen, ihre innere Einstellung oder ihre Spiritualität entscheide allein über die Entwicklung oder das Scheitern ihres Lebens.

Paradoxerweise aber scheitern die Menschen meistens in jenem Bereich, den sie überbetonen. Gerade deshalb ist die Balance zwischen den Lebenserfahrungen sehr wichtig. Ebenso ist auch der Ausgleich zwischen den Beziehungsformen – Gruppe, Familie, Alleinsein – von großer Bedeutung. Diese Form von Beziehung wurde bisher wenig erforscht und beachtet. Wenden wir uns zuerst der Gruppe und den intimen Beziehungen zu.

In der Interpretation der menschlichen Existenz stand bisher die Bedeutung der Individualität im Vordergrund. Diese Einstellung entsprach der Überzeugung, dass wir das werden, was wir aufgrund individueller Veranlagung und Bedürfnisse werden können. Ohne diese grundsätzliche Erkenntnis zu leugnen, ist die heutige Einstellung, die sich aufgrund psychologischer und soziologischer Beobachtungen entwickelt hat, eher so zu beschreiben: Die Individualität des Menschen stellt einen Brennpunkt des inneren Erlebens und der Entfaltung der Menschen dar; der andere Brennpunkt ist die Bezogenheit zu den Mitmenschen und zur Umwelt. Heute sind wir sogar dabei, uns vom Individualismus und Dualismus abzuwenden und einer grundsätzlichen und ursprünglichen Bezogenheit des Menschen zu seiner Mitwelt zuzuwenden und daraus eine Vielzahl innerer und äußerer Brennpunkte abzuleiten.

Aus dieser Erkenntnis erwächst die Feststellung, dass wir allein nicht wachsen können beziehungsweise dass grundlegende Wirklichkeiten nur aus der Begegnung, aus der Auseinandersetzung und im Austausch entstehen. Wenn wir Bilder für diese Erkenntnis verwenden wollen, könnten wir sagen, dass unsere Welt zwischen den Köpfen, zwischen den Gedanken und zwischen den Gefühlen entsteht. Es gibt also eine Wirklichkeit, die nur aus dem Miteinander erwächst. Ein großer Teil der Welt, in der wir leben, ist Schöpfung aus und in der Begegnung. Polarisierter: »Was immer wir sind, sind wir in und aus der Beziehung mit Menschen, die für uns bedeutend sind. Es gibt auch kein Zentrum des Selbst außerhalb und jenseits des Bezogenseins.«[1]

Kontakte oder die Pflege von Beziehungen aus der Sicht der Muße können sehr entspannend sein und sind die Voraussetzung für geistige und emotionale Entwicklung. Natürlich müssen wir darauf achten, dass Beziehungen nicht im Hinblick auf Entwicklung und Leistungsfähigkeit gepflegt werden, sondern in ihrem Wert an sich. Wer lernt, in der Pflege der Beziehung achtsam zu sein, wird auch ein Empfinden dafür entwickeln, wie Beziehungen die Qualität und die Entwicklung des Lebens beeinflussen.

Wie zentral eine hohe Qualität der Freizeit und der Muße für das Leben ist, erweist eine Studie aus den letzten Jahren,[2] in der das Verhältnis von Muße, Beziehung und Arbeit analysiert wurde. Die Studie weist darauf hin, dass Menschen, die in der Freizeit ein hohes Maß an Glück erfahren, in der Lage sind, mittelmäßige beziehungsweise belastende Arbeits- und Beziehungssituationen auszugleichen. Das Umgekehrte ist nicht der Fall, das heißt, Erfolg in der Arbeit kann belastende Erfahrungen in der Beziehung und in der Freizeit nicht ausgleichen. Ebenso wenig scheinen gelingende Beziehungen die Kraft zu haben, Misserfolg in der Arbeit und ein unbefriedigendes Freizeiterleben abzufedern.

Dies ist nochmals ein Hinweis darauf, dass Muße als Lebenshaltung einen enormen Einfluss auf die Lebenszufriedenheit und die Lebensbewältigung insgesamt hat. Diese Erkenntnisse müssten der Bedeutung der Muße für die Entwicklung von Lebensqualität und von Ressourcen für die Lebensbewältigung einen neuen Platz einräumen.

In der heutigen Zeit leben wir, was die Erfahrung der Beziehung betrifft, in einer paradoxen Situation. Auf der einen Seite stellen wir fest, dass die Großfamilie, deren Bestand und Funktionieren an die Landwirtschaft und an den Hof gebunden war – das heißt an eine Situation, wo mehrere Generationen zusammen leben und arbeiten konnten –, zerbrochen ist und auch viele Einrichtungen, die Menschen früher Halt, Zugehörigkeit und Gemeinschaft erleben ließen (zum Beispiel Kirchen, Traditionen), nicht mehr so funktionieren wie früher. Auf der anderen Seite stellen wir bei den Menschen einen erhöhten Beziehungsbedarf fest. Etwas plakativ kann behauptet werden, dass es wahrscheinlich noch nie in der Geschichte der Menschheit so viele einsame und vereinzelte Menschen gegeben hat wie heute. Dies ist an der ständig zunehmenden Zahl an Singlehaushalten festzumachen.

Mag sein, dass wir einerseits meinen, dass es angesichts des Individualismus und des Freiheitsstrebens der Menschen am besten ist, wenn jeder möglichst seinen eigenen Raum hat, in dem er oder sie völlig unbehelligt von anderen Menschen leben kann. Aber wir erkennen trotz allem, dass stabile Beziehungen für das Wohlbefinden des Menschen zentral sind. Bis vor nicht allzu langer Zeit haben wir angenommen, dass der Mensch vom Kampf um das Überleben und um seine Existenz geprägt ist und den Mitmenschen – nach der Theorie von Charles Darwin – grundsätzlich als Feind und Konkurrenten sieht, den er am liebsten auslöschen würde.

Die Neurobiologie aber stellt den Menschen als Wesen dar, das vor allem Zuwendung und gelingende mitmenschliche Beziehungen sucht. Die Erforschung der menschlichen Lebensmotivationen, die der Frage nachgeht, wie Menschen leben wollen und wofür sie sich einsetzen, ist zu der Erkenntnis gekommen, dass zwischenmenschliche Anerkennung, Wertschätzung, Zuwendung oder Zuneigung zu den wichtigsten Lebensmotivatoren zählen. »Wir sind auch von unserer physischen Struktur her Wesen, die auf Beziehung ansprechen. Die Motivationssysteme schalten ab, wenn keine Chance auf soziale Zuwendung besteht, und sie springen an, wenn Anerkennung oder Liebe in Aussicht gestellt werden oder im Spiel sind.«[3]

Die Forschung hat ein Hormon entdeckt, welches mit

der Erfahrung der Kontinuität von Beziehungen zu tun hat. Es scheint, dass das Beziehungsbedürfnis des Menschen auch ein Art Gedächtnis hat und auf Wiederholung, Vertrautheit und Kontinuität reagiert. Die Begegnung mit Menschen, die in uns Vertrauen auslöst oder die Erinnerung an Vertrauen darstellt, führt zur Ausschüttung dieses Hormons und zu einem entsprechenden Glückserlebnis.

Joachim Bauer hat in der angeführten Erforschung der Beziehungsformen und Bedürfnisse fünf Gründe herausgearbeitet, warum Menschen Beziehungen suchen beziehungsweise was sie erwarten, in ihnen zu finden: Sie wollen sehen und gesehen werden, sie suchen eine gemeinsame Aufmerksamkeit für etwas, sie möchten in der Begegnung emotionale Resonanz erleben, sie wollen gemeinsam Dinge tun und sich bezüglich ihrer Lebensmotive und Lebensabsichten austauschen.

Wir dürfen also davon ausgehen, dass funktionierende Beziehungen ein unersetzbarer Lebensmotor sind, und wir tun gut daran, Beziehungen nicht der Beliebigkeit und den sich einschleichenden Gewohnheiten zu überlassen. Die fünf angeführten Themen, welche die Motive für die Beziehungssehnsucht darstellen, können ein Hinweis oder ein Ansatz sein, Orte zu finden, an denen wir die Qualität der Beziehungen reflektieren und einschätzen können.

Die dritte und gerade im Bereich der Muße immer wieder vorkommende Form der Beziehung ist die zu uns selbst im Alleinsein. Diese Dimension der Muße ist, trotz der oben beschriebenen Tatsache, dass immer mehr Menschen allein und vereinzelt sind, sehr vielen unserer Zeitgenossinnen und Zeitgenossen unbekannt. Alleinsein hat mit Bei-sich-Sein zu tun, mit dem Hören auf das, was aus dem Inneren kommt, im Gegensatz zu dem, was von außen kommt. Es ist also eine Art Gegenbewegung zu dem, was wir gewohnt sind: Wir sind es gewohnt, eher auf das zu hören, was von außen kommt, als auf das, was von innen kommt, und wir sind es gewohnt, das, was von innen kommt, eher (gleich) zu äußern, als nach innen zu spiegeln oder auszuhalten, zu schauen und zu spüren, was es mit uns tut.

Denn Alleinsein ist auf den ersten Blick etwas Negatives. Wir deuten es vielfach als Mangel. Auch die psychologische Literatur hat Alleinsein bis in die letzte Zeit vielfach als soziales Defizit beschrieben; jemand ist allein, weil er oder sie nicht oder nicht mehr in der Lage ist, Kontakte oder Beziehungen aufzubauen und zu halten.

Bei näherem Hinschauen und vielleicht auch in der Erinnerung und Bewusstmachung eigener Erfahrung lernen wir, zwischen Alleinsein und Einsamkeit oder Sich-einsam-Fühlen zu unterscheiden. Alleinsein kann positiv sein – sich einsam zu fühlen ist negativ und in der Tat ein Mangel, der schon auf den ersten Seiten der Bibel als etwas beschrieben ist, was für den Menschen nicht gut ist (Gen 2, 18).

Bis in die jüngere Zeit wurde bewusst gewähltes Alleinsein vorwiegend mit religiösen Motiven verbunden: mit der Gottsuche und mit der geistlichen Entwicklung und Unterscheidung. In der neueren Zeit gibt es aber eine Reihe von Überlegungen und Erkenntnissen, die Alleinsein als Weg zu sich selbst und als Stütze authentischer Identitätsentwicklung sehen: Alleinsein und Gemeinschaft hängen irgendwie zusammen.

Was in diesem Bereich von allen drei Beziehungsformen am wenigsten reflektiert ist und wird, ist das Alleinsein: Es gibt unzählige Hilfen und Überlegungen zur Verbesserung der Beziehungen, aber sehr wenig darüber, wie aus Zeiten des Alleinseins nicht Einsamkeit, sondern Lebensqualität wachsen kann. Weil immer mehr Menschen nicht allein sein können, faktisch aber einsam sind, wird Alleinsein stigmatisiert, nach dem Motto: »Wenn du allein bist, muss mit dir etwas nicht in Ordnung sein, kannst du nicht o. k. sein.« In Wirklichkeit aber müssen wir uns Orte und Zeiten des Alleinseins schaffen.

»Die Moderne mit ihrem Machbarkeitswahn, mit ihrer Vergötzung aller möglichen Techniken hat Therapien unterschiedlichster Art erfunden, um das gestresste Individuum wieder ins Lot zu bringen, von der Psychoanalyse bis zur Wellness-Farm. Die einfachste Form der Regeneration aber, das zeitweise Heraustreten aus dem menschlich-gesellschaftlichen Horizont, der uns tagtäglich umgibt, diese so wirksame wie naheliegende Form der Selbsttherapie, vernachlässigt sie heute genauso wie vor 100 Jahren.«[4]

Wie niemals zuvor in der Geschichte sehen wir uns heute gezwungen, rund um die Uhr Informationen zu verarbeiten, also auf Kommunikation zu reagieren. Telefon, Radio, Fernsehen und Internet, all diese gewaltigen Umwälzungsapparate von »sozialem Geräusch« (Paul Watzlawick), dringen so sehr auf uns ein, dass ein zeitweiliges Abschalten geradezu geboten ist. Doch der »außengeleitete Mensch« (David Riesman), den die Massengesellschaften hervorbringen, verliert mehr und mehr die Sensibilität dafür, wie viel Kommunikation ihm zuträglich ist.

Wir sind es – vielleicht immer mehr – gewohnt, das, was uns berührt und bewegt, zu äußern; das heißt, zu kommunizieren, mit der Umwelt zu teilen. Dies kann ein normales und gutes persönliches Bedürfnis sein, denn schließlich brauchen wir das Echo der Umwelt und der Mitmenschen. Aber es gibt auch die Möglichkeit, Informationen zu verinnerlichen und das, was in uns abläuft, zu beobachten.

Diese Möglichkeit ist uns einerseits oft nicht bewusst, andererseits ist es nicht leicht, die menschliche Fähigkeit der Innerung zu üben; vielleicht, weil wir darin ganz auf uns selbst geworfen sind und davor irgendwie Angst haben, vielleicht aber auch, weil uns eine extrovertierende Kultur dazu verführt, unser Wohlbefinden an der Quantität und Qualität der Antworten, die von außen kommen, zu messen.

Die Psychoanalytikerin Julia Kristeva beschreibt dies sehr treffend: »Die von Stress bedrängten Männer und Frauen von heute haben es eilig, zu gewinnen und zu verteilen, zu genießen und zu sterben, und ersparen sich jene Repräsentation ihrer Erfahrung, die man psychisches Leben nennt; man hat weder die nötige Zeit noch den nötigen Raum, um sich eine Seele zu bilden.«[5] Die Hauptursache für diesen Befund sind, so Kristeva, eine extreme Körperbezogenheit und die mediale Außensteuerung des Menschen. Dies hat zur Folge, dass der Mensch sein Wohlbefinden beziehungsweise sein Unbehagen nicht an seinen inneren Wahrnehmungen orientiert, sondern an der Qualität und Quantität der Anerkennung und Signale, die auf sein Leben von außen kommen. Der Mensch wird abhängig von anderen, äußeren Instanzen, deren er sich ständig vergewissern muss. Um diesem Sog entgegenzuwirken, müssten die Außengerichtetheit und Fremdsteuerung reduziert und der Kontakt zum inneren Raum, zum Selbst, zur Seele, aufgebaut werden. Nur bei sich kann der Mensch unangestrengt und zufrieden leben.

Die Psychologie verweist darauf, dass der Mensch, wenn er die Innenwahrnehmung verliert, sich wichtige Zugänge der Selbstwahrnehmung verschüttet. Dies geschieht vor allem dann, wenn er das, was für ihn wichtig und lebensstiftend ist, nicht mehr nach der inneren Erfahrung, sondern nach dem äußeren Echo, das sein Leben auslöst, einschätzt.

Ich sehe die Ursache dieser Problematik darin begründet, dass die Gesellschaft die optimale Verwirklichung des Menschen im Hinblick auf sein Funktionieren fordert und fördert und dadurch eine authentische Selbstverwirklichung verhindert oder mindestens an die zweite Stelle rückt. Denn meine persönlichen Ziele soll ich nicht im Hinblick auf meine Bedürfnisse, Wünsche und Fähigkeiten verwirklichen, sondern dem Funktionieren der Gesellschaft zur Verfügung stellen.

Der psychologische und spirituelle Imperativ lautet, der Mensch braucht einen inneren Raum, in den er sich zurückziehen und in dem er ausruhen, neu werden kann. Dieser Rückzug und der Austausch mit dem eigenen Inneren ist das Wesen der Muße. Was für mich in diesem Zusammenhang immer wieder beeindruckend ist, ist die Beobachtung, dass dieser Weg nach innen in seinen Wesenszügen leicht gelernt werden kann und Freude auslöst. Wir scheinen also eine Fähigkeit und eine Sehnsucht zu haben, zu unserem Inneren Kontakt aufzunehmen, es wahrzunehmen und durch die Wahrnehmung zu ordnen und zu stillen.

Die Wüstenväter, frühchristliche Mönche, sind in der westlichen Tradition die erste Bewegung, die Innerung bewusst und explizit geübt hat. Als Bild für die innere Erfahrung und Auseinandersetzung wurde das Kellion verwendet. Die Zeit der Wüstenväter liegt zwischen dem 3. und 6. Jahrhundert und wird heute als eine der fruchtbarsten Zeiten des Christentums gesehen. Widersprüchlich eigentlich: Menschen, die alles aufgeben, alles zurücklassen, sich aus dem sozialen Engagement zurückziehen und für sich selber leben, in großer Einfachheit, Anspruchslosigkeit und Nüchternheit, liefern einen zentralen Impuls für die Entwicklung des Christentums und der europäischen Kultur.

Die Menschen, die sich in die Stille und Einsamkeit zurückgezogen hatten, entdeckten, dass das Sein und das Ruhen in sich eine zentrale Erfahrung für die Entwicklung des Menschen ist. Und sie haben als Bild für das Bei-sich-Sein ebenden Begriff des Kellion – der Zelle – entwickelt und damit das Verweilen im inneren Raum und das Aushalten des eigenen inneren Prozesses gemeint. Das Kellion ist der Ort, wo man mit sich selber ist, wo man entlarvt, was falsch ist, und wo man dem Eigenen unerbittlich ausgesetzt ist.

Im übertragenen Sinn ist das Kellion auch das Bild für den Lebensraum, den wir uns »gestalten«: mit dem, was wir tun, mit dem, wonach wir uns sehnen, mit unseren Beziehungen, mit dem, womit wir uns abgeben, womit wir unsere Zeit verbringen; mit dem, was für uns wichtig ist, mit dem, was wir verdrängen. All das ist unsere Umgebung, die Ausstattung unseres Lebens. Solange wir in der Hetze sind, kann das, was zu unserer »wahren Wohnung« gehört, gar nicht bewusst werden.

Die Betrachtung, die Meditation unseres Kellions ist eine interessante Übung. Das, womit wir uns ausstatten, hat mit unserem Inneren zu tun, in dem, was wir tun oder unterlassen, spiegeln sich unsere Bedürfnisse und unsere Ängste. Unsere Büros, unsere Wohnungen, unsere Autos sind Spiegel unserer Bedürfnisse, Wünsche und Ängste. Sich dessen einmal bewusst zu werden kann ein großer Schritt der Selbsterkenntnis sein. Aber sehr oft sind diese Kellien so aufwendig und komplex oder von unserem wahren Wesen entfernt, dass sie uns keine wirkliche Heimat bieten.

Wer das Alleinsein – was auch »nur Sein« bedeuten kann – übt und schätzt, mag früher oder später zur inneren Erfahrung kommen, in der er/sie allein sein kann, ohne sich einsam zu fühlen; nichts tun muss und sich dabei nicht unnütz fühlt; nichts sein kann und sich dabei nicht wertlos fühlt. Ich bin überzeugt, dass uns diese Einstellung eine Menge Stress ersparen und ein großes inneres Wohlbefinden ermöglichen würde. Denn »der wahre Mensch ist ohne Namen«, sagen Mystik und Zen. Mit dieser Haltung sind wir ganz nahe bei dem, was Muße in ihrem Wesen ist und ermöglicht.

 Übung: Muße und Beziehungen

Beziehung spielte in den ursprünglichen Formen der Muße eine wichtige Rolle. Muße war vor allem entspanntes Zusammensein, das keine unmittelbaren Ziele verfolgte, sondern darauf vertraute, dass Zusammensein an sich eine eigene Kraft hat und nicht planbare Früchte zeitigen wird.

Ich lade Sie ein zu beobachten, wie sich die Qualität des Zusammenseins mit Menschen, die zu Ihnen gehören, die Sie mögen, verändert, wenn Sie einmal bewusst kein Ziel oder keine Erwartung an die gemeinsame Zeit binden. Also nicht: »Wir sind zusammen, um etwas zu unternehmen oder uns die Zeit zu vertreiben.« Sondern: »Wir sind zusammen, nur um ›miteinander zu sein‹.« Versuchen Sie, sich und Ihr Gegenüber vor allem aus der Bezogenheit heraus wahrzunehmen. Beobachten Sie das Bei-sich- und Beim-anderen-Sein, die Anwesenheit bei sich und beim anderen. Wie fühlt sich das an, was tut diese Haltung mit dem Gegenüber?

Ähnliches können Sie mit einer Gruppensituation durchspielen. Stellen Sie sich vor, Sie sind nur in der Gruppe, um dort zu sein, und versuchen Sie, sich und die einzelnen Mitglieder nicht so sehr als Individuen, sondern als Teil der Gruppe zu sehen. Wie fühlen Sie sich als Teil der Gruppe? Wenn Sie dieses Gefühl in den Mittelpunkt stellen: Wie nehmen Sie die anderen als Gruppenmitglieder wahr – was tut das mit Ihnen, wie empfinden Sie die anderen?

Diese Übung hilft, Vorurteile, gewohnte Wahrnehmungsmuster und Egozentrierung – zumindest für eine Zeit – zu überwinden und eine unübliche Dimension von uns und den anderen wahrzunehmen.

ERFAHRUNGEN Einfach nichts machen

Es stand wieder eine der großen internationalen Pressekonferenzen des Konzerns an, für den er seit vielen Jahren arbeitete. Peter Schmitt* war verantwortlich für die Koordination zahlreicher Dienstleister: Kameraleute, Schnitttechnik, Satellitenübertragung. Wenn einem von ihnen ein Fehler unterliefe, gäbe sein oberster Chef, der Vorstandsvorsitzende, vor allen Journalisten ein schlechtes Bild ab. Der Druck, der auf Peter lastete, war wie immer enorm, er hätte es daher auch so machen können wie jedes Jahr. Schließlich sind Konzerne in der Regel recht behäbig, Innovationen kann man, wenn man sie nicht will, mit ein, zwei formalen Schlenkern leicht aus dem Weg gehen.

* Name geändert.

Dieses Jahr aber hatte Peter etwas Neues vorgeschlagen und entgegen dem Rat seines unmittelbaren Vorgesetzten, des Kommunikationschefs, auch durchgesetzt. Der Vorstandsvorsitzende sollte für seine Rede vor den versammelten Journalisten zum ersten Mal einen Teleprompter vor sich stehen haben, wie ihn sonst Moderatoren in Fernsehstudios nutzen. Auf einer Scheibe direkt vor der Kameralinse wird der Text einer Rede eingeblendet und, von einem Assistenten bedient, langsam durchgerollt. Der Redner kann mit diesem Hilfsmittel seine Rede ablesen, ohne dass er den Blick von der Kamera wenden muss. Das verleiht ihm mehr Wirkung und setzt ihn überzeugender in Szene, als wenn er immer wieder auf Blätter blicken würde.

Peter hatte wochenlang mit dem TV-Dienstleister den Telepromptereinsatz geplant und geübt, jede mögliche Eventualität war dabei bedacht worden. Ihm war klar: Wenn die Nutzung des Teleprompters gut ginge, würde er sich vor dem Vorstandsvorsitzenden wunderbar profilieren können. Wenn allerdings auch nur der kleinste Fehler passierte – wenn der Dienstleister die Leitungen nicht richtig schaltete und kein Text auf dem Prompter erschien, wenn die diffizile Synchronisation zwischen dem Tempo des Redners und dem des Textdurchlaufs nicht klappte, wenn dadurch der Vorstandsvorsitzende hängen bliebe oder sich verwirren ließe oder gar aus dem Konzept geriete, dann wäre er – Peter – fällig. Das hatte ihm sein Chef, der Abteilungsleiter, zu verstehen gegeben, als der den Telepromptereinsatz entgegen eigener Bedenken widerstrebend absegnete.

Schon Tage vorher konnte Peter nicht mehr schlafen, spätestens ab drei, vier Uhr am Morgen wälzte er sich im Bett. Es war ihm anfangs gar nicht bewusst, dass der Grund dafür in der anstehenden Pressekonferenz liegen könnte.

Er hatte schon länger Probleme mit der Verdauung, und nun kamen starke Rückenschmerzen hinzu, wie er sie bei sich nicht kannte. Im Rückblick weiß er: Diese Pressekonferenz war sein schlimmster beruflicher Stressmoment.

Der Teleprompttereinsatz gelang, der Vorstandsvorsitzende war sehr zufrieden, und die neue Technik wurde in der Folge zum Standard im Unternehmen: Auch andere Vorstände wollten nun derart vorteilhaft in Szene gesetzt werden. Für Peter war das ein enormer Erfolg, auch wenn sich sein Abteilungsleiter eine Scheibe davon abschnitt. Peters Mut, etwas Neues zu wagen, auch gegen Widerstände, hatte eine Aufwertung im Unternehmen zur Folge: Er galt nun als der unbestrittene Experte für audiovisuelle Anforderungen.

Doch schon standen die nächsten Veranstaltungen vor der Tür. Nach der Jahrespressekonferenz folgte die Hauptversammlung, dann der Auftritt auf der CeBIT, die Halbjahreszahlen, die Journalistenreise, die USA-Einführung, die China-Initiative – immer hieß es: um Himmels willen keinen Fehler machen. Immer war die nächste die wichtigste Veranstaltung, die ihn vollständig in Beschlag nahm und wochenlang alles Denken, alles Tun, alle Energie aufsog. Seinen Job empfand Peter in diesen Jahren wie ein sich unablässig drehendes Hamsterrad, wobei ihn immerzu irgendjemand auf Trab hielt.

Zeit für sich hatte Peter in jenen Jahren eigentlich keine. Er pflegte noch nie ein Hobby, und abends, wenn er nach Hause zu seiner Frau und den beiden Kindern kam, fühlte er sich meistens vollkommen ausgepowert und erschöpft, obwohl er ja nie körperlich arbeitete, sondern die meiste Zeit im Büro, am Schreibtisch, in Besprechungen saß. Dennoch war er abends oft zu kaum etwas anderem in der Lage, als sich aufs Sofa zu hauen, den Fernseher anzumachen und dann früh zu Bett zu gehen. Seine beiden Söhne bekamen in jenen Jahren nicht immer das vom Vater, was ihnen zustand und was seine reine Arbeitszeit im Prinzip durchaus zugelassen hätte.

Dafür sahen ihn seine Ärzte häufig. Einige seiner diversen Krankheitssymptome gingen auch in relativ entspannten Wochen direkt nach den Veranstaltungen, ja selbst im Urlaub nicht mehr weg. Er war oft krank, mal hatte er eine Erkältung, mal einen Tag Fieber. Immer wieder plagten ihn Rückenschmerzen, und sie wurden mit der Zeit immer schlimmer. Peter begann Facharzt um Facharzt aufzusuchen, als Privatversicherter wurde er von allen dankbar und aufwendig untersucht – jahrelang jedoch ohne jeglichen medizinischen Befund.

Der eigentliche Schaden, das wurde Peter mit der Zeit immer klarer, drohte ihm ohnehin anderswo. »Der Job hielt mich viele Jahre meines Lebens vom Wesentlichen ab, nämlich von meinem ganz persönlichen Lebenssinn.« Er empfand seine Arbeit mehr und mehr als einen goldenen Käfig. Auf der einen Seite standen ein außerordentlich gutes Gehalt, eine opulente Betriebsrente, ein volles Spesenkonto. »Ich konnte mit Partnern in den besten Restaurants essen gehen und die Welt bereisen. Wenn ich ein Land, eine Stadt sehen wollte, brauchte ich mir nur ein interessantes Projekt zu suchen und im Haus die entscheidenden Leute dafür zu gewinnen, dann waren im Grunde alle erforderlichen Mittel verfügbar. Die meisten würden sich die Finger nach so einem Job lecken, ich empfand ihn aber zunehmend als einengend, mir die Luft abschneidend. Wenn ich ins Büro ging, fühlte ich mich manchmal wie auf dem Weg ins Gefängnis.«

Dabei hatte Peter schon sehr früh an Ausbruch gedacht. Schon im dritten Jahr bei der Firma hatte er im Frühjahr mit einer Freundin gewettet: »Zum Jahresende bin ich hier weg.« Der Wetteinsatz war der gemeinsame Besuch in einem guten Restaurant, und Peter hatte ihn zu Beginn des darauffolgenden Jahres zu bezahlen. Was ihn nicht davon abhielt, gleich wieder zu wetten auf das folgende Jahresende. Insgesamt verlor er die Wette dreimal und blieb dann weitere 15 Jahre.

»Ich hatte solche Angst vor der Ungewissheit! Ich bin in einer Umgebung aufgewachsen, in der Sicherheit sehr wichtig genommen wurde. Meine Eltern waren noch sehr von den Kriegsjahren geprägt, vom Erleben des Mangels, vom Aufbauen, vom Materiellen, und so konnte ich mir jahrelang überhaupt nicht vorstellen, wie es gehen sollte, das Hamsterrad zu verlassen. Ich musste erst diese Angst überwinden.«

Sie war so groß, dass er seinen Absprung nicht allein schaffte und auch nicht ganz freiwillig. Er brauchte offenbar einen Anstoß, einen Auslöser, und der ergab sich vor drei Jahren. Seine Abteilung wurde wieder einmal umstrukturiert und bekam einen neuen Chef. Der hatte erst vor wenigen Jahren als Praktikant begonnen – als Peter längst seine damalige Stelle hatte – und sich innerhalb kurzer Zeit mit Machtinstinkt und Ellenbogen weit nach oben gearbeitet. Die beiden schätzten sich gegenseitig wenig, der neue Chef war Peter zu opportunistisch und Peter dem anderen wohl zu unabhängig.

Es zeigte sich rasch, dass sich der Neue seine eigene Mannschaft zusammenstellen und Peter nicht dazugehören würde. Er wäre nicht entlassen worden, aber auf eine der in dem Konzern üblichen Austragsstuben, eine Stelle mit gleichbleibend gutem Gehalt, aber weit nachrangiger Bedeutung, hatte er keine Lust. »Dazu war mir mein Leben zu schade.« So folgte nach einigen Wochen des Taktierens und Abtastens ein offenes Gespräch zwischen den beiden Männern, das Peter in guter Erinnerung hat. Es hatte zur Folge, dass Peter gegen Zahlung einer beachtlichen Abfindung das Unternehmen verließ, zunächst mit einem vom Unternehmen zugesicherten Auftragsvolumen zu einem der Dienstleister ging, und nun seit einem Jahr: nichts mehr macht.

Peter ist jetzt, was man es früher nannte, Privatier. »Ich kann tun und lassen, was ich will. Ich kann morgens lange schlafen, wenn ich das will, oder früh aufstehen und am Fluss joggen gehen, wenn ich das möchte. Manchmal wache ich erst mittags auf, mache mir einen Tee und lege mich mit einem Buch für drei Stunden wieder ins Bett. Muße bedeutet für mich, den Tag so kommen zu lassen, wie er kommt.« Geht das? Offenbar.

Von Freunden, Bekannten und Nachbarn, die ihn zunächst verwundert, später irritiert zu Hause sahen, wurde er oft angesprochen: »Du kannst doch nicht nichts machen.« – »Doch, das kann ich. Es ist ja nicht so, dass ich nichts mache. Ich mache nur nichts, was mit Geldverdienen zusammenhängt.« Stattdessen widmet er seinen Freundschaften viel Zeit. Manchmal sitzt er mit einem Bekannten, der ebenfalls aus seinem Job in einer Unternehmensberatung ausgestiegen ist, einen Tag lang vor der Haustür im Vorgarten in der Sonne, und sie reparieren Fahrräder und reden über das Leben. Auch sein Körper ist Peter wichtig geworden. Mehrere Male in der Woche geht er laufen, er macht Yoga und trainiert seit einigen Monaten in einem Taekwondo-Studio. Jahrzehntelang hatte sein Körper nur zu funktionieren, nun pflegt der fast 50-Jährige ihn und fühlt sich so fit wie in den letzten 30 Jahren nicht mehr.

»Mir geht es vor allem darum, wieder neu zu lernen, was mir Freude macht. Das Gefühl dafür hatte ich über all die Jahre des Funktionierens und der Routine ganz verloren. Ich versuche, mich wieder daran zu erinnern, was mir früher Freude gemacht hat.« Eine Sache von früher war das Motorradfahren, also hat er sich wieder eine Maschine zugelegt. Er macht Touren in die Berge, im nächsten Jahr stehen Südfrankreich und Portugal auf dem Programm.

Peter empfindet den Raum, den er sich mit dem Ende seiner Berufstätigkeit geschaffen hat, wie eine wunderbare Bühne, auf der sich Stück für Stück neue Dinge entwickeln. Dieser Entwicklung will er die erforderliche Zeit geben. Manchmal sitzt er anderthalb Stunden einfach nur da und meditiert. »Muße ist ja nicht völlig leer, also nicht im negativen Sinn. Sie ist nur leer von Äußerlichkeiten, letztendlich Unwichtigem. Diese Leere auf den ersten Blick muss man erst einmal aushalten. Wenn man das aber tut, eröffnen sich neue Dinge, das Leben füllt sich neu mit Leben. Viele fragen mich, ob mir nicht langweilig sei. Im Gegenteil, ich finde diesen Prozess wahnsinnig spannend. Früher drehte sich alles um Geld, um die Existenz. Jetzt lerne ich neue Dinge. Manchmal komme ich mir vor wie ein kleines Kind, das laufen lernt.«

Für Peter zählen in seinem Leben heute vor allem seine beiden Söhne, 14 und 16 Jahre alt. Anfangs hatten einige Freunde sehr irritiert reagiert, manche ihm sogar Vorhaltungen gemacht wegen der Kinder. »Eigentlich hatten mich alle gewarnt, manche warfen mir sogar Verantwortungslosigkeit vor. Ich müsse doch für die Kinder sorgen. Aber ich habe mir genau diesen Punkt sehr gut überlegt. Verantwortung für meine Jungs heißt für mich nicht mehr, dass ich nur Geld ranschaffe, sondern dass ich sie ermutige, ihr eigenes Leben zu leben. Da bin ich auch als Vorbild gefragt, und mir ist es wichtig, ihnen für ihr Leben mitzugeben: Tut das, was ihr von Herzen gern tut.«

Dabei legt Peter besonderen Wert darauf, dass seine Söhne ihre eigene Kraft entdecken und ihr zu vertrauen lernen, dass sie selbst anfangen, sich anzustrengen, um Ziele zu erreichen. Mit Stolz erzählt er von seinem Jüngsten, der vor Kurzem mit dem Wunsch eines neuen Surfanzugs nach Hause kam. Seit einiger Zeit kann Alexander mit den Großen auf der berühmten Wasserwelle im Münchner Eisbach mithalten. Der neue Surfanzug sollte 180 Euro kosten, und Peter lehnte ab: »So viel Geld gebe ich dafür nicht aus, der Junge braucht dann ja jedes Jahr einen neuen.«

Alexander hatte ihn sich da aber bereits in den Kopf gesetzt: »Wenn du ihn mir nicht kaufst, dann suche ich mir einen Sponsor.« – »Mach das mal«, dachte sich Peter, doch vier Wochen später war der Anzug im Haus. »Ich habe jetzt einen Sponsor«, verkündete der 14-Jährige stolz. Er war in eines der auf die Surferszene spezialisierten Sportgeschäfte gegangen und hatte den Inhaber überzeugt, dass es sich lohnen könnte, wenn der Junge mit dem Emblem und Namen des Geschäfts auf den Armen am Eisbach eine gute Figur machen würde. Peter freut sich sehr über diese Geschichte: »Das ist die eigene Kraft, die in den Jungen steckt, die zu wecken, das sehe ich als meine Aufgabe an.«

Freilich lässt sich die materielle Frage auch als Privatier nicht ganz verdrängen. Nun ist es nicht so, dass Peter in den drei Jahren seit seinem Ausscheiden aus dem Konzern gar nichts verdient hätte. Zwei Jahre lang arbeitete er noch projekteweise für den Dienstleister, an den er ausgelagert worden war. Und nach den vielen Jahren im goldenen Käfig sowie mit der Abfindung hat sich eine gewisse Rücklage angesammelt. Manchmal bekommt er es dennoch mit der Angst zu tun. »Doch verglichen mit 90 Prozent der Menschen, ist meine Unsicherheit doch eine auf einem sehr hohen Niveau.« Peter lebt inzwischen von seiner Frau getrennt, sparsam in nur einem Zimmer einer Wohnung, die er sich mit einer Mitbewohnerin teilt. Seine Herkunft als Schwabe zahlt sich nun aus: Er hat sich genau ausgerechnet, wie lange seine Reserven reichen, und er weiß, dass er irgendwann auch wieder Geld verdienen muss. »Das wird dann aber etwas Sinnvolles sein, da vertraue ich ganz auf den richtigen Impuls, der kommen wird.«

Obwohl nicht praktizierend religiös, sieht Peter seinen Weg auch spirituell. »Es geht mir letztendlich um Gott und die Frage, was er von mir will. Darüber mache ich mir viele Gedanken. Wozu hat er mich auf diese Welt geschickt? Sicher nicht, um 30 Jahre lang Pressekonferenzen zu organisieren und Vorstandsvorsitzende von Industriekonzernen in Szene zu setzen. Jetzt habe ich endlich den Raum, mir diese Dinge zu überlegen.«

Noch kann er keine Antwort auf seine Sinnfrage geben. So meditiert Peter viel, wandert durch die Isarauen, liest, spricht mit Freunden und seinen Kindern. Manchmal sitzt er auch stundenlang einfach nur da, schaut ins Wasser, genießt die Ruhe und die Leere, die doch so voll ist von Rufen. Man muss sie nur hören lernen.

Anmerkungen

1 Muße im Wandel der Geschichte

1 Reitz, Manfred, *Alltag im Alten Ägypten*, Augsburg 1999, S. 136 ff.
2 Sallust, *Werke*, lat. und deutsch, Darmstadt 2010, S. 5 f.
3 *Praktisches Lexikon der Spiritualität*, hg. von Christian Schütz, Freiburg 1988, S. 854 ff. und 864 ff.
4 Metzinger, Thomas, *Der Ego-Tunnel*, Berlin 2010, S. 330.

2 Muße und Religion

1 Pickel, Gerd, *Religionsmonitor. Verstehen, was verbindet. Religiosität im internationalen Vergleich*, Gütersloh 2013, S. 16–18.
2 Popp-Baier, Ulrike, »Contemporary Western Ethnografy and the Definition of Religion«, in: *Implicit Religion* 14, 2011, S. 499 ff.
3 Vgl. Rossi, Ernest, und Nimmons, David, *20 Minuten Pause. Auf den Körper Hören & Burn-out verhindern*, Paderborn 2007.
4 Ashbrook, James, »Soul: Its Meaning and Its Making«, in: *Journal of Pastoral Care* 45, 1991, S. 159–168.
5 Hull, John M., »Educazione religiosa nelle scuole di stato della società tardocapitalista«, in: *Religione & Scuola*, 1991/92, S. 57–66.
6 Belschner, Wilfried, »Tun und Lassen. Ein komplementäres Konzept der Lebenskunst«, in: Transpersonale Psychologie und Psychotherapie 7, Heft 2, S. 85–102.
7 Meister Eckhart, in: Ermin Döll (Hrsg.), *Der Weg der Meister*, Dietfurt 2005, S. 57.
8 James, William, *Die Vielfalt religiöser Erfahrung. Eine Studie über die menschliche Natur*, Frankfurt a. M. 1997, S. 53.
9 Malinowski, zit. nach Schüssler Fiorenza, Francis, »Religion: A Contested Site in Theology and

the Study of Religion«, in: *Harvard Theological Review*, 93, 2000, S. 33.

10 Whitehead, zit. nach Schüssler Fiorenza, Francis, »Religion: A Contested Site in Theology and the Study of Religion«, in: *Harvard Theological Review* 93, 2000, S. 33.

11 Eliade, zit. ebd.

3 Spiel, Sport und Kunst zweckfrei erleben

1 Huizinga, Johan, *Homo ludens. Vom Ursprung der Kultur im Spiel*, Reinbek 2006, S. 7.

2 Ebd., S. 37.

3 Savater, Fernando, *Die Fragen des Lebens*, Frankfurt a. M. 2007, S. 230.

4 Ebd., S. 231.

5 Vgl. Huizinga, *Homo ludens*, S. 21.

6 Bordt, Michael, *Die Kunst sich selbst auszuhalten. Ein Weg zu innerer Freiheit*, München 2013, S. 19.

4 Muße und Achtsamkeit

1 Thich Nhat Hanh, *Das Wunder der Achtsamkeit*, Zürich 1988, S. 12.

2 Burnett, Richard, »Mindfulness in Secondary Schools: Learning Lessons from the Adults, Secular and Buddhist«, in: *Buddhist Studies Review* 28, 1, 2011, S. 84 ff.

3 William James, zit. nach Burnett, »Mindfulness«, S. 88.

4 Burnett, »Mindfulness«, S. 90.

5 Ebd.

6 Henry Miller, zit. nach Braza, Jerry, *Achtsamkeit – Leben im Augenblick*, Frankfurt a. M. 2001, S. 102.

5 Mit Entschleunigung technologische Entwicklungen bewältigen

1 Schwab, Gustav, *Die schönsten Sagen*, Stuttgart 1986, S. 795.

2 Zitiert bei Schnabel, Ulrich, *Muße. Vom Glück des Nichtstuns*, München 2010, S. 54.

3 Vgl. zum Folgenden: Rosa, Hartmut, *Beschleunigung, Die Veränderung der Zeitstrukturen in der Moderne*, Frankfurt a. M. 2005, S. 460 ff.

4 Rosa, *Beschleunigung*, S. 467.

5 Rosa, *Beschleunigung*, S. 479.

6 Schnabel, *Muße*, S. 37.

7 Schnabel, *Muße*, S. 225.

6 Muße und Stress

1 *Focus Magazin* Nr. 19 vom 5. 5. 2014.

2 *Der Spiegel* Nr. 48 vom 24. 11. 2008.

3 *Bild der Wissenschaft* vom 15. 1. 2013.

4 *Der Spiegel* Nr. 48 vom 24. 11. 2008.

5 Ebd.

6 *Psychiatry Research* vom 30.1.2011.

7 Unternehmensführung: Handeln durch Innehalten

1 Goethe, Johann Wolfgang von: *Sämtliche Werke nach Epochen seines Schaffens.* Münchner Ausgabe, Band 12, München 1989, S.744.

2 Simon, Fritz B., *Einführung in die systemische Organisationstheorie,* Heidelberg 2007, S.102.

3 Varga von Kibéd, Matthias, und Sparrer, Insa, *Ganz im Gegenteil,* Heidelberg 2011, S.77 ff.

4 Vgl. Simon, Fritz B., *Gemeinsam sind wir blöd,* Heidelberg 2009.

5 Thich Nhat Hanh, sinngemäß in: *Schritte der Achtsamkeit,* Freiburg 1998; Thich Nhat Hanh und Berrigan, Daniel, *Das Boot ist nicht das Ufer, Gespräche über buddhistisch-christliches Bewusstsein,* München 2001.

6 Näheres bei Erber, Erika, *Achtsamkeit und Intersein. Der Buddhismus bei Thich Nhat Hanh,* Wien/Berlin 2011.

7 Kabat-Zinn, Jon, sinngemäß in: *Stressbewältigung durch die Praxis der Achtsamkeit,* Freiamt 1999; Kabat-Zinn, Jon: *Achtsamkeit für Anfänger,* Freiamt 2009.

8 Wagner, Angelika C., *Gelassenheit durch Auflösung innerer Konflikte,* Stuttgart 2007.

9 Vgl. Eidenschink, Klaus, »Führen mit Druck? Führen mit Sog!«, *Süddeutsche Zeitung* vom 27.9.2004, S.22.

10 Vgl. zum Folgenden: Böckmann, Aquinata, *Geeint in Christus,* St. Ottilien 2013, S.573 ff.

8 Muße und Arbeit

1 Blackshow, Tony, *Leisure,* Taylor & Francis 2010, S.7.

2 Graichen, W., und Seiwert, L., *Mehr Lebens- und Arbeitsfreude. Durch ganzheitliches Zeitmanagement zum Erfolg. Ein persönliches Trainingsprogramm,* München/ Landsberg am Lech 1988, S.16.

3 Moran, Gabriel, »Work, Leisure, and Religious Education«, *Religious Education* 74, 2, 1979, S.162.

4 Moran, »Work, Leisure, and Religious Education«, S.161.

5 Sokrates, zit. nach Lee, Robert, »The Meaning of Leisure«, *The Christian Century* 20, 1964, S.667.

6 Cicero, zit. nach Lee, ebd.

7 Aristoteles, zit. nach Hale, J. Russel, »Sociological Perspectives on Leisure«, *Lutheran Quarterly* 22, 3, 1970, S.254.

8 Hale, »Sociological Perspectives on Leisure«, S.254.

9 Blackshaw, *Leisure,* S.8.

9 Akzeptanz durch Achtsamkeit in Partnerschaft und Familie

1 Vgl. Fromm, Erich, *Haben oder Sein. Die seelischen Grundlagen einer neuen Gesellschaft,* München 2010.

2 Gibran, Khalil Gibran, *Der Prophet. Von der Freude und vom Leid,* Düsseldorf 2005.

3 Jellouschek, Hans, *Ich liebe Dich, weil ich Dich brauche. Der Froschkönig,* Freiburg 2010.

4 Ebd., S. 99.

5 Watzlawick, Paul, *Wie wirklich ist die Wirklichkeit? Wahn, Täuschung, Verstehen,* München 1976.

6 Von Foerster, Heinz, und Pörksen, Bernhard, *Wahrheit ist die Erfindung eines Lügners. Gespräche für Skeptiker,* Heidelberg 2013.

7 Näheres zur Bindungstheorie von John Bowlby bei Brisch, Karl Heinz, *Bindungsstörungen,* Stuttgart 2006.

10 Muße und Beziehung

1 Thatcher, Adrian, »Intimate Relationships and The Christian Way«, *Modern Believing* 44, 1, 2003, S. 6.

2 Pinquart, M., und Silbereisen, R., »Patterns of Fulfillment in the Domains of Work, Intimate Relationship, and Leisure«, *Applied Research Quality of Life* 5, 2010, S. 147–164.

3 Bauer, Joachim, »Beziehungen: Motor des Lebens«, *Psychologie heute* 2006, 10, S. 20.

4 Krause, Tilman, »Allein sein im Geheimnis: Produktive Potenziale Teil II: Der Rückzug auf sich selbst – Debatte«, *Die Welt,* 29. 8. 2002.

5 Kristeva, zit. nach Bastian, Till, »Seelenabwanderung«, *Psychologie heute,* 2012, 5.

Weiterführende Literatur

Tony Blackshaw, Leisure, Taylor & Francis, London & New York 2010. Das Büchlein zum Thema Muße ist sehr dicht und konzentriert geschrieben. Blackshaw hat den Lehrstuhl für Soziale und Kulturelle Studien, Sport & Freizeit an der Sheffield-Hallam-Universität in England inne. Er hat auch das Lexikon der Muße *(Sage Dictionary of Leisure Studies)* geschrieben und gehört ohne Zweifel zu den Fachleuten der modernen Mußeforschung im angelsächsischen Raum. Durch bewusst gelebte Muße kann der Mensch authentisch leben und sich ›bedeutungsschaffenden‹ Tätigkeiten widmen. Angesichts der zahllosen Freizeitangebote wird Muße auch zur Kunst des Auswählens und Entscheidens für das, was lang- und mittelfristig guttut.

Der Jesuit und Unternehmensberater *Michael Bordt,* Professor an der Hochschule für Philosophie in München, bringt das Thema des achtsamen Umgangs mit sich selbst in seinem Büchlein *Die Kunst sich selbst auszuhalten. Ein Weg zur inneren Freiheit* (München 2013) auf den Punkt.

Johan Huizinga: Homo ludens. Vom Ursprung der Kultur im Spiel (Reinbek 2006): der unübertroffene Klassiker. Ein

Muss für jeden, der sich mit der Bedeutung des Spiels befassen will.

Hans Jellouschek: Achtsamkeit in der Partnerschaft. Was dem Zusammenleben Tiefe gibt (Freiburg 2011). Der bekannte Paar- und Familientherapeut zeigt, wie sich Konflikte in Beziehungen einschleichen, wie sie entstehen und wie eine achtsame Haltung bei ihrer Bearbeitung genutzt werden kann. Zahlreiche Übungsvorschläge helfen bei der alltäglichen Umsetzung.

Udo Manshausen: Wüstenväter für Manager. Weisheiten christlicher Eremiten für die heutige Führungspraxis (Wiesbaden 2000). Die »Wüstenväter« waren die ersten christlichen Einsiedler zwischen dem 3. und 5. Jahrhundert in der Halbwüste Ägyptens, der bekannteste unter ihnen war Antonius der Große. Von diesen Eremiten sind zahlreiche Weisheiten überliefert, die Udo Manshausen für heutige Führungsstrukturen und Führungskräfte fruchtbar macht.

Domenico de Masi, Ozio Creativo, Biblioteca Universale Rizzoli 2006. Domenico de Masi hat an mehreren Universitäten Italiens Soziologie gelehrt, in vielen verschiedenen Kulturen der Welt das Zusammenspiel Arbeit – Muße und Gesellschaft analysiert und ist der Meinung, dass der moderne Mensch erst durch die Muße zum Hauptdarsteller in der Arbeit und der Freizeit gelangen kann. Durch die Möglichkeiten, welche moderne Technik und Kommunikation bieten, kann ein großer Teil der Menschen – erstmals in der Geschichte – Leben in einer neuen Freiheit gestalten. Dazu ist Muße als kreative Dimension der Lebensorganisation unerlässlich.

Josef Pieper: Muße und Kult (Erstausg. 1948, München 2007). Auch ein Klassiker für alle, die einen ersten philosophischen Einstieg in das Thema Muße wagen wollen. Man merkt dem Büchlein allerdings an, dass es von der Problematik der unmittelbaren Nachkriegszeit geprägt ist.

Hartmut Rosa: Beschleunigung. Die Veränderung der Zeitstrukturen in der Moderne (Frankfurt a. M. 2005). Dies ist das zurzeit wohl detaillierteste Werk zum Thema Beschleunigung. Für alle, die Scheu haben, sich in Einzelheiten zu vertiefen, sei empfohlen, das Schlusskapitel zu studieren. Viele Gedanken und Formulierungen sind ungeheuer spannend.

Das Buch von *Ulrich Schnabel: Muße. Vom Glück des Nichtstuns* (München 2010) ist wohl das Buch, dem wir die anregendsten Impulse verdanken. Es zeichnet sich vor allem durch profunde wissenschaftliche Belege rund um das Thema Muße aus. An ihm kommt keiner vorbei, der sich mit Muße beschäftigt.

Fritz B. Simon: Einführung in Systemtheorie und Konstruktivismus und *ders.: Einführung in die systemische Organisationstheorie* (beide Heidelberg 2007). Fritz B. Simon ist es in diesen beiden Taschenbüchern gelungen, Erkenntnisse der Systemtheorie und des konstruktivistischen Weltbildes so klar, verständlich und einleuchtend zu vermitteln, dass (nicht nur) für Führungskräfte der Umgang mit komplexen, unsicheren und schnellem Wandel unterworfenen Anforderungen deutlich erleichtert wird. Zwei praktische Ratgeber für »Sicher werden im Umgang mit Unsicherheit«!

John O. Stevens: Die Kunst der Wahrnehmung. Übungen der Gestalttherapie (Gütersloh 1975). Wer Achtsamkeit und Wahrnehmung dessen, was ihn umgibt und was in ihm vorgeht, üben will, findet hier wertvolle Hinweise, Anleitungen und über hundert Übungen, sehr empfehlenswert.

Paul Watzlawick: Anleitung zum Unglücklichsein (München 1983). Der humorvolle Klassiker der Selbsterkenntnis. Wer lernen möchte, wie wir uns immer wieder selbst verwickeln, uns unser Unglück selber konstruieren, und wer dabei noch über sich selbst wohlwollend schmunzeln will, sollte dieses Buch nicht auslassen.